ÉTUDES
ET
ÉTUDIANTS

PAR

Ernest LAVISSE
Professeur à la Sorbonne.

Armand COLIN & Cie, Éditeurs
5, RUE DE MÉZIÈRES, PARIS

ÉTUDES
ET
ÉTUDIANTS

ÉTUDES ET ÉTUDIANTS

PAR

ERNEST LAVISSE

PROFESSEUR A LA SORBONNE

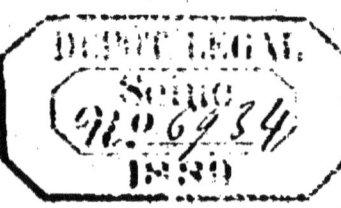

PARIS

ARMAND COLIN ET Cie, ÉDITEURS

1, 3, 5, RUE DE MÉZIÈRES

1890

Tous droits réservés

PRÉFACE

Le présent volume fait suite aux *Questions d'enseignement national*, que j'ai publiées il y a quatre ans. Il se compose d'articles, de notes et de discours, qui ont paru dans la *Revue internationale de l'Enseignement*, la *Revue bleue* et le *Journal des Débats*.

Ce que je disais, il y a quatre ans, pour m'excuser d'avoir tant écrit et discouru sur les matières d'enseignement, je pourrais le répéter : chacun de nous, aujourd'hui, est forcé de prendre parti dans le débat engagé sur la réforme de l'éducation publique.

Les fragments dont se compose ce volume, si divers qu'ils paraissent, sont liés les uns aux autres; j'ose croire qu'ils paraîtront comme les chapitres d'un livre écrit au jour le jour, avec des formes et sur des tons différents, mais sous l'inspiration constante de quelques idées très simples, qui en marquent les parties, et d'une foi en l'efficacité de la bonne éducation, qui en est l'unité.

Le premier chapitre est consacré à la mémoire d'Albert Dumont. Avant de parler des progrès accomplis ces dernières années dans le haut enseignement, il était juste de rendre hommage à celui qui les a préparés. J'ai surtout parlé de sa personne, parce qu'elle explique son œuvre. Une réforme du haut enseignement n'est pas une besogne administrative ordinaire. Les trois hommes qui l'ont faite, en suivant l'impulsion donnée par M. Duruy, il y a plus de vingt ans, c'est-à-dire M. du Mesnil, Albert Dumont et M. Liard, y ont apporté des qualités très particulières, et il sera intéressant un jour de marquer à chacun d'eux sa part. Albert Dumont était un savant, un homme d'esprit, un manieur d'hommes, un charmeur très habile et très bon, un opiniâtre doux; il avait une idée très élevée de son emploi; il voyait le but avec une clairvoyance singulière et nous y acheminait par toutes sortes de routes et de sentiers dont il connaissait seul les détours. S'il nous a quittés avant de nous avoir fait toucher le terme, il nous a conduits si loin que nous ne pouvons plus nous égarer.

Le second chapitre a pour sujet l'éducation classique. C'est un plaidoyer *pro domo nostra*, mais je fais le serment que je n'aime point la maison pour elle-même, par habitude de vieux locataire, ni par un effet de cette vanité inconsciente qui nous persuade que, pour être bien élevées, les générations nouvelles n'ont pas d'autre ressource que de se laisser élever par nous, de la manière dont nous l'avons été nous-mêmes. Si je croyais la maison pernicieuse, ma pioche ne serait pas la moins active parmi celles des démolisseurs. Mais je suis et demeure convaincu que les lettres anciennes sont le meilleur moyen d'éducation pour l'esprit, parce qu'elles sont belles et parce qu'elles sont simples.

L'esprit humain n'a point trouvé et ne trouvera jamais sans doute de nombreuses façons d'exprimer ses idées et ses sentiments. L'histoire naturelle de l'intelligence a des espèces et des genres, dont l'énumération n'est pas longue. L'antiquité les a connus tous; elle en a porté plusieurs à la perfection; il n'en est pas un seul où elle ne nous ait donné des commencements de modèles. Assurément notre vie est plus variée, plus riche, plus féconde que celle des anciens : notre éloquence a plus d'objets que la leur, notre politique plus de devoirs et de soucis; nos drames et notre musique jouent ou chantent des passions plus nombreuses et plus véhémentes; notre sentiment religieux a plus de profondeur et d'angoisses; nos joies sont plus intenses, et « les larmes des choses » sont devenues, depuis Virgile, plus amères; mais justement parce que l'humanité s'est compliquée en vivant, ses premiers âges sont plus accessibles à des intelligences qui s'éveillent. L'antiquité est la meilleure école de la jeunesse, parce qu'elle est la jeunesse de l'humanité.

On nous dit : Le premier devoir des éducateurs est de préparer à la vie, et il y a longtemps que vos Grecs et vos Romains sont morts. Nous avons des obligations pressantes et de toute nature envers notre temps. — Sans doute, mais l'instrument de toutes les tâches, si modernes qu'elles soient, c'est l'esprit. Si l'antiquité classique est propre à former des esprits clairs, vigoureux, alertes, elle prépare à la vie pratique.

Il faudrait bien s'entendre d'ailleurs sur le pratique et sur l'utile. Il est utile de savoir compter, calculer un volume, arpenter un champ; il est utile aussi de donner à son esprit de l'espace et du lointain. L'antiquité, justement parce qu'elle est très loin, très différente de nous et qu'elle nous dépayse, nous donne des points de comparaison, le moyen d'un jugement plus large, le droit à philosopher sur l'histoire des hommes. Il est difficile de faire apprécier les bienfaits de la culture classique à ceux qui ne l'ont pas reçue, mais il est difficile aussi de donner à des myopes l'idée du plaisir que l'on éprouve à contempler, et, comme disent les peintres, à lire un vaste paysage. Rien de plus réel pourtant, ni de plus vif que ce plaisir.

Les études classiques se sont attiré, j'en conviens, de justes inimitiés. Elles ont eu longtemps le tort de ne pas s'orienter vers la vie d'aujourd'hui, de vouloir accaparer l'écolier, de réclamer tout son temps pour des exercices dont la fréquente répétition était un abus ridicule, et de regarder toutes les nouveautés qui s'efforçaient d'entrer dans les anciens cadres de cet œil superbe que les Romains du iv° siècle laissaient tomber sur les Barbares.

Les humanités ont failli payer cher cet orgueil. Elles ont été accusées de tous les crimes, même de celui de haute trahison; nos malheurs dans la guerre civile et dans la guerre étrangère leur ont été imputés. Les études négligées, les sciences, les langues vivantes, la géographie, ont pris leur revanche. Un combat furieux a été livré entre elles et les nouvelles venues sur le dos de nos écoliers. Ce pauvre dos plie à se rompre.

Il est grand temps d'affranchir nos enfants de l'obligation de peiner sur des programmes encyclopédiques, inspirés par les partisans de l'enseignement intégral. Ceux-ci veulent que nous ayons tous les mêmes aptitudes, et que chacun de nous sache tout. Ils ne voient pas que, si nous devenions des *intégraux*, le monde mourrait d'ennui : il est vrai qu'il finirait vite, car nous ne serions plus propres à rien. M. Gréard a déclaré la guerre au régime encyclopédique : il saura bien mettre à la raison ce dangereux ennemi.

Il faut revenir à l'idée que l'esprit de l'écolier est un instrument à façonner, non pas un magasin à remplir, et que l'enseignement secondaire a pour unique objet l'éducation intellectuelle et morale; déterminer les matières d'enseignement qui sont propres à cette éducation; n'employer chacune d'elles que dans la mesure où elle y concourt; s'il s'agit des lettres anciennes, n'enseigner la grammaire et ne pratiquer les exercices scolaires que pour apprendre aux écoliers à lire et à comprendre les grandes œuvres littéraires ; ne point prétendre qu'ils parlent ou qu'ils écrivent en grec et en latin, mais les mettre à même de pénétrer par l'explication et la lecture dans l'immense trésor de notions morales et de belles pensées que les anciens nous ont légué ; s'il s'agit d'histoire, donner une idée précise de l'ensemble, dépeindre les civilisations successives, mais sacrifier sans réserves ni regrets l'encombrante foule des détails ; choisir et retenir les seuls faits dont la connaissance peut servir à la culture de l'imagination et de l'esprit, et à la formation du caractère d'homme et de citoyen ; s'il s'agit de sciences, se proposer d'initier l'esprit aux méthodes, et restreindre avec rigueur le champ d'études : le premier livre de géométrie, par exemple, bien enseigné, suffira pour faire voir à l'écolier comment les sciences exactes, appuyées sur des axiomes et partant de principes indiscutables, déduisent la chaîne de leurs vérités définitives.

L'écolier qui aura été mis à ce régime recevra tout à la fois l'éducation éternelle, celle qui convient à l'honnête homme, comme on disait jadis, de tous les temps et de tous les pays, et l'éducation que l'on peut appeler relative, celle que réclame toute génération destinée à vivre à une certaine date en un certain lieu. Il emploiera le temps, jadis gaspillé en exercices inutiles, à penser et à écrire dans sa langue, et à étudier notre littérature nationale. Il suffira qu'il comprenne les méthodes des sciences et qu'il en sache les applications principales, pour assister en témoin intelligent au travail gigantesque qui centuple la puissance de l'homme sur la matière, modifie les conditions de l'existence et même renouvelle les idées religieuses. L'histoire le mettra au seuil de la vie politique; la philosophie donnera des lumières à son intelligence sur les questions même insolubles; elle laissera dans sa conscience la théorie de ses devoirs.

La plupart des écoliers qui font des études classiques recevront les leçons de l'enseignement supérieur; ils travailleront donc encore après qu'ils seront sortis du collège. C'est une raison de plus pour ne point vouloir tout leur enseigner. Nous semblons croire aujourd'hui que le collège seul est chargé de l'éducation de la jeunesse. Nous traitons l'élève comme un suspect de paresse ultérieure, d'une paresse qui durera toute la vie. Nous avons l'air de vouloir profiter de l'heureux temps où nous le tenons entre quatre murs, sous clef et sous la férule, pour lui enseigner l'*omnisres scibilis et quædam alia*. Nous ne le libérons que lorsqu'il a prouvé par l'examen encyclopédique du baccalauréat qu'il a garni tous les rayons de son magasin universel. Nous lui donnons ainsi le droit de croire que ses études sont finies, tandis qu'il a seulement fini ses classes et que ses études vont commencer. Nous lui fournissons par surcroît le droit à la lassitude et au dégoût. Dans l'enfant, nous nous défions du jeune homme, alors que nous devrions avoir confiance par avance en ce jeune homme, le lui dire, lui montrer quelles études s'offriront à lui après le collège, lui en donner l'avant-goût, préparer l'écolier à devenir un étudiant, le mener, par une transition bien ménagée, des études secondaires aux supérieures, faire de l'examen final un passage aisé des unes aux autres, et non pas un mur de clôture, ceint d'un fossé qui est un précipice.

Ne point compter pour l'éducation sur les années de jeunesse et sur la vie elle-même, c'est réduire au pédantisme pur la science de l'éducation.

Pour restaurer les anciennes études, il ne suffira point de retrouver les méthodes qui leur conviennent; il faudra encore renoncer à cette sorte de privilège public dont elles sont investies. Le baccalauréat classique a longtemps gardé l'entrée d'un grand nombre de carrières; les humanités ont été ainsi imposées à quantité d'enfants qui auraient dû les abandonner, dès qu'il était démontré qu'ils n'en pouvaient tirer aucun profit. Aujourd'hui, le baccalauréat dit de l'enseignement spécial a été admis aux honneurs de l'équivalence avec le baccalauréat classique, pour l'obtention de certains emplois et l'inscription aux concours d'entrée de plusieurs grandes écoles; mais une sorte de discrédit continue à peser sur les systèmes nouveaux d'éducation. Il faut lutter contre cette défaveur, lutter sérieusement, sincèrement. Les défenseurs des humanités devraient être les plus empressés à reconnaître que l'éducation nationale qui prépare à tous les modes de l'activité comporte et même exige une grande variété. Qu'ils se décident enfin à reconnaître comme absolument légitime l'existence d'un enseignement secondaire sans grec ni latin, qui retienne moins longtemps des écoliers plus pressés d'entrer dans la vie et les prépare plus directement aux diverses carrières, mais qui se propose pourtant aussi une culture harmonieuse de l'esprit, et la demande à la fois à la littérature nationale et aux littératures étrangères.

En un mot, point de monopole; séparation de l'État et des humanités; variété des modes d'éducation, voilà les conditions extérieures du relèvement des études classiques; il les faut ajouter aux conditions intimes, qui peuvent toutes se ramener à cette règle : préparer l'esprit à tout comprendre, et le caractère à l'action honnête et virile.

Tels sont les principes sur lesquels se sont accordés les membres d'une commission instituée il y a un an par le ministre de l'Instruction publique « pour l'étude des améliorations à introduire dans le régime des établissements d'enseignement secondaire ». Depuis un an, ils travaillent sous la présidence de M. Jules Simon, qui leur avait à l'avance tracé la voie dans une circulaire demeurée fameuse et qui est un chef-d'œuvre charmant de pédagogie sensée. Ils rédigent un traité des études, qui sera proposé, sous forme d'instruction ministérielle, aux méditations du corps enseignant, et qui montrera au public comment les humanités, à la fin du xixe siècle, peuvent contribuer à faire des hommes qui soient de leur temps et de leur pays.

Le troisième chapitre s'adresse aux étudiants en Sorbonne. Il se compose de discours prononcés à la séance de rentrée de la Faculté des lettres. Je prie que l'on me permette la petite vanité de raconter l'histoire de ces séances.

Il y a dix ans, nous n'avions pas d'élèves réguliers, dont l'éducation fût notre tâche commune. Chaque professeur faisait sa rentrée pour lui-même, au jour marqué par l'affiche. Mais une série de mesures, dont l'effet a été très rapide, l'institution des bourses de licence et d'agrégation et l'organisation de conférences ont appelé à la Sorbonne des étudiants. Ces jeunes gens attendaient de nous une direction. Nous ne pouvions évidemment les traiter comme les auditoires d'autrefois. Nous avions à leur donner des conseils, d'autant plus nécessaires que ce corps d'élèves était tout nouveau, qu'il ne se connaissait pas lui-même et qu'il était très capable de débuter dans la vie par un péché originel. Il était à craindre que l'étudiant en lettres ne se considérât comme un collégien, qu'il ne se préparât à la licence et à l'agrégation comme il s'était préparé au baccalauréat, qu'il ne se donnât tout entier à l'examen et que nos Sorbonniens ne devinssent des externes libres de la Faculté des lettres. Il fallait évidemment les aider à se définir eux-mêmes.

A la fin d'octobre 1881, je priai les étudiants en histoire de se réunir dans une des salles du baraquement Gerson. Ils furent étonnés de me voir entrer tenant un rouleau de papier à la main, et de m'entendre lire un discours, car nos conférences, que nous voulions distinguer nettement des cours publics, étaient très familières. Je leur expliquai les raisons de cette dérogation à nos habitudes. J'avais écrit ce discours pour le publier et créer, comme on dit, un précédent. Au cours de la même année, la Faculté des lettres, sur l'invitation du Ministre, instituait deux directions d'études, l'une pour les lettres et la philologie, dont elle chargea M. Croiset, l'autre pour l'histoire, qu'elle voulut bien me confier. Quand vint la rentrée de 1882, les deux directeurs demandèrent à M. le Doyen la permission de réunir tous les étudiants de la Faculté dans le grand amphithéâtre Gerson et de leur adresser une allocution. M. Croiset entra dans la salle et fit son discours. Il avertit, en terminant, les étudiants que j'avais aussi quelque chose à leur dire. J'entrai, quand il fut sorti, et je parlai à mon tour. Ce fut pour nous une satisfaction très vive de voir réunis ces jeunes gens, qui étaient déjà au nombre de trois cents. Après un professeur de lettres, ils avaient entendu un professeur d'histoire. C'était une façon de les avertir qu'ils ne devaient pas être des hommes d'une seule étude et de les inviter à réfléchir sur leur qualité d'étudiants de toute une Faculté.

Cette séance de rentrée de 1882 avait été un peu singulière ; elle s'était jouée en deux actes. En 1883, M. le Doyen Himly présida. Il adressa aux étudiants une allocution courte, pleine de bonhomie, comme il sait les faire. Les deux directeurs, qui s'étaient assis à ses côtés, prononcèrent ensuite leurs discours. La séance de rentrée avait pris son véritable caractère. La Faculté, représentée par son doyen, souhaitait la bienvenue à ses élèves et leur donnait des conseils sur leur travail. Le précédent était créé. Nos mœurs se sont accrues ainsi d'une habitude nouvelle qui est excellente. En 1883, nous étions trois professeurs à l'ouverture ; *tres faciunt collegium*. En

1884, des maîtres de conférences; en 1885, des professeurs se joignirent à nous. A présent, toute la Faculté fait face à ses élèves, le jour de la rentrée. La famille est donc constituée.

Que disons-nous à nos élèves en ce premier jour de l'année? Toujours la même chose, ou à peu près; mais cette chose est excellente. Nous définissons l'étudiant. Nos premiers élèves s'appelaient des candidats : nous avons tué ce vocable, qui sentait le servage de l'examen. Nous leur avons expliqué que, si le collégien doit être un croyant, l'étudiant est, par profession, un sceptique, c'est-à-dire qu'il ne doit accepter pour vraie que la vérité démontrée. Nous les incitons à l'activité, à l'énergie. Nous faisons en eux l'éducation de la liberté.

Beaucoup d'entre eux se destinent au professorat; nous leur parlons des devoirs qui les attendent; nous les invitons à réfléchir sur leur métier, à se faire une idée personnelle sur les méthodes et la pratique de l'enseignement, persuadés comme nous sommes que l'Université va renoncer à l'uniformité de ses règles; que, sur la base de quelques principes nécessaires et fixes, elle permettra l'exercice de l'initiative et l'usage de la liberté. Cette expérience réussira si chacun de ses maîtres a sa valeur propre, s'il est une personne, s'il sent qu'il peut quelque chose et s'il veut ce qu'il peut.

Nos futurs universitaires ne nous font pas oublier les étudiants qui nous demandent, non pas de les préparer à notre profession, mais de leur donner une éducation intellectuelle toute désintéressée. Nous avons toujours pour eux des paroles de bienvenue, des encouragements, je dirais presque des remerciements. Nous voudrions qu'ils fussent très nombreux, ces libres étudiants en lettres, en philosophie, en histoire. Nous n'avons pas encore fait tout le possible pour les attirer et pour les garder. Le travail, affranchi de tout examen, n'est pas organisé comme il faudrait à la Sorbonne. Nous ne sommes pas encore ce que nous deviendrons certainement, une école de haute vulgarisation et de libres recherches, capable de donner l'inventaire des connaissances acquises et d'accroître ces connaissances. Mais à chaque jour sa peine suffit, et le fructueux emploi de nos jours passés nous permet d'être ambitieux pour l'avenir.

Les idées que nous répétons chaque année, dans nos séances d'ouverture, font leur chemin. Il n'est presque pas d'année où nous n'ayons quelque nouveauté à annoncer. Nos étudiants voient très bien où nous voulons aller. Leur bonne volonté suit nos efforts de très près, les stimule et quelquefois les devance. Ils nous savent gré de leur proposer des idées générales directrices de leur esprit. Ils sentent que notre sollicitude dépasse l'objet immédiat de leurs études ; que notre langage n'est pas seulement de maître à élève ; que, par notre bouche, une génération qui a payé en malheurs publics son insuffisance et ses fautes parle à une génération qu'elle veut rendre meilleure qu'elle-même, afin de lui donner au moins un titre à être plus heureuse.

La science en province est le sujet d'un

quatrième chapitre, et c'est une question fort intéressante.

Nous n'imaginons pas que Paris puisse perdre jamais le privilège de la vie littéraire; il faut à nos romanciers et à nos auteurs dramatiques, pour champ d'études, cette arène de passions, ce conflit de vertus et de vices, ces milliers de spectateurs et de lecteurs, la foule qui enlève la première édition d'un livre et se précipite à la première représentation d'une pièce, cette promptitude à comprendre et cette fièvre de sentir. Au contraire, nous pensons que la province est propice aux longues recherches et à la méditation.

La distinction n'est pas tout à fait juste. Les lettres d'aujourd'hui, toutes parisiennes qu'elles soient, sont très laborieuses. D'autre part, le cerveau du savant se trouve bien de l'excitation que donne l'activité ambiante. Paris est donc propre à l'une et à l'autre vie. Mais il est certain que, si la province ne peut prétendre aux grands succès du théâtre ou du roman, elle peut avoir d'utiles cabinets de travail et des laboratoires illustres.

Où faut-il les placer?

Tout près les uns des autres. Le savant isolé ne se conçoit plus guère aujourd'hui. La science est divisée et subdivisée en quantité de parties, mais elle est une. En définitive, elle est pour tous ceux qui pensent une enquête sur l'homme. Jamais le précepte d'Apollon : « Connais-toi toi-même » n'a été obéi comme en notre siècle ; mais nous savons aussi, mieux qu'on ne l'a jamais su, la complexité du problème. Le philosophe ne s'enferme plus en lui-même pour s'observer; il a besoin de l'aide du naturaliste, du physiologiste, du moraliste, de l'historien, du géographe ; il place son moi dans la nature, dans l'espace et dans le temps. Toute découverte scientifique est pour lui un témoignage qu'il discute. La science aujourd'hui alimente à la fois la vie matérielle et la vie morale : elle se résout en argent et en philosophie.

Cette philosophie, où tout aboutit, est le principe en même temps que la fin; elle communique à toutes les sciences, avec la méthode, le sentiment de leur solidarité;

elle rapproche celles qui semblaient les plus éloignées les unes des autres, par exemple le droit et la médecine; elle donne à toutes le sentiment de leur grandeur et les stimule à la recherche indéfinie. Elle est la force motrice de tous ces ateliers, que nous devons rassembler en un lieu, puisqu'il y a nécessité de communication des uns aux autres.

Où ferons-nous ce rassemblement? Beaucoup pensent qu'une petite ville serait le lieu propice, mais ils retardent de plusieurs siècles. Ils invoquent l'exemple de quelques Universités allemandes, qui, disent-ils, prospèrent dans des bourgades, mais elles ont été fondées en un temps où il n'y avait presque point de grandes villes. Les peuples alors vivaient en parcelles; aujourd'hui, ils se concentrent en masses urbaines. Dans tous les pays, l'importance de la grande ville est considérable; les forces économiques y affluent, et la vie intellectuelle suit le mouvement général.

La science a besoin de la foule. Où mettre, sinon dans une agglomération d'hommes, l'hôpital, qui est le laboratoire du médecin?

Où le laboratoire du physicien et du chimiste, sinon au milieu des manufactures ? Et ne faut-il pas aux sciences sociales le spectacle et le stimulant de l'activité humaine? Il est vrai, les Anglais gardent leurs Universités dans de petites villes consacrées, mais entendez-vous dire qu'elles soient laborieuses et fécondes ? Les Allemands modernes se gardent bien de suivre l'exemple de leurs ancêtres. Lorsque les régénérateurs de la Prusse ont voulu recueillir les forces morales des vaincus d'Iéna et grouper dans une Université les maîtres, témoins du désastre de la patrie et les jeunes gens qui la devaient venger, ce n'est pas à Postdam, ni à Francfort-sur-l'Oder, ni à Brandebourg qu'ils ont placé cette grande école, c'est à Berlin. Quand les vainqueurs de 1871 se sont résolus à établir une Université en Alsace (1), pour entreprendre la conquête intellectuelle de ce pays, ils lui ont donné comme résidence non pas Colmar, ni Saverne, mais Strasbourg.

(1) Je reproduis ici à peu près les termes d'un plaidoyer pour le transfert à Lille des Facultés de Douai.

Nous placerons donc les Universités dans les grandes villes. C'est là, d'ailleurs, que les éléments en sont déjà rassemblés. Quelques-unes commencent à poindre : aidons-les à naître. Il n'y a peut-être pas d'œuvre française plus urgente que l'achèvement des Universités.

Nous n'aurons pas fini, quand les bâtiments seront construits (ils le sont à peu près aujourd'hui), ni quand les laboratoires seront pourvus de tous les instruments de travail. Il faut que nous donnions à nos Universités des savants. Nous nous employons de notre mieux à les former. Chaque année sortent de la Sorbonne et de l'École normale, pour ne parler que des endroits que je connais, des jeunes gens cent fois mieux préparés que nous ne l'avons été nous-mêmes au travail scientifique. Je sais tel futur historien et tel futur géographe qui ne perdra jamais l'habitude que nous lui avons apprise de l'activité personnelle. Dans une dizaine d'années, ces jeunes gens seront nombreux. Ils se répandront en province avec l'espoir de n'y pas rester toujours;

mais ils s'apercevront bien qu'ils ne peuvent tous trouver place dans les chaires de la montagne Sainte-Geneviève. Bon gré, mal gré, ils se résigneront à l'exil, comme ils disent encore aujourd'hui; de nécessité, ils feront vertu. La grande ville les y aidera : elle a son patriotisme municipal, sa vie propre, ses passions; elle distribue des gloires.

À notre tour, aidons-la à retenir ses hôtes en donnant à ceux-ci les satisfactions auxquelles ils ont droit : les moyens de travail et les honneurs, que j'appellerai nationaux. M. Renan a revendiqué, pour le savant qui veut ou doit rester en province, le droit à l'Institut. L'idée semble aujourd'hui un peu aventureuse, mais elle s'imposera quelque jour. L'État suivra l'exemple donné par les Académies : il est à présent trop parisien dans le partage des honneurs et des profits dont il dispose.

Ces actes de justice ne suffiront pas pour créer en province la vie scientifique. Il faut encore, il faut surtout que nous nous affranchissions de l'esprit scolaire, si puissant aujourd'hui, et du joug de nos habitudes professionnelles.

Les Facultés ont été instituées pour préparer à des grades et pour les décerner. Elles ont fait longtemps leur besogne les unes à côté des autres sans se connaître. Il leur semblait qu'elles n'étaient rattachées au ministère de l'Instruction publique que par un vieux préjugé : les Facultés de droit auraient mieux aimé ressortir à la chancellerie, et les Facultés de médecine au ministère de l'Intérieur. Je ne voudrais pas jurer qu'aucun professeur de droit ou de médecine ne garde encore, à part lui, cette opinion. Cependant l'esprit scientifique rapproche peu à peu Facultés et professeurs. Il envahit l'enseignement de la médecine ; il pénètre dans l'enseignement du droit. Il procure à la science pure, telle qu'elle est ou doit être professée dans les Facultés des sciences et des lettres, la considération et le respect. Il peuple ces Facultés de laboratoires et de bibliothèques ; il les empêchera de devenir des écoles professionnelles à l'usage exclusif des futurs professeurs.

Sans doute, il faudra toujours préparer à des professions ; mais une profession c'est, pour partie, l'application à une pratique déterminée de connaissances qui ont leur raison d'être en elles-mêmes. Nous n'irons point jusqu'à proposer de laisser à la pratique seule l'éducation des praticiens ; il y a dans toute Faculté une école d'application pour le futur homme de loi, le futur médecin ou le futur professeur ; rien de mieux, si elle n'est qu'une annexe ; rien de plus funeste, si elle est le principal.

L'office le plus élevé des Universités sera de former des savants. Tous leurs élèves n'atteindront pas à cette dignité, mais tous profiteront d'une éducation scientifique qui les rendra supérieurs à leurs métiers, embellira leurs intelligences et les cultivera. Osons dire que l'homme cultivé est, chez nous, trop rare ; trop d'intelligences françaises sont enfermées entre des limites étroites.

Dans l'élite de leurs élèves, les Universités se recruteront elles-mêmes, mais elles ne prendront point pour elles tous les savants.

Un pays a besoin de savants et de penseurs qui n'aient point d'autre profession que de savoir et de penser. Le nôtre serait certainement plus riche en cette noble matière, s'il offrait à des jeunes gens et à des hommes de bonne volonté, à qui la vie fait des loisirs, le moyen de s'instruire, des méthodes de travail, l'apprentissage des pratiques de recherche, l'idée de ce qu'il faut chercher. Beaucoup de temps, aujourd'hui perdu en efforts sur des inutilités ou des niaiseries, serait employé au progrès méthodique des sciences, s'il était dirigé.

Je sais bien que l'école n'est pas seule en possession du droit de former des savants; il en est, et des plus grands, qui se forment eux-mêmes. A côté de l'Université la mieux organisée naîtront et se développeront les Claude Bernard, les Pasteur, les Taine et les Renan; mais il ne faut point légiférer pour des exceptions. Ce qui importe, c'est d'offrir au commun des intelligences le moyen de s'employer.

L'achèvement des Universités devrait être

une des ambitions de la législature actuelle. Je regrette qu'il n'en soit point parlé dans les programmes de gouvernement. L'ensemble de nos lois scolaires ne sera complet que lorsque le Parlement aura voté la loi des Universités. Après avoir pourvu, comme il fallait, l'enseignement du peuple de maîtres et d'écoles, après avoir ramené l'enseignement secondaire à ses vraies méthodes, il reste à donner à la science, principe de tout enseignement, ses moyens et ses organes de travail. « Il n'y a rien de plus pontifical, rien de plus impérial que la fondation d'une Université, disait Luther. » Nous dirons : « Il n'y a rien de plus national. » En d'autres pays, les Universités ont contribué, contribuent encore à créer les nations : elles sont les filles de la vieille école de Paris. Donnons à l'Université de Paris renaissante des filles en France. La nation française n'est plus à créer : elle est le mieux formé, le plus sensible des êtres politiques d'aujourd'hui. Nulle part la vie commune n'est si intense que chez nous ; mais elle serait plus féconde, si nous disséminions sur notre territoire de grandes écoles qui stimuleraient ou ranimeraient tous les esprits divers dont se compose notre génie français.

Apparemment, nous ne redoutons plus un réveil du fédéralisme : les Universités provinciales et parisienne serviront en commun la science et la patrie, une et indivisible l'une et l'autre.

Le cinquième et le sixième chapitre appartiennent aux associations d'étudiants. Nées d'hier, elles sont déjà presque populaires. Elles ont groupé la jeunesse des écoles, sous la discipline de sentiments divers, les uns très simples comme le plaisir de fêter ensemble la jeunesse, et la joie de s'entr'aider; les autres, très élevés, comme le sentiment de la dignité de la profession intellectuelle et le patriotisme.

Je ne sais quel avenir est réservé à ces sociétés, mais je leur souhaite longue vie et prospérité.

Elles rapprochent des jeunes gens occupés d'études différentes. Il est déjà facile de constater que la vie en commun est riche en bénéfices intellectuels pour les étudiants de Paris. Les meilleurs ont une curiosité, que nous estimons fort, et que nous n'avions pas à leur âge. Ils l'entretiennent par des conversations, dont le moyen leur est offert à tout instant. Ainsi pénètre dans les esprits, par des voies familières, qui sont les plus fréquentées et les plus sûres, l'idée des relations entre les parties du savoir.

Ces sociétés sont bienfaisantes surtout, parce qu'elles permettent aux anciens dont elles ont sollicité l'affectueux concours de se rencontrer avec les jeunes.

Les hommes qui arrivent au penchant de la vieillesse n'ont pas le droit de « transmettre la lampe de la vie », sans dire un mot à ceux qui la vont porter. Nous avons en France aujourd'hui des choses à dire aux jeunes gens, beaucoup de choses qui ne sont point dans les programmes de cours et d'examens. Il ne faut point abuser, sans doute, des confidences de cette sorte, de ces conseils et de cette haute prédication morale, mais il en faut user. C'est un tort très grave de sous-entendre l'essentiel, sous prétexte qu'il est connu : il est moins connu que nous ne le croyons. Ceux qui vivent avec la jeunesse savent très bien qu'il s'y rencontre nombre de consciences obscures, pour qui la lumière, quand on ne dédaigne pas de les éclairer, est une surprise avant d'être une joie. Surprise et joie se succèdent d'ailleurs rapidement; la surprise était attendue et vaguement désirée.

Les anciens, de leur côté, ont beaucoup à apprendre des jeunes. S'ils observent attentivement et avec un parti pris de bienveillance, qui n'est après tout que de la justice, ces héritiers de leurs bonnes et de leurs mauvaises actions, ils voient comment un esprit nouveau, venu on ne sait d'où, parce qu'il vient de toutes parts, se glisse, comme à l'insu de chacun, dans l'intelligence et le cœur de tous. Ils suivent la transition obscure et lente entre le passé et le présent. Ils acquièrent le pressentiment éclairé de l'avenir. Ils se renouvellent sans cesse, et toujours se tiennent en haleine. Ils ne croient jamais que leur œuvre soit finie. Ils ne peuvent se défendre

aimer ceux qui la poursuivent sous leurs
eux. Cet accord des générations successives,
'est la continuité même de la patrie. Nous
vons besoin aujourd'hui qu'il soit sincère et
ordial.

Les associations d'étudiants sont donc d'u-
ilité publique. Elles rappellent aux maîtres
t aux élèves que l'étude, quelle qu'elle soit,
st, non pas un but, mais un moyen; qu'au-
essus, bien au-dessus de toutes les profes-
ions, il y a des devoirs. Elles empêchent
école de se complaire dans la satisfaction de
oi-même. Elles l'orientent et l'entraînent
ers la vie.

Novembre 1889.

ALBERT DUMONT

ALBERT DUMONT

I

Albert Dumont est né à Scey-sur-Saône (Haute-Saône), le 21 janvier 1842; il est mort à la Queue-es-Yvelines (Seine-et-Oise), le 12 août 1884 (1). Élève de l'École normale de 1864 à 1868, membre de l'École d'Athènes de 1864 à 1868, il donnait, en 1869, ses premiers travaux d'érudition; en juillet 1870, il soutenait ses thèses doctorales devant la Faculté des lettres de Paris. Ambulancier, puis soldat pendant la guerre, il écrivait, la guerre finie, son livre sur l'*Administration et la propagande prussiennes en Alsace*. En 1872, il retournait à la Grèce et à ses travaux d'érudition, et faisait en Illyrie, en Albanie et en Thrace un voyage qu'il racontait dans la *Revue des Deux Mondes*; en 1873, il réunissait ces

---

(1) Cette notice a été lue en assemblée générale de la Société des élèves de l'École normale.

articles en un livre, *le Balkan et l'Adriatique*. Il présidait, la même année, à la fondation de l'École de Rome, dont il quitta la direction en 1875, pour celle de l'École d'Athènes. Recteur à Grenoble en 1878, et ensuite à Montpellier, il était appelé, en juillet 1879, à la direction de l'enseignement supérieur. Les services rendus par lui à l'érudition française, la fondation du *Bulletin de correspondance hellénique* et de la *Bibliothèque des Écoles d'Athènes et de Rome*, ses travaux personnels, son livre de *l'Éphébie attique* et la première livraison des *Céramiques de la Grèce propre* lui valaient en 1882, à l'âge de quarante ans, un siège à l'*Académie des inscriptions et belles-lettres*.

L'œuvre d'Albert Dumont, comme savant et comme administrateur, est connue de toute l'Université; mais peu de personnes connaissent l'ouvrier, qui vaut plus que l'œuvre, si considérable qu'elle soit.

Albert Dumont fut élevé dans un milieu sain et grave. Son père, fonctionnaire de l'administration des domaines, homme d'un cœur excellent et d'un sens ferme et droit, lui donna l'exemple du dévouement au devoir professionnel. Mme Dumont fut vraiment l'éducatrice de son fils, sur l'esprit duquel sa parfaite distinction mit une marque qui ne s'effaça point. Tous les deux auraient voulu qu'il suivit la carrière où son père était parvenu à une haute situation; mais Albert Dumont était de ceux qui font leur vie eux-mêmes. Lorsqu'en 1859 il eut terminé à Strasbourg ses études secondaires par le baccalauréat, il avoua une ambition qui lui était venue. La passion de l'étude, le goût de l'histoire et de l'archéologie qu'il manifesta dès l'enfance, puisqu'à douze ans il recherchait les médailles, la fréquentation d'hommes distingués, le spectacle de la vie intellectuelle dans les Facultés de Strasbourg, les conseils d'un ami d'enfance et d'un professeur le déterminèrent à demander à ses parents la permission de se présenter à l'École normale. Ils la lui accordèrent, à condition qu'il fît une seconde rhétorique à Strasbourg avec un maître particulier : ils voulaient éprouver la vocation qui venait de se déclarer.

La vocation était définitive : Albert Dumont, même dans sa jeunesse, ne changeait pas aisément de résolution, parce qu'il ne se déterminait jamais à la légère. Nous savons par lui-même ce qu'il était alors: dans un journal que j'ai lu avec une émotion profonde, il a raconté sa vie, du 29 avril au 1ᵉʳ octobre 1860. Sur la première page de ce manuscrit, il a écrit ces lignes, quatre années plus tard :

« Jean-Frédéric Helmoltz (c'est lui-même qu'il désigne par ce nom) est mort le 20 janvier 1861. Il avait pris de bonne heure l'habitude d'écrire tous les soirs les impressions de ses journées. Ses amis, après sa mort, se sont partagé son journal.

« Les feuilles incomplètes réunies ici vont du 29 avril 1860 au mois d'octobre 1860. Quand elles furent écrites, notre malheureux ami avait dix-huit ans. On y trouvera beaucoup de puérilités et beaucoup de détails d'un intérêt très médiocre; mais, comme la sincérité est évidente dans chacune de ces pages, peut-être le philosophe aura-t-il quelque plaisir à y suivre les développements d'un esprit qui se peint tel qu'il est.

« Toutes ces lignes, d'ailleurs, fussent-elles plus insignifiantes qu'elles ne sont, auraient toujours un grand prix pour ceux qui ont connu notre ami, qui ont vécu avec lui et qui ont pu juger par eux-mêmes de tout ce qu'il y avait en lui de bon vouloir.

« Les journaux quotidiens, même les plus médiocres, ne sauraient laisser indifférents les psychologues. »

Le journal de Jean-Frédéric Helmoltz révèle une vie morale et intellectuelle très riche et très élevée. Ce jeune homme de dix-huit ans est un chrétien; il pratique sa religion; il note tel ser-

...ion qu'il a entendu ou la belle cérémonie qu'il ...vue au jour de la Pentecôte; mais on sent le ...hilosophe, autant que le chrétien, dans ses ré-...exions quotidiennes sur ses paroles et sur ses ...ctes, et dans ses méditations sur la vie, sur la ...ort et sur Dieu. Il lit Pascal et Bossuet, mais il ...opie des lettres d'Érasme; il disserte contre le ...cepticisme, mais il se propose d'étudier le fana-...isme politique ou religieux; il a de l'enthou-...iasme pour les lyriques hébreux et pour les ...ymnes chrétiennes, mais il se réjouit de savoir « notre belle Révolution française ». C'est une ...me libre, qui hésite entre les solutions des ...randes questions et les comprend toutes.

Ce que l'écolier aime le moins dans son travail, ce sont les exercices d'école. Un jour qu'il a mal ...ait un discours, il écrit : « Mon esprit lourd, obtus, philosophique, a mis trois heures à trouver ...ne malheureuse page qui ne vaut rien. » Et il discute sur l'art de la composition, tâchant de trouver les règles, tout chagrin « de ne pas ren- contrer dans les termes la mesure à la fois élé- ...ante et agréable, qui est le propre des élèves de l'École normale ». Heureusement, il ne s'épuise pas dans ces efforts. Il travaille quatorze heures par jour, lit les classiques et les grands histo- riens; il étudie l'histoire de l'art, regarde longue- ment de belles gravures, puis écrit sur le beau des réflexions philosophiques. Il aspire au bonheur de voir la Vierge Sixtine et la Vierge de Murillo ; il note les événements de l'histoire contemporaine, la campagne de Garibaldi en Sicile, l'entrée de Victor-Emmanuel à Bologne, la guerre de Chine. Il aime à parler politique et économie politique ; il écrit des conversations sur le coup d'État, la constitution de 1852, le suffrage universel. Il est attentif à toutes choses, veut tout savoir et juge avec sévérité « le principe qui domine les études actuelles : faire le nécessaire pour avoir une position sociale, le nécessaire, rien que le nécessaire ».

Pourtant cet esprit qui plane aperçoit les points où il s'arrêtera. L'histoire a ses préférences : elle est le miroir de la vie universelle qu'il aime. Il la veut comprendre comme un philosophe mais il a de la précision dans l'esprit ; sa philosophie est une recherche des causes, et il sait que toute recherche est une œuvre d'érudition précise. S'il annonce un jour qu'il réunit des documents et des notes pour une philosophie de l'histoire, il se propose, un autre jour, d'étudier « à part, d'une façon toute particulière, quelques questions ». L'antiquité surtout l'attire. Après une lecture de l'*Histoire romaine à Rome* d'Ampère, il s'écrie : « Quand irai-je à Rome ? » Ailleurs : « Il faudra que j'aille en Grèce. » Il se préoccupe d'une comparaison à faire entre la cité homérique et la tribu germanique. Une fois, il fait des remarques originales sur le serment des éphèbes. On dirait que cet esprit méditatif voit d'avance sa vie : Rome, la Grèce et le livre de l'*Éphébie*.

Dans toutes ces pages, c'est d'étude et de travail intellectuel qu'il est question : le métier est à l'arrière-plan. Albert Dumont parle bien de l'École normale; il discute avec sa mère « sur la manière d'enseigner l'histoire et sur les tendances de l'Université ». Son désir est alors d'obtenir quelque jour une chaire à la Faculté des lettres de Strasbourg et de vivre dans sa ville natale, où il achèterait une maison sur le quai des Pêcheurs; mais une haute ambition apparaît tout à coup dans des souhaits comme celui-ci : « Plaise à Dieu que j'aie un noble cœur et que je parle aux hommes avec autorité! Plaise à Dieu que je sois utile et que ma vie ne passe pas comme celle de ces misérables qui mangent, boivent et dorment sans vivre un instant! Plaise à Dieu que ma sérieuse jeunesse porte des fruits salutaires! »

C'était une sérieuse jeunesse, en effet, que la sienne, et non sans mélancolie. « Ma vie est sans éclat, sans joie comme sans tristesse, écrit-il. La tête, chez moi, détruira le cœur; je le sais, j'en

1.

souffre! Si, au moins, j'avais dans l'esprit une gaieté naturelle! Mais non, je suis toujours froid, et tout contribue à me rendre tel. Incapable des écarts de la jeunesse, que j'ai en horreur, éloigné de bien des jeunes gens par une différence d'esprit aussi complète que possible, presque en dehors du monde..., je suis morne, presque insensible, et je n'ai personne à qui parler! » Ces lignes ont été écrites dans un moment d'injuste sévérité envers lui-même, comme celles où il parle de son « esprit obtus ». La finesse de son esprit se découvre à chaque page du journal, et la sensibilité de son cœur déborde dans la tendresse avec laquelle il parle de la maison paternelle, de ses parents, de sa sœur tout enfant qu'il regarde dormir : « Quel gracieux spectacle que le sommeil d'un cher petit enfant! » Seulement, il n'était point banal. Une personne comme lui ne se donnait pas tout de suite; il était avare de son amitié, et n'a jamais fait usage de cette menue monnaie de l'amitié qu'on appelle la camaraderie. Il se comparait sans doute à des jeunes gens qui ouvraient aux plaisirs de leur âge une âme moins remplie que la sienne de sentiments et d'idées; en les entendant rire, il se croyait triste; n'en trouvant point qui fussent semblables à lui, il lui semblait qu'il fût seul au monde.

À la fin de l'année classique 1859-1860, Albert Dumont se présentait à l'École normale; il ne réussit pas. Qu'il fût dès lors supérieur à ses concurrents plus heureux, cela est certain; mais il avait des imperfections qu'il sentait; son esprit avait besoin d'une discipline. Au reste, il n'y avait pas d'inconvénient à ce qu'il s'attardât un peu dans les exercices de la gymnastique scolaire : il apportait au gymnase un corps vigoureux, et n'était pas de ces écoliers que nous avons connus, qui faisaient les mouvements à merveille, bien qu'ils n'eussent pas de corps.

C'est à Paris, au lycée Charlemagne, qu'Albert Dumont vint faire une troisième rhétorique. Il entra à l'institution Verdot. Dans ses longues lettres à sa famille, je trouve la tristesse et le dégoût de l'internat, d'ardentes effusions de tendresse filiale, des appels à son père et à sa mère qui semblent des invocations religieuses, puis des impressions charmantes d'écolier de province, tombé tout à coup au milieu d'une classe où des lauréats du concours général se disputaient le premier rang. L'année qu'il passa au lycée Charlemagne lui fut très profitable; je l'ai entendu souvent parler de cette « grande classe de rhétorique ».

Ces grandes classes étaient bien vivantes. Notre ardeur intéressait les plus inertes. Quand un « fort » avait, pendant des semaines, par des prodiges de travail, fait tous ses devoirs, versions latines et grecques, vers latins, discours français et latins, s'il arrivait qu'il laissât passer un discours sans y mettre le *Lege quæso*, il était abordé dans la cour par quelque paresseux dont il ne savait pas même le nom, mais qui, spectateur curieux du tournoi entre les premiers, lui disait: « Tu ne fais donc plus rien? »

Nos maîtres étaient M. Lemaire et M. Boissier. M. Lemaire, vétéran de la rhétorique, était inflexible sur la discipline et la régularité des mouvements de l'esprit. Il ne permettait pas d'ajouter un paragraphe à une matière donnée par lui, attendu, comme il disait, que, « dans un sujet de discours, il voyait tout de suite trois ou cinq paragraphes, et que, lorsque c'était trois, c'était trois, lorsque c'était cinq, c'était cinq. » Il se fâchait quand nous mettions deux idées dans un paragraphe. Maître admirable d'ailleurs pour dégrossir un malhabile; convaincu de l'excellence de sa méthode, — je l'ai entendu dire au ministre au retour de son premier voyage d'inspection générale : « Je n'ai trouvé de propre que ce qui m'est passé par les mains; » — si laborieux qu'il lisait nos copies jusqu'à la dernière ligne. Il était sévère dans ses notes, au point de faire rougir quelque malheureux, auquel il lançait en plein visage, d'un ton de commandement, cette appréciation : « Fait ce qu'il peut, ne peut pas grand'chose ; » mais ses éloges, accompagnés de la lecture d'un discours, faite avec une voix forte, et qui tremblait ou tonnait aux bons endroits, étaient comme la mise à l'ordre du jour du régiment.

M. Boissier nous permettait d'ajouter des paragraphes à la matière et d'avoir par paragraphe plusieurs idées. Il causait, comme il sait causer, à propos des discours, des vers et des explications; il nous préservait contre le mauvais goût : ses élèves ne peuvent entendre aujourd'hui encore sans souffrance certain genre de déclamation, dont il leur a démontré le ridicule. Il nous faisait goûter le charme de la critique littéraire ingénieuse, et nous révélait discrètement l'érudition. On n'était pas toujours en même temps le meilleur élève de M. Lemaire et de M. Boissier. M. Boissier ne voyait pas seulement ce que nous étions : il voyait ce que nous serions, et cela est le génie du professeur.

C'est dans cette classe de rhétorique que j'ai connu Albert Dumont. Il s'y trouva d'abord dépaysé. Il nous paraissait étrange parce qu'il ne nous ressemblait pas : il était déjà quelqu'un. Un jour qu'un inspecteur général l'interrogeait sur un passage de Virgile, il commença par dire ces mots : « Le tendre et doux génie de Virgile... » La classe se mit à rire, et l'hilarité gagna l'inspecteur. L'amour-propre de l'écolier fut blessé ; on ne put le décider à en dire davantage. Il ressentit sans doute plus d'une blessure de cette sorte, mais cela n'empêchait pas qu'il admirât en toute sincérité ses rivaux heureux ; ses parents savaient par lui leurs noms et leurs succès.

Toujours enfermé en lui-même, se dérobant à la compagnie des élèves vulgaires, il achevait de se rendre maître de lui, de travailler son âme, comme il disait, « pour réprimer la vivacité de ses premières impressions, » et « se former un caractère particulier, qui le mit un peu au-dessus des ennuis communs ». Il avait abdiqué la liberté de son esprit, et faisait tout son devoir d'écolier, peinant à la tâche, tyran de soi-même, ainsi que l'appelait son répétiteur de l'institution Verdot. Doucement, d'un progrès insensible, mais irrésistible, il s'acheminait vers la première place. Il eut un jour la joie d'écrire à ses parents que M. Lemaire, qu'il dépeint comme un homme terrible, avait lu la moitié d'un de ses discours « aux soixante-dix élèves de Charlemagne », et « qu'après l'avoir plus d'une fois convaincu d'absurdité », il lui avait « finalement donné des éloges ». Quant à M. Boissier, Albert

Dumont dit qu'il est soutenu et encouragé par lui ; il revient à plusieurs reprises sur cette bienveillance qui lui est bienfaisante. M. Boissier ne se trompait point dans son jugement sur l'écolier, qui, à la fin de l'année, avait au lycée le premier prix de discours français, au concours général, le second prix de version latine, et qui fut reçu à l'École normale.

Dumont fut heureux à l'École, où il travailla comme pas un. Un peu perdu encore dans les rangs moyens, au cours de la première année, il se révéla, pendant la seconde, comme l'esprit le plus compréhensif de la promotion. Il avait repris le libre usage de son intelligence ; de nouveau, son infatigable curiosité s'adressait aux objets les plus divers, mais elle ne s'égarait jamais : elle était toujours accompagnée par sa raison. En toutes choses, il cherchait le principe et la conclusion : ses études diverses, littéraires, esthétiques, historiques, étaient réfléchies par lui et classées en bon ordre dans son cerveau. Tout ce qu'il percevait ou sentait se transformait en une richesse solide, qu'il accroissait toujours. Nous devinions le travail qui se faisait dans son esprit ; il était de ceux à qui l'on prédit, dès l'École, un grand avenir.

Si laborieux qu'il fût dans ces trois années, l'École ne le contint pas tout entier. Il voulut connaître les hommes comme les livres. Décidé qu'il était à prendre sa place dans la société, à s'y rendre « utile » et à conquérir le droit de « parler aux hommes avec autorité », il poussa dans le monde ses premières reconnaissances. Il entra en relations avec un grand nombre d'hommes distingués de toutes les opinions et de tous les partis, suivant en cela une pente de son esprit qui, au lieu de se détourner des contradictions, les recherchait et les aimait, même au temps où il était encore détenu sous le charme des croyances de sa première jeunesse. Ce charme s'était évanoui avant qu'il entrât à l'École; il ne lui était resté que le regret et le respect de ce qu'il avait jadis adoré. Il entrait donc dans le « monde inconnu » dont il eut alors « la révélation », — je cite ses propres termes — avec une entière liberté d'esprit. Tout de suite, il se plut extrêmement dans des salons qui étaient des endroits « non de vaine réunion et de banale causerie, mais au contraire de sérieux entretiens et de ravissants plaisirs ». Il fit aussi connaissance avec les salons officiels. M. Duruy ayant invité les élèves de l'École à ses soirées, il y alla : « Il faut bien connaître tout le monde et son ministre, écrit-il... On rencontre là des personnes de connaissance; on voit des évêques, de grands personnages, et tout cela a son mérite. » Plusieurs fois à cette date sa correspondance donne l'expression naïve des sentiments d'un jeune homme découvrant le milieu qui convient à sa nature. Lui, qui étouffait dans le cadre étroit d'une vie de province, il s'épanouit. Il dit et répète qu'il est heureux, qu'il a « la plénitude du bonheur ». Il se demande « pourquoi il faut dormir, quand il y a un si grand bonheur à vivre ». Il se pénètre d'admiration pour la dignité de l'esprit humain et d'adoration pour Paris : « La belle, bonne et divine ville que Paris! Il me faut Paris, rien que Paris. C'est la ville de l'étude, de l'art, des relations illustres; c'est la ville des plaisirs distingués, la ville enfin de ceux qui veulent vivre par la tête! » Comme il écrivait ces lignes pendant sa troisième année d'École, et en pensant à son départ prochain : « Il faut, ajoutait-il, en pleurer de rage. »

C'est l'année de sa sortie de l'École qu'Albert Dumont a fait mourir, comme on a vu, Jean-Frédéric Helmoltz. Il lui semblait apparemment qu'en 1864 la période d'études était close, la jeunesse terminée, et qu'un être nouveau allait paraître en scène. Mais Jean-Frédéric Helmoltz n'était pas mort. C'est bien Albert Dumont tout entier, cet Helmoltz, personnalité forte, enfermée d'abord en elle-même, s'y consumant, triste, n'ayant de joie qu'à aimer les cœurs les plus voisins du sien, faisant effort pour trouver une voie, choisissant une vocation par un acte de volonté réfléchi, puis trouvant tout à coup à se répandre sur l'étude de l'histoire et des hommes, sur les idées et sur le monde, mais ne perdant jamais la conscience d'elle-même, résolue à se faire sa place, guidée par une habileté naissante et par cette connaissance d'autrui que l'on gagne à méditer sur soi-même, tempérée par une modération naturelle et par le sentiment de sa dignité morale, si peu banale que les indifférents et les passants n'en connaîtront que les parties les plus apparentes, destinée à n'aimer vraiment qu'une élite, à n'être aimée vraiment que par cette élite.

II

« Rien n'a été plus tenu, plus voulu, plus réfléchi que toute ma conduite, écrit Dumont au moment où il va recevoir les premiers honneurs. Il ne s'est, en effet, jamais pressé, lui qui est arrivé si vite. Il ne quitte pas l'école d'Athènes après avoir achevé le *triennium* ; il veut « regarder et attendre en travaillant », et il obtient de demeurer une quatrième année. Il a déjà concouru pour un prix académique et l'a obtenu. Depuis longtemps, l'Institut l'attirait; il avait copié, dans le journal de Helmoltz, une liste de sujets mis au concours par l'Académie des sciences morales. De retour en France, en 1868, il donne des mémoires aux *Archives des missions scientifiques* et au *Journal des Savants*; il fait des lectures à l'Académie des inscriptions et à la Société des études grecques. Il prépare sa thèse doctorale. Quelqu'un lui parle d'une chaire à la Faculté des lettres de Toulouse, mais il n'est pas pressé de prendre une fonction : « Ma vie est toute tracée, dit-il, il faut aller en Grèce, en mission, pour se donner une spécialité. » Il retourne en Grèce, en effet, et il y prépare un grand travail sur les *Céramiques*. Il ressemblait si peu à tout le monde que tout le monde le remarque. Le ministère de l'Instruction publique étudiait un projet d'École française à Rome : l'opinion unanime de ceux qui s'intéressaient à cette création fut qu'un seul homme était capable de la faire réussir. L'École n'aurait peut-être jamais été fondée si Albert Dumont n'avait pas été là. Deux années après, comme l'École d'Athènes semblait péricliter, il y est envoyé, pour la relever. Les autres honneurs sont venus de la même façon, tout naturellement. Qu'il y ait songé, qu'il les ait même désirés, c'est possible ; mais son mérite est au point de départ de ses succès; ses services et l'opinion qu'il donnait de sa valeur l'ont partout précédé. »

« Oh! la courtisanerie! écrivait-il d'Athènes en 1865. J'aimerais mieux des pierres pour lit et du pain à dîner que l'idée d'une bassesse! J'arriverai par mon talent; sinon, qu'importe? » Et il était arrivé par son talent.

Se croyait-il au terme? Non. Nous disions entre nous et nous lui disions qu'il était fait pour la politique. Il le savait. Dès sa première année à l'École d'Athènes, il avait la préoccupation « d'écrire quelque chose sur l'Orient actuel, sur les religions, la politique, le commerce, les trois grandes puissances, etc. ». Il y a de remarquables chapitres politiques dans le livre qu'il publia plus tard sur *le Balkan et l'Adriatique*. Il écrivait encore d'Athènes : « L'archéologie n'est pas tout, et j'en sortirai par l'histoire politique d'abord, et peut-être, plus tard, par quelque porte plus vaste. » Il se gardait de s'enfermer dans des études trop particulières : « Je crois à l'histoire, disait-il; c'est parce que j'y crois que je pense qu'il faudrait changer quelque chose à la méthode qu'on a suivie jusqu'ici, et la ramener à la précision des sciences physiques et mathématiques. Voilà ce que j'appelle travailler sérieusement. Tout le reste, par malheur, est toujours petit. Vous direz à cela qu'il faut bien que le détail se fasse... Oui, et je crois que, dans tout sujet particulier, on peut servir la science générale, éclairer ses propres méthodes et contribuer singulièrement à augmenter le nombre des lois d'ensemble et des principes que l'histoire recueillera chaque jour davantage, comme fait aujourd'hui l'histoire naturelle. Vous ajouterez enfin que c'est après l'étude du détail qu'on atteint aux belles régions des vues d'ensemble. J'en suis parfaitement persuadé; j'y penserai tout particulièrement en faisant la Grèce romaine (c'est le sujet d'étude qu'il se proposait alors), d'autant plus que mon esprit n'est pas encore en force de porter le poids d'un travail plus considérable. Mais vous comprenez comme moi que je ne peux aimer ce sujet que d'une affection passagère. Bien plus, je crois que les idées générales mènent forcément au désir de l'action. Or, l'action publique, l'action sociale, c'est la politique. Les ailes ne font que me pousser encore... »

Cette belle ambition fut entretenue en lui par les relations qu'il eut, à Rome et en Grèce, avec les hommes politiques du pays ou de l'Europe, et par le goût et le talent qu'il avait d'étudier les caractères des nations. Personne n'a connu mieux que lui les Grecs et les Italiens. Il s'informait de toutes choses auprès de ceux qui les savaient, et il apprenait ainsi son Europe. C'eût été un rare politique qu'un homme comme lui, qui avait mené de front l'apprentissage de la science et celui de la politique, ou plutôt qui les avait confondus. Mais la politique ne lui a offert ni honneurs ni charges ; l'Université a gardé pour elle tout le bénéfice de sa puissante activité. Justement parce qu'il était capable de remplir des devoirs plus difficiles, il a excellé dans l'accomplissement des siens. On rencontre ainsi des hommes à qui la destinée n'a pas donné vêtement à leur taille, mais qui gardent le grand air qu'ils tiennent de la nature. Ils ne savent être médiocres en rien. La force, qui est en eux, de faire davantage, ils la dépensent à grandir les choses qu'ils font.

« Je sortirai quelque jour de l'archéologie, » avait dit Albert Dumont. En attendant, voici comme il définit l'archéologie, dans la première leçon de son cours aux élèves de l'École de Rome : « Les sciences historiques et sociales, dont l'archéologie n'est qu'une subdivision, se proposent de retrouver et de définir les facultés particulières à chaque peuple, les facultés propres à tous les peuples, de les classer, d'en montrer le rapport, d'en suivre le développement, d'en comprendre l'harmonie, de découvrir ainsi, par opposition aux lois du monde physique, les lois de la vie morale, pour les soumettre à la libre volonté. Chaque peuple, par cela seul qu'il existe, possède des facultés naturelles qui se traduisent par des créations également inévitables. On ne trouve pas de société sans langage, sans poésie; sans vie politique, c'est-à-dire sans révolutions; sans relations avec ses voisins, c'est-à-dire sans guerre, sans commerce, sans alliance. La faculté qu'étudie l'archéologue est celle qu'a l'activité humaine de transformer la matière. Cette partie de la science comprend toutes les formes sensibles, depuis les poteries communes jusqu'aux grands édifices, depuis le moindre détail du costume jusqu'aux chefs-d'œuvre de l'art. »

L'archéologie ne gagne-t-elle pas à être définie par quelqu'un qui n'était pas seulement un archéologue? Et toutes les affaires qu'Albert Dumont a conduites, un pur archéologue les aurait-il menées comme il a fait? M. Georges Perrot a bien montré, dans l'émouvant discours prononcé sur la tombe de son ami, qu'il fallait un politique pour faire réussir en France l'idée de fonder une École à Rome, pour établir cette École modestement d'abord, comme une succursale athénienne, lui donner ensuite l'indépendance et tout aussitôt lui acquérir le droit de cité romaine, les sympathies et l'estime de la société italienne et celles de l'Europe savante. Il a fallu un politique pour réconcilier en deux jours l'École d'Athènes avec les Grecs et avec tout le monde. Cette habileté supérieure avait son emploi dans les moindres détails. Jamais ambassade n'a mis à dépouiller le courrier de France et à écrire le sien autant d'attention que le cabinet du directeur de l'École d'Athènes. Pour mettre en train la publication du *Bulletin de correspondance*, Albert Dumont a dépensé autant de travail et d'adresse qu'il en aurait fallu pour négocier un traité. Enfin, dans sa dernière fonction, ce ne fut pas trop de cette science des hommes et des choses, et de cet art de ménager les choses comme les hommes, pour faire concourir tant de volontés diverses à l'œuvre de la transformation de l'enseignement supérieur.

Il ne faut pas croire que, lorsque Albert Dumont mettait tant de soins et quelque solennité à des détails, il se trompait lui-même et jouait aux grandes affaires. Il savait bien que ses affaires n'étaient pas petites ; il les voyait, il les sentait, il les faisait grandes. Un de ses élèves, qui lui a rendu le plus vrai et le plus touchant des témoignages, M. Paul Girard, a très bien dit qu'aux yeux d'Albert Dumont « le *Bulletin de correspondance* était le moyen de former et de perpétuer les relations scientifiques entre l'Orient et l'Occident », et l'École d'Athènes « un grand établissement scientifique, servant d'intermédiaire entre l'Europe savante et les pays helléniques, appelant à elle toutes les lumières, mais répandant à travers l'Orient les habitudes d'esprit des Occidentaux et contribuant, par là, dans la mesure de son influence, à faire aimer la France et les Français ». Quant à la direction de l'enseignement supérieur, Albert Dumont savait qu'elle est une des plus hautes charges de France. Aussi, malgré les ambitions conçues dans sa jeunesse, était-il heureux. Ce serait commettre une grande erreur que de s'imaginer qu'il ait eu de la mauvaise humeur contre le sort. Son ambition n'a jamais été autre chose que le désir de s'honorer en faisant le bien. L'âge avait d'ailleurs dissipé quelques illusions, et il voyait nettement les obstacles qui l'empêchaient d'atteindre le rêve des jeunes ans.

Aujourd'hui, un seul chemin mène à la politique. Ce ne sont pas toujours les hommes les mieux doués pour la politique qu'on y voit marcher avec le plus d'assurance ; s'y engager, c'est souvent tenter une aventure, et Albert Dumont n'aimait pas à s'aventurer. Il savait se faire apprécier par les esprits capables de le comprendre ; il disposait, pour réussir, de moyens délicats, mais les gros moyens n'étaient pas dans son jeu. On se le représente bien appelé par cooptation dans un des collèges de l'ancienne

Rome, non point briguant le tribunat. Il n'a pas connu l'impatience ni les tourments de l'ambition, et, content de ce qu'il avait, il mettait toutes ses forces, plus que ses forces, à bien faire son devoir.

Ceux-là seuls qui l'ont connu savent avec quelle prodigalité il se dépensait. M. Paul Girard a dit ses soins, sa sollicitude et sa tendresse pour ses élèves et la part qu'il prenait à leurs travaux. Il était avec ses administrés comme avec ses élèves; il se donnait une peine extraordinaire pour leur faire comprendre ce qu'il attendait d'eux. Il excellait à mener d'interminables causeries, où il employait, pour exprimer les pensées les plus élevées, le langage le plus simple et le plus familier. Il disait et redisait, balançant son lorgnon, reprenant les mêmes idées, sans que l'exposition devînt jamais banale. Le ton bas de sa voix, ses gestes rares, sa pose de grand personnage en veine d'être bon prince, ses appels à l'approbation auxquels il ne demandait pas de réponse, tout cela, où il y avait de l'art, mais aussi une sincérité profonde, tenait l'auditeur sous le charme et dans un sentiment complexe de respect, d'affection et d'obéissance. Avec le même art et la même conviction, il plaidait notre cause auprès de tous ceux qui la pouvaient servir; il n'était rebuté par aucun préjugé, par aucune ignorance. Il ne se lassait jamais, et, s'il revenait chaque soir, épuisé, c'était pour recommencer le lendemain.

III

C'eût été justice que l'ouvrier vît l'achèvement de son œuvre; qu'après avoir préparé par une de ces négociations difficiles où il excellait la construction de la Sorbonne et de tant de bâtiments universitaires, il assistât, au premier rang, à l'inauguration de ces palais; qu'il vît grandir et prospérer le corps nouveau des étudiants en sciences et en lettres, dont il a préparé et prévu le grand avenir; qu'il fût salué par les acclamations de ces sociétés d'étudiants où la jeunesse de toutes les Facultés met en commun sa bonne humeur, sa bonne volonté et son patriotisme; que lui, enfin, qui invitait les Facultés, peu de temps avant sa mort, à délibérer sur les moyens de constituer des universités, il eût l'honneur d'organiser les universités françaises. Consolons-nous en pensant que sa peine, au moins, n'a pas été sans salaire.

Albert Dumont a été heureux. Il a vu ses élèves débuter avec éclat dans la carrière universitaire, les publications de Rome et d'Athènes honorer la science française, ses idées sur l'enseignement supérieur gagner de proche en proche le Parlement et les conseils électifs voter des subsides pour les grandes Écoles et les Facultés, les millions donnés ou promis, les palais universitaires s'élever, la reconstruction de la Sorbonne décidée, les étudiants des Facultés des sciences et des lettres entrer en scène et donner de belles espérances.

Il a trouvé le bonheur dans l'amitié. Personne n'a plus joui de ce sentiment dont il a connu toutes les variétés : l'amitié respectueuse pour de plus âgés que lui (il a toujours eu quelqu'un pour confident et pour conseiller, et je veux ici nommer au moins M. Bersot); l'amitié bienveillante pour de plus jeunes que lui — ses élèves, qui l'associaient à tous les événements de leur vie, pleurent l'homme qui a laissé une place vide à leur foyer —; l'amitié d'égal à égal pour des hommes qu'il avait appris à connaître et à estimer, au cours de ses études et de sa carrière de savant et d'administrateur. Cette amitié d'Albert Dumont, nul ne l'a connue qui ne la méritait pas. Incapable de commettre une injustice, il n'a jamais placé une affection injustement. Ceux qui sentaient, malgré sa bienveillance habituelle, une barrière entre eux et lui l'accusaient et le calomniaient : ils auraient dû s'en prendre à eux-mêmes. Quant à ses amis, ils étaient fiers de son affection, en même temps qu'ils goûtaient le plaisir de ce commerce intime où il apportait une gaieté presque enfantine. Son esprit, malicieux sans être méchant, saisissait tout de suite le pittoresque ou le comique, et l'exprimait avec une verve que rendait amusante la gravité naturelle qu'il gardait jusque dans la familiarité. Même dans ses moments d'abandon et de bonne humeur, et bien qu'il fût l'homme du monde le moins porté à se prévaloir de son rang, nous sentions en lui le chef.

Mais, le plus grand bonheur de sa vie, Albert Dumont l'a trouvé à son foyer. Mme Dumont, que M. le ministre de l'Instruction publique, le jour des funérailles, a qualifiée de sa vraie qualité, en l'appelant une noble femme, a été vraiment la compagne de son mari. Celui-ci l'associait à son travail, le lui expliquait, le lui faisait aimer. C'est au lendemain de son mariage qu'il alla fonder l'École de Rome. Il voulut que sa jeune femme fût aussi de l'École, ou plutôt que l'École entrât dans sa famille. L'intimité d'un salon charmant fit vivre en bonne amitié et dans le culte commun de la science un israélite, un abbé, un protestant, l'École normale, l'École des chartes et l'École des hautes études. A Athènes, le directeur mettait Mme Dumont dans le secret de toutes les découvertes, de toutes les négociations poursuivies pour arriver à copier ou décrire un monument avant les Grecs et les Allemands. Les élèves l'appelaient leur sœur aînée. Elle écoutait les interminables conversations qui se prolongeaient tard dans la nuit. Un élève exposait le plan d'un travail : « C'est bien, disait le directeur ; c'est tout à fait bien, mais... », et cela durait trois heures. Lorsque les élèves étaient en voyage, le directeur employait ses loisirs à travailler quinze heures par jour dans la bibliothèque ; sa femme était auprès de lui. Le soir, on dînait sur la terrasse : « Il y avait, m'a dit Mme Dumont, des clairs de lune étonnants ; des chanteurs passaient sous notre galerie avec des mandolines ; il racontait sa théorie de la journée, il était heureux. Un savant, un diplomate d'Athènes ou un officier de marine venait prendre le café grec avec nous. Jamais la conversation n'était petite. Non, rien ne donnera une idée de cette vie. On était entre ciel et terre ! » Après la rentrée en France, à Montpellier, à Grenoble, à Paris, il fallut bien connaître ce qu'on n'avait pas rencontré dans le milieu enchanté, les laideurs et les petitesses de la vie ; mais le foyer adoucissait dans son charme ces amertumes. Mme Dumont exerçait toujours son action bienfaisante. Elle avait foi dans l'œuvre de son

ari, une sorte de foi mystique en l'efficacité
la science pour relever la patrie, car on
[ai]mait la France dans cette maison; on y avait
[to]us les yeux, comme chez les braves gens, la
[car]te de la nouvelle frontière et l'image de l'Al[sa]ce.

Ce bonheur même inquiétait Albert Dumont.
[Il] avait, depuis sa première jeunesse, la supersti[ti]on qui fit jeter au tyran de Samos son anneau à
[la] mer. Il raconte tout au long l'histoire de Poly[c]rate dans une lettre écrite à ses parents en 1865.
[D]éjà, dans son journal, il parle de la jalousie des
[d]ieux. Lorsque naquit, en 1881, un enfant qu'il
[a]vait tant désiré, et qu'il put voir encore le som[m]eil d'un cher petit enfant : « Il faut que nous
[s]oyons bien bons, disait-il, pour nous faire par[d]onner notre bonheur. » Il a eu, d'ailleurs, et
[tr]ès nettement, le pressentiment de la mort. Ces
[m]ots revenaient souvent dans sa bouche : « Quand
[o]n fera mon oraison funèbre », ou « quand je ne
[s]erai plus là ! » La fatigue qu'il éprouvait, il la
[s]avait mortelle. A dix-huit ans, il se plaint déjà
[d]e maux de tête, et, à l'École normale, de l'afflux
[d]u sang qui trouble sa vue. Il lui aurait fallu le
[r]epos et l'exercice physique : il n'aimait pas
[l']exercice physique, parce qu'il n'aimait pas le
[r]epos. L'amour du travail l'avait jeté sous la dan[g]ereuse tyrannie du travail. Il ne pouvait se passer

de livres, de conversations, d'affaires. Rien n'y faisait, ni conseil, ni prière. Il allait toujours tout en répétant : « Je suis fatigué, bien fatigué. » Il parlait quelquefois de rompre sa chaîne; mais il en eût repris une autre, qu'il aurait faite aussi lourde. La tête n'a pas tué le cœur en lui, comme il le craignait : le cœur a noblement et doucement vécu ; mais la tête a tué le corps, tout d'un coup, comme par un assassinat.

« Dieu veuille qu'il ne soit pas mort pour rien ! » s'écrie Mme Dumont dans une lettre écrite quelques heures après le terrible événement. Non, il n'est pas mort pour rien et il n'est pas mort tout entier. Il vit dans le cœur de ceux qui savent ce qu'il valait; son œuvre scientifique et les créations préserveront longtemps son nom contre l'oubli. Quand le nom sera oublié, tout ne sera pas fini. Même ceux qui ont perdu la foi aux promesses des religions et aux espérances du spiritualisme ne se résignent pas au néant : ils savent que l'œuvre des personnes dure, quand la personnalité est détruite, dans la vie universelle. C'est l'immortalité anonyme. Quelque chose d'Albert Dumont vivra et agira tant que nous aurons en France le culte de l'esprit, c'est-à-dire tant que vivra la France.

LES ÉTUDES CLASSIQUES

LES ÉTUDES CLASSIQUES

I

LA QUESTION DU GREC ET DU LATIN

Il est inévitable, pour toutes sortes de raisons, les unes bonnes et les autres mauvaises, que les méthodes et le principe même des études classiques soient discutés aujourd'hui ; mais c'est une chose inattendue et piquante qu'un lettré très érudit et très fin renie ses dieux, les livre à la risée et les recommande à la haine du public. C'est ce que vient de faire M. Raoul Frary, qui plia jadis sous les couronnes universitaires et eut l'honneur d'être chef de section à l'École normale.

L'attaque d'un transfuge est toujours redoutable : il connaît le fort et le faible de la place qu'il a quittée ; il mène l'ennemi aux bons endroits. Si quelqu'un est capable de détruire dans l'opinion l'enseignement classique, c'est un homme comme M. Frary.

Je vais donner une douzaine de notes sur son

livre (1), qui est charmant et dont je pense, pour le dire tout de suite, le plus grand mal.

Je reproduirai les passages que je discute, afin qu'argument et réplique se suivent et se répondent, et ces dialogues sont classés de façon que le lecteur voie bien où j'en veux venir. J'essaierai d'abord de démasquer la tactique de l'ennemi du grec et du latin ; elle est fort habile et elle a fait des dupes.

~~~~~~

A peine la France commençait-elle à respirer après tant de désastres que, de toutes parts, on réclama la réforme de notre système d'instruction publique. Les invasions de 1814 et de 1815 nous avaient peu avertis, parce qu'elles ne nous avaient pas humiliés ; un peuple accablé par le nombre n'éprouve pas le besoin de s'amender. L'invasion de 1870 nous obligeait à confesser une infériorité dont il fallait bien chercher l'origine... L'exemple même de nos vainqueurs nous engageait à fonder sur une meilleure éducation de la jeunesse l'espoir d'une revanche ou la sécurité du territoire amoindri.

Il est vrai qu'on a dit : « C'est le maître d'école prussien qui a vaincu à Sadowa et à Sedan ; » au maître d'école quelques-uns ont adjoint le pro-

(1) *La question du grec et du latin*, par Raoul Frary. Paris, chez Cerf.

fesseur d'université. Je me souviens même qu'un gymnaste français envoyé par M. Duruy en Allemagne pour y étudier les gymnases scolaires, rapporta cette phrase : « Ce sont les maîtres de gymnastique prussiens qui ont vaincu l'Autriche. »

Certes, je crois à l'efficacité de l'éducation intellectuelle et physique, et je ne voudrais point passer pour sceptique à cet endroit. Je consens donc qu'un éditeur rassemble sur une lithographie populaire le professeur d'Université ayant à sa droite le maître d'école et à sa gauche le maître de gymnastique, qu'il étende au-dessus de leurs têtes l'aigle d'Allemagne et qu'il écrive à leurs pieds : « Les vainqueurs de Sadowa et de Sedan ! » mais j'estime que trois personnes ont droit aux honneurs d'un pendant : le roi de Prusse, M. de Bismarck et M. de Molkte.

Il est bien de mettre à la première page d'un livre sur l'éducation cette profession de foi sur la puissance de l'éducation ; il est habile d'introduire la question du latin sous les auspices du patriotisme ; mais il ne faudrait pas nous payer de mots. L'art de la guerre a pour objet de mettre hors de combat le plus grand nombre possible d'adversaires, en cassant, à coups de fusil ou à coups de canon, des jambes, des bras, des poitrines et des têtes. Certaines conditions morales, voire même intellectuelles, sont requises pour mettre une armée en bonne disposition de donner ou recevoir la mort ; mais d'autres sont plus nécessaires, antérieures et primordiales. Il ne faut pas moins que toute l'histoire de la Prusse, comparée à celle de la France, pour expliquer qu'à la dernière rencontre des deux nations la France ait été vaincue.

Peu importe vraiment le choix des langues employées à l'éducation ; les balles et les obus ont une langue qui leur est propre. Ils la parlent plus ou moins bien, selon le temps et le pays, mais ce n'est pas dans les écoles qu'ils l'apprennent.

~~~~~~

Il semble que le lycéen soit déjà un soldat et un fonctionnaire ; il suit un règlement ; il porte l'uniforme ; il fait partie de la grande machine dont le ministre est le mécanicien ; il obéit sans comprendre l'utilité de ses efforts. Son intelligence se meut dans les limites de la consigne ; il fait l'exercice avec son cerveau. On l'habitue à rester en classe comme un employé au bureau, moins encore pour accomplir une tâche que pour faire acte de présence, à tuer le temps par les formalités, les paperasseries, à faire passer la lettre avant l'esprit, la forme avant le fond, à craindre les inspecteurs…

J'ai conservé du collège un très triste souvenir. On me disait : « Tu verras plus tard que les années de collège sont les plus belles de la vie ! » Ce plus tard est venu, et je ne voudrais pas revivre ces années, même pour le plaisir de retrouver ma jeunesse. J'ai bien le sentiment que j'ai fait partie d'une machine et subi une consigne. Il est nécessaire de faire l'exercice avec son cerveau; mais cet exercice a été tellement répété, si longtemps prolongé, que mon cerveau, lorsque je n'y prends point garde, produit de lui-même, automatiquement, les mouvements qu'on lui commandait jadis. J'ai gardé le dégoût de la fatigue que me causait par moments cette gymnastique dans le vide. Je sais l'importance de la *lettre* et de la *forme*, et je ne suis l'ennemi ni des vers latins ni des discours; mais j'ai fait parler un trop grand nombre de personnages que je ne connaissais pas sur des matières que je connaissais moins encore. J'ai réfuté sans les connaître Spinoza, Hegel, Auguste Comte : cette malhonnêteté pèse encore sur ma conscience. La longue immobilité de l'étude, la tristesse des récréations entre les murs, la flânerie réglementaire des promenades, l'impossibilité du recueillement et du tête-à-tête avec soi-même, tout cela m'apparaît aujourd'hui comme un mauvais rêve; mais quel rapport avec la question du latin ? Quand vous aurez substitué l'enseignement classique français au vieil enseignement, démolirez-vous les lycées? La consigne sera-t-elle par cela même supprimée? En ce moment même, on organise l'enseignement secondaire des jeunes filles : il n'y a dans les programmes ni grec ni latin ; mais on bâtit des lycées qui deviennent, hélas ! des internats, et les jeunes filles porteront l'uniforme, feront partie de la grande machine dont le ministre est le mécanicien, etc., etc. Ce n'est pas la faute ni de Virgile, ni d'Horace, ni d'Auguste, ni de Justinien.

~~~~~~

Le portefeuille qui contient, à ce qu'on dit, l'avenir de la France se donne comme la plupart des portefeuilles : c'est l'appoint d'une combinaison, le prix d'une victoire, la récompense d'un ordre du jour ou d'une harangue parfaitement étrangère aux questions pédagogiques.

Faut-il que l'instruction publique soit administrée par un universitaire ? Question controversée. Nos ministres le plus justement célèbres ont été des professeurs; d'autres universitaires ont fait médiocre figure, au lieu que la politique nous a donné quelques grands maîtres qui ont ouvert la maison à l'air libre du dehors. Mais je veux bien que M. Frary trouve étrange que nous ne soyons pas régis par un des nôtres, comme l'armée par un soldat ou la marine par un marin, et très déplorable que les voitures d'emménagement soient suivies de si près dans la cour de l'hôtel de la rue de Grenelle par les voitures de déménagement. Il paraît que les conducteurs de la maison Bailly, lorsqu'ils passent devant un ministère, sont obligés de tenir ferme la tête de leurs attelages, pour les empêcher de s'engouffrer sous les voûtes ministérielles, les chevaux étant bêtes d'habitude; mais, encore une fois, quel rapport entre la question du latin et le choix des ministres et les crises ministérielles?

~~~~~

L'enseignement secondaire, en France, n'a pas de vie propre. L'Université a étouffé la concurrence; mais elle ne s'est pas assuré le moyen de rester debout, si l'appui du pouvoir venait à lui manquer. Elle ne forme ni une corporation ni une collection de corps pourvus de tous les organes nécessaires. C'est une administration qui renferme dans ses cadres un grand nombre d'esprits distingués et de caractères généreux, mais qui a été vouée de tout temps à la soumission et à la discipline. On pourrait la comparer à un navire bien aménagé, monté par un excellent équipage, mais construit pour être remorqué : il ne s'y trouve ni gouvernail, ni voilure, ni machine.

Impossible de mieux dire des choses plus justes. Le personnel de l'enseignement secondaire ne saurait être trop loué : esprits distingués, cœurs généreux s'y rencontrent en grand nombre. Il est très regrettable qu'il n'ait pas une vie propre ; mais quelle erreur de croire qu'une simple transformation des programmes lui en donnera une !

Ce personnel peut-il devenir une « collection de corps pourvus de tous les organes nécessaires » ? Oui, si nous brisons la grande machine, dont le moteur, qui est à Paris, atteint, à l'aide de courroies de transmission façonnées par l'usage, les agents locaux : recteurs, inspecteurs d'académie, proviseurs et principaux. Oui, si le système d'avancement, qui exige aujourd'hui des mutations fréquentes, est modifié de façon à permettre l'attache à une patrie locale, lycée ou collège, sans qu'il faille renoncer au progrès dans la carrière. Oui, si nous déchirons l'uniforme programme imposé de haut, si nous admettons les expériences diverses, si nous renonçons à prohiber toute initiative, si le professeur cesse d'être un administré tout petit en présence d'une administration toute-puissante, qui règle ses idées et dispose de son avenir, car elle cumule le spirituel et le temporel — et, comme il arrive toujours en pareil cas, au détriment du premier. Oui, si le professeur affranchi, étroitement uni à ses collègues, participe au gouvernement de la maison. Oui, enfin, si nous renonçons à nos préjugés contre la pédagogie.

C'est une chose étrange, au point d'être incompréhensible, qu'il n'y ait nulle part, hormis quelques Facultés, une préparation professionnelle au professorat, et qu'un jeune homme puisse passer trois années à l'École normale, comme il m'est arrivé, sans entendre dire qu'il est destiné à l'enseignement. Le jeune professeur monte dans sa chaire sans avoir été provoqué à réfléchir sur les méthodes. Il trouve le programme, les usages établis; il fait ce que ses maîtres ont fait avant lui et ce qu'il voit faire autour de lui. « Le lycée, dit M. Frary, tient à la fois de la caserne et du ministère : de la caserne pour la vie du corps, et du ministère pour la vie de l'esprit. La tradition y règne, auguste, redoutable... » C'est vrai, et, à cause de cela, ces petits « corps » n'ont point d'âmes, et l'enseignement secondaire demeure dans l'inertie. — Mais le latin ? Que vient faire ici le latin ? Sans retirer aux langues classiques leur fonction d'éducatrices de l'esprit, nous pouvons alléger la tutelle administrative, rompre l'uniformité, intéresser le maître à sa maison et à son enseignement.

Quand l'équipage du navire ne parlera plus que les langues modernes, le navire ne sera point transformé *ipso facto :* Shakespeare ne lui donnera point un gouvernail, ni Byron une voilure, ni Gœthe une machine.

~~~~~~

L'enseignement classique prépare d'autant mieux ses élèves au métier de fonctionnaire qu'il ne les prépare à rien du tout.

Le livre est rempli de récriminations contre le *fonctionnarisme.* Tout autant que M. Frary, je déteste cette plaie, parce qu'elle est dangereuse et parce qu'elle est laide; mais a-t-elle été engendrée par l'enseignement classique ?

L'enseignement classique n'est pas donné dans les écoles primaires, qui mettent en circulation nombre de brevetés aspirant à la fonction d'instituteurs : ils sont aujourd'hui quelques milliers qui attendent des places.

Un baccalauréat de l'enseignement spécial a été institué : que réclament ces bacheliers ? Des places. Une commission, composée des chefs de service des différents ministères, et présidée par le ministre de l'Instruction publique, a dressé la liste des emplois auxquels pourront prétendre les nouveau venus. Elle va leur ouvrir de grandes Écoles, même l'École polytechnique. Je n'y vois, pour ma part, aucun inconvénient. Exclure d'une École où l'on peut se présenter avec le diplôme de bachelier ès sciences, qui ne prouve aucune culture intellectuelle, des jeunes gens qui apportent le diplôme, plus difficile à obtenir, de bachelier spécial, c'est une pure chinoiserie; mais je veux seulement constater que MM. les modernes sont à table et qu'ils ont bon appétit.

Il est par trop commode, d'ailleurs, de donner pour une conséquence d'un système d'éducation un trait de notre caractère national. M. Frary simplifie trop les choses; vingt fois, il donne envie de remonter au commencement du monde, pour y chercher des origines et des causes, qu'il trouve toutes chez Delalain, dans la brochure où sont réunis les programmes de l'enseignement secondaire.

~~~~~~

Ce sont les jésuites qui ont fondé et organisé, chez nous, l'enseignement secondaire.

A la fin du xve siècle, les humanistes se proposèrent de retrouver la vraie théologie obscurcie par la scolastique, la véritable Église défigurée par un clergé de seigneurs et de hobereaux, la science et la nature voilées par les sottes théories et les superstitions. Pour dissiper les ombres qui s'interposaient entre les choses et l'esprit, ils imaginèrent d'exercer « l'esprit à penser justement sur les choses » — le mot est d'un d'entre eux — ; ils s'accordèrent pour dire que la meilleure « gymnastique » de l'esprit est l'étude de l'antiquité, qui a pensé avec tant de justesse. L'enseignement classique leur a paru être le meilleur, l'unique moyen de façonner l'instrument intellectuel et de restituer à l'humanité « la vraie joie », qui est de « savoir, penser et voir la vérité ». Rendre l'esprit capable de « l'effort vers la connaissance », tel est l'objet qu'ils se sont proposé.

Il est vrai que ces sages s'étaient abandonnés à une grande illusion : ils avaient cru arriver à la réforme de l'Église et de l'État par « la réforme de l'esprit ». L'État et l'Église se sont défendus par le poids même de leur inertie. Alors ont éclaté les sarcasmes des humanistes révolutionnaires du xvie siècle et la protestation de Luther. Humanistes révolutionnaires et réformateurs ont continué de prendre leurs armes dans l'arsenal antique. Mélanchthon est un grand pédagogue ; c'est de lui, c'est des Réformés, ses disciples de tous les pays, que procède notre enseignement secondaire, non pas de Loyola.

Voilà nos vraies origines. Oublier les services rendus par les anciens aux modernes, altérer l'histoire au point d'écrire obscurité où il y a lumière, tyrannie où il y a affranchissement, jésuite où il y a Mélanchthon, cela passe un peu la permission. Mon cher Frary, cela n'est pas bien.

Ai-je réussi à disculper le latin de tous les crimes qui lui sont attribués? Je l'espère; mais, pour être juste, je dois un hommage à M. Frary. C'est un maître procureur : il n'attaque point tout de suite l'adversaire qu'il veut faire condamner; il s'assure de son jury; il émeut notre patriotisme, provoque notre humeur frondeuse contre les abus de notre administration et l'ennui de nos Écoles. Il introduit le latin après avoir démontré que c'est un allié de Pitt et de Cobourg, un serviteur de M. de Bismarck, un complice tout à la fois de la Commune et des jésuites, des fusilleurs et des fusillés. Le bon public, voyant entrer « ce pelé, ce galeux », crie : Haro !

~~~~~~~

Si, par un miracle tout à fait invraisemblable, un peuple venait à naître, sans traditions ni préjugés, et que ses chefs eussent à choisir un programme d'enseignement secondaire, on peut affirmer que leurs délibérations aboutiraient à un résultat bien différent de ceux que nous voyons. Mais, sauf les Japonais, qui viennent d'entrer subitement dans le cercle de la civilisation moderne au sortir d'un régime tout féodal, après tant de siècles d'isolement, il n'est pas de nation qui réalise une hypothèse si hardie. Les Australiens sont des Anglais émigrés ; les Américains du Nord, des Anglais séparés ; les Américains du Sud, des Espagnols affranchis ou des Indiens libérés. Partout le passé pèse sur le présent...

Je sais bien que l'auteur ajoute immédiatement après : « Partout l'idée de conservation et l'idée de progrès soutiennent une lutte nécessaire et féconde ; » mais je ne crois vraiment pas me tromper en disant qu'il regrette, au fond, cette lutte, qu'il ne la trouve pas si féconde et qu'il admire fort les Japonais. Son livre est une protestation contre toutes les sortes de traditions. Le reproche, qui nous est à chaque instant répété, de ne point faire comme les Anglais, ou comme les Américains, ou comme les Allemands, ne suppose-t-il pas que nous pourrions, en le voulant bien, devenir des Anglais, des Américains ou des Allemands ? M. Frary ne paraît pas croire à la séparation, à la distinction des peuples, aux habitudes nationales qui, depuis que le monde existe, ont duré autant que les nations. Les douanes sont pour lui restes de barbarie : soit ! mais les frontières ? M. Frary n'en fait pas plus grand cas. Il les veut effacer, il les efface, sans plus de façon. Sous sa main disparaissent tous les reliefs que la nature et l'histoire ont dressés sur le monde. Il a de la colère contre ces importuns, qui gênent la circulation des marchandises. En lisant ce livre, qui semble écrit par un maître d'une philosophie qui n'est pas neuve d'ailleurs, la philosophie du commerce, ou par un apôtre d'une religion très vieille, celle de l'intérêt ; à mesure que je notais tous ces jolis traits contre les gouvernements, les lois et les hommes de loi, toutes ces manifestations de mauvaise humeur contre l'inutile et les inutilités, et que je voyais se développer cette doctrine utilitaire, ces théories humanitaires, il me venait à l'esprit de vagues réminiscences, comme les notes éparses d'un air oublié. Puis, je me suis tout à coup rappelé ces vers :

L'univers, mon ami, sera bouleversé.
On ne verra plus rien qui ressemble au passé ;
Les riches seront gueux et les nobles infâmes ;
Les maux seront des biens, les hommes seront femmes.
Et les femmes seront... tout ce qu'elles voudront.
Les plus vieux ennemis se réconcilieront,
Le Russe avec le Turc, l'Anglais avec la France,
La foi religieuse avec l'indifférence,

Et le drame moderne avec le sens commun.
De rois, de députés, de ministres, pas un.
De magistrats, néant ; de lois, pas davantage.
J'abolis la famille et romps le mariage ;
Voilà. Quant aux enfants, en feront qui pourront.
Ceux qui voudront trouver leur père chercheront.
Du reste, on ne verra, mon cher, dans les campagnes,
Ni forêts, ni clochers, ni vallons, ni montagnes ;
Chansons que tout cela ! Nous les supprimerons,
Nous les démolirons, comblerons, brûlerons.
Ce ne seront partout que houilles et bitumes,
Trottoirs, masures, champs plantés de bons légumes,
Carottes, fèves, pois, et qui veut peut jeûner ;
Mais nul n'aura du moins le droit de bien dîner.
Sur deux rayons de fer un chemin magnifique
De Péking à Paris ceindra ma république.
Là, cent peuples divers, confondant leur jargon,
Feront une Babel d'un colossal wagon.
Là, de sa roue en feu, le coche humanitaire
Usera jusqu'aux os les muscles de la terre.
Du haut de ce vaisseau, les hommes stupéfaits
Ne verront qu'une mer de choux et de navets.
Le monde sera propre et net comme une écuelle ;
L'humanitairerie en fera sa gamelle,
Et le globe rasé, sans barbe ni cheveux,
Comme un grand potiron roulera dans les cieux.

C'est ainsi que, dans les *Poésies nouvelles* d'Alfred de Musset, Dupont parle à Durand, à Durand, l'ennemi du grec et du latin, qui venait de lui faire la déclaration suivante :

Dès l'âge de quinze ans, sachant à peine lire,
Je dévorai Schiller, Dante, Gœthe, Shakespeare

e front me démangeait en lisant leurs écrits.
Quant à ces polissons qu'on admirait jadis,
Tacite, Cicéron, Virgile, Horace, Homère,
Nous savons, Dieu merci, quel cas on en peut faire...

~~~~~~

Ce n'est pas assez que chaque emploi public ou privé soit occupé par des hommes d'une capacité suffisante ; il faut aussi que certaines carrières ne soient pas encombrées et d'autres désertées. Beaucoup d'appelés et peu d'élus : c'est la formule du désordre et du malaise social...

Dans une usine ou dans une maison de commerce, il arrive naturellement que certains emplois sont beaucoup plus recherchés que les autres ; mais une évidente nécessité ne permet pas que les cadres soient brisés et les rangs confondus. Si l'autorité d'un chef ne maintenait dans l'ordre les choses et les gens, la ruine de l'entreprise ne tarderait pas à dissoudre une combinaison instable.

Ici encore, je ne crois pas me tromper beaucoup en disant que l'auteur laisse percer un sentiment intime. Nous pénétrons dans la psychologie de cette très curieuse personne qu'est Raoul Frary. Tout à l'heure, il se découvrait suspect d'humanitairerie ; le voici théoricien social et, à mon avis, fantaisiste. Il rêve un classement des hommes par métiers. Il ne dit ni par qui ni comment sera faite la répartition ; mais il la suppose achevée et que tout enfant sera, dès la première heure, destiné à une profession. Il écrira vers la fin de son livre, au sujet des futurs professeurs, pour lesquels il veut bien garder l'enseignement des langues anciennes : « Rien ne s'oppose à ce qu'ils reçoivent une culture spéciale, profondément distincte de celle qui sera donnée aux autres jeunes gens en vue des autres carrières. » Cela est court, mais cela est énorme. Que seront donc ces futurs professeurs ? Peut-être des fils de professeurs. On leur mettra la robe à dix ans, comme on met la tunique aux enfants de troupe.

J'ai connu Raoul Frary très épris des doctrines de M. Le Play. Est-il pour la *famille souche* obligatoire ? Mais alors ne parlons point avec tant de colère des castes de l'ancien régime, ni avec tant de conviction de notre amour pour la démocratie.

Démocrate, M. Frary l'est très sincèrement ; mais ce fin lettré, ce bel esprit chimérique, me semble être quelque peu démocrate à la façon dont Fénelon était libéral.

~~~~~~

Mon dessein n'est pas d'abaisser les études sous prétexte d'utilité, ni de mettre l'instruction professionnelle à la place de la culture des esprits, ni d'imposer à l'Université le pénible devoir de ne fabriquer que des machines à gagner de l'argent...

J'aime fort cette déclaration; mais pourquoi vient-elle entre parenthèses au chapitre *du grec*? Pourquoi l'utile est-il célébré à chaque page, pendant que l'inutile est traité avec une si amère ironie? Pourquoi la comparaison de la cité à « une société industrielle et commerciale, faite pour produire et pour vendre », est-elle donnée comme « la plus juste » que l'on puisse trouver et « la plus féconde »? Pourquoi inviter le législateur à mépriser « saint Thomas, Justinien et la philosophie de tous les docteurs », et le renvoyer au « bon sens d'un filateur ou d'un épicier »? Pourquoi reprocher à l'enseignement classique de « ne préparer les jeunes gens à aucune profession *productive* »; au gouvernement, qui enseigne le latin, de « faire tort à la société en poussant aux carrières *improductives* une foule toujours plus nombreuse de Français qui auraient pu se rendre *utiles*... si on les avait abandonnés à leurs propres forces ou si on leur avait donné une éducation *moins littéraire* »? Pourquoi demander à l'éducation, comme un de ses principaux objets, de nous préparer à un bon « emploi de nos capitaux »? Pourquoi regretter que la grammaire ne fasse pas entrevoir à l'enfant « les résultats *utiles* » de son travail? Pourquoi exiger que nous soyons « initiés de bonne heure à la *religion de l'utile* et à la doctrine du *produit net* »?

En somme, une déclaration toute platonique en faveur du « beau »; vingt déclarations énergiques en faveur de l'utile. Il aurait mieux valu nous avouer tout net que l'éducation doit être professionnelle et utilitaire.

~~~~~~

Au moyen âge, on ignorait le grec; on parlait et on écrivait le latin; on le savait mal. C'était encore, du moins pour les clercs, une langue vivante, partant fort corrompue. Quant aux jeunes nobles, on les élevait pour la guerre et la chevalerie; on développait en eux la force et le courage plus que l'esprit. L'école du futur seigneur, c'était la cour du suzerain, le château d'un seigneur puissant et renommé. Les pages n'étaient pas condamnés à subir la discipline des théologiens; on ne croyait pas qu'un soldat dût être formé comme un moine ou un légiste. On estimait encore, dans ces siècles d'ignorance, que la meilleure façon de se préparer à un métier n'est pas d'en apprendre un autre; que, pour bien vivre dans le monde, il n'est que d'y avoir vécu de bonne heure... Les artisans grandissaient dans l'atelier, les mar-

chands au comptoir, comme les clercs dans l'école ; ce
n'était pas la culture qu'on recherchait, mais l'apprentissage.

Le moyen âge a eu sa grandeur comme sa décadence. En laissant de côté les serfs..., on peut dire
qu'au XIV° siècle il y avait, en Occident, plus de liberté
qu'il n'y en eut trois ou quatre cents ans plus tard.
Le triomphe de la royauté et l'établissement du des-
potisme en France et en Espagne furent dus en partie
au concours des légistes, restaurateurs et champions
du droit romain...

En effet, le seigneur demeurait dans son château, le marchand à son comptoir, l'artisan à
l'atelier, mais les clercs et les légistes avaient
des idées générales; leur horizon allait jusqu'aux
limites du royaume de France, même au delà,
jusqu'aux limites de la chrétienté, au delà encore,
jusqu'à l'infini de la vie future. Du chevalier, le
clerc a fait un croisé; le légiste, un sujet. Le clerc
a enrégimenté le marchand et l'ouvrier dans ses
confréries, pour les transformer, à de certains moments, en furieux champions de l'autel, pendant
que le légiste légiférait sur les corporations, me-
surait à l'aune la largeur des pièces d'étoffe,
comptait les fils des tissus, entrait chez le save-
tier pour voir si d'aventure il ne vendait pas de
souliers neufs, chez le rôtisseur pour s'assurer
qu'il ne faisait pas une concurrence illégale au

poulailler, et, lorsqu'un bon procès venait à s'engager, le prolongeait cent et quelques années?

On ne vit point seulement de son métier, on ne vit point seulement de pain : *non in solo pane vivit homo*. Le monde a besoin d'idées *improductives*, et ces sortes d'idées *produisent* beaucoup à ceux qui les ont acquises et les font valoir. Elles ne se rencontrent ni en étudiant les mercuriales des marchés, ni en comparant des machines entre elles, ni en faisant des cornets.

Les études inutiles sont ici d'une utilité immédiate. N'en laissons pas le monopole à l'Église. Elle a longtemps gouverné le monde parce qu'elle était seule à penser, à proposer des solutions aux problèmes de cette vie et de l'autre, à expliquer aux hommes la raison d'être de leur vie, aux gouvernants le but d'un gouvernement. Aujourd'hui, dans l'universelle incertitude, elle a des doctrines certaines ; dans notre désarroi, son ordre immuable ; au milieu de nos inquiétudes, sa tranquillité. Voici qu'elle se met à être politique et qu'en même temps elle fait de grands efforts pour s'instruire : nous en savons quelque chose dans les Facultés des lettres, où les jeunes abbés disputent bravement aux laïques les grades universitaires et prennent d'assaut les plus difficiles, qu'aucun prêtre, de mémoire d'homme, n'avait convoités. Voulez-vous qu'ils soient désormais les seuls professeurs de tous ceux (et ils seront nombreux) qui ne voudront pas entrer en apprentissage dès l'enfance? que, seuls, ils proposent un idéal de vie? qu'ils donnent un refuge une fois encore aux *humanités*? Si oui, pour peu que vous soyez prudents, commencez à les saluer, car ils seront bientôt vos maîtres.

Si vous souriez à la pensée que vous puissiez jamais retourner sous la férule ecclésiastique, songez que le jour où il n'y aura plus dans le monde que des affaires, on pourra bien demander à quelque prince ou à quelque soldat, dans un moment de crise, de faire aller les affaires. Je vous le dis en vérité, une nation de contremaîtres trouvera toujours son maître.

~~~~~~

Ainsi, le grec doit être restauré ou sacrifié; puisqu'on ne peut le restaurer, il faut le sacrifier : sacrifice douloureux!

Je viens de relire quelques pages écrites par un homme sérieux et charmant, par un savant et un artiste qui est — comme son maître et le mien, M. Jules Girard — le modèle d'un esprit et d'un caractère où tout est distingué, délicat, et du contour net de la beauté hellénique. Je veux parler d'Alfred Croiset. Il a bien voulu écrire pour des enfants une histoire générale très élémentaire de la littérature grecque (1). Ces soixante pages convaincraient les plus incrédules de l'immensité de la perte que ferait l'esprit humain, et en particulier l'esprit français, si la nuit s'étendait sur une antiquité demeurée si jeune.

Je ne veux point parler du charme des lettres grecques : j'aurais peur de mal dire. Il me souvient encore de la peine que me donnaient, à l'École normale, les quelques travaux que j'ai faits pour la conférence de M. Girard. Je sentais vivement la beauté des chefs-d'œuvre ; après telle lecture dix fois répétée, mon esprit était tout épuré ; je respirais légèrement, comme si j'avais été transporté dans l'éther des immortels ; mais, dès qu'il fallait écrire, ma plume me refusait son service. L'idéal que je voulais saisir et fixer fuyait devant moi. Pourtant j'étais obligé de finir à l'heure dite. Un jour, arrivé à la dernière limite, j'avais promis que je remettrais, le dimanche, à

---

(1) *Premières leçons d'histoire littéraire*, par MM. Alfred Croiset, Roger Lallier, Petit de Julleville. — 1 vol. chez G. Masson.

La littérature grecque y est traitée par M. Croiset ; la littérature latine, par Lallier ; la littérature française, par M. Petit de Julleville. Je suis heureux de signaler au passage ce petit chef-d'œuvre.

M. Girard un travail sur l'Andromaque de l'Iliade. Je l'emportai de l'École, mais je le gardai jusqu'au soir, et j'écrivis sur la table d'un café une page d'introduction. Je lus, quelques jours après, au bas de cette page, la note du professeur : « Sentiment juste des beautés d'Homère. » Je fus ravi, mais je trouvai ensuite maints coups de plume qui biffaient des mots impropres et m'en découvraient la laideur. En marge d'un passage où j'avais essayé d'exprimer les sentiments d'Andromaque pour Hector, étaient écrits ces mots : « Homère ne connaissait pas l'idylle bourgeoise. » Cette épigramme méritée me fit un effet terrible. Avoir parlé d'Homère comme un bourgeois, quel résultat de tant de peine ! Depuis, je n'ai pas écrit un mot sur la Grèce ; il m'est resté du moins d'un commerce trop court avec les maîtres de l'antiquité le dégoût profond de certaines sottises et de toute vulgarité. Mais, encore une fois, je ne veux point parler de la beauté esthétique des lettres grecques : il est clair qu'elle ne sera sentie que par quelques-uns. Ne considérons que l'éducation générale des esprits, et voyons ce qu'elle perdra, le jour où le grec sera sacrifié.

Dans quel autre pays et dans quel autre temps trouverons-nous une race mieux douée, dont l'histoire intellectuelle soit à la fois plus riche et plus facile à suivre, plus exactement semblable à

« celle d'un individu, qui commence par être enfant et qui arrive à la jeunesse, puis à la maturité, peu à peu, par le cours régulier des années »? D'abord, l'imagination et la poésie; ensuite, la pensée plus ferme et les chefs-d'œuvre de la prose, l'histoire, la philosophie, l'éloquence de la tribune et du tribunal; puis, au début d'une vieillesse qui sera longue et point inféconde, l'expérience, la critique, la science. N'est-ce rien que de voir naître ainsi l'un après l'autre, dans un cadre si bien délimité, les genres immortels où l'intelligence humaine s'est manifestée dans la plénitude de sa variété : épopée héroïque, épopée didactique, poésie lyrique, tragédie, comédie, histoire, philosophie, éloquence, critique? Cette genèse se retrouve chez la plupart des grands peuples, mais non pas avec cette simplicité, cette netteté, cette beauté dans l'évolution.

M. Frary nous demande, au chapitre de l'*histoire*, de faire pénétrer dans l'enseignement l'étude des origines, d'initier les enfants à cette révélation que nous apporte la linguistique, qui « retrouve la filiation et démontre la parenté des races, devine la date relative des *inventions* qui ont transformé l'humanité ». Il loue l'archéologie préhistorique, qui « découvre sous les couches modernes du sol, dans les cavernes, dans le lit des fleuves, au fond des lacs et des tourbières, des *documents* qu'elle rapproche, qu'elle interprète, *mémoires* inconsciemment tracés par nos ancêtres sur le bois, la pierre et l'argile, avant l'écriture, peut-être avant le langage, et qui apprennent, à qui sait les lire, comment vivaient les contemporains du mammouth... ». Mais les Grecs n'ont-ils pas fait quelques « inventions » qui ont transformé l'humanité? N'ont-ils point déposé, ailleurs que dans des tourbières, des « documents » qu'il est intéressant de rapprocher et d'interpréter? Pour avoir été « consciemment » écrits par Sophocle ou sculptés par Phidias, les « mémoires » que nous ont laissés les Grecs n'ont-ils rien à apprendre à qui « sait les lire »? Les contemporains du mammouth feront-ils oublier ceux de Périclès? Enfin, n'y a-t-il point, entre les races, filiation et parenté intellectuelle?

« Nos grands écrivains du xviᵉ et du xviiᵉ siècle, dit Alfred Croiset, sont les disciples de Rome et de la Grèce; si Homère et Virgile, si Démosthène et Cicéron n'avaient pas existé, notre littérature française classique ne serait pas ce qu'elle est. Étudier l'antiquité, c'est donc compléter l'étude de notre propre littérature, en nous assurant le moyen de la mieux comprendre. Mais Rome elle-même a été l'élève de la Grèce;

de sorte que c'est à celle-ci, en définitive, qu'il faut remonter pour avoir la véritable origine de notre culture intellectuelle. »

Osons le dire, ce qui semble procurer aux Latins une certaine supériorité de forme, c'est que leur esprit est moins encombré par la multitude des idées, des connaissances et des souvenirs. Leurs notions de l'homme sont plus simples, parce qu'elles sont plus étroites, et leurs jugements sont plus fermes, parce qu'ils sont moins éclairés...

Voilà qui s'appelle donner des armes contre soi. Sans doute, les anciens ont un esprit moins encombré que le nôtre par la multitude des idées, des connaissances et des souvenirs. Ils ont des notions plus simples; mais cette *simplicité*, qui a pour conséquence cette *fermeté*, fait précisément que l'étude de l'antiquité est un moyen d'éducation supérieur à tous les autres.

Qu'on me permette de prendre ici pour exemple l'éducation d'un historien.

Toutes les manifestations et tous les genres de la vie politique : monarchie, aristocratie, ploutocratie, démagogie, tyrannie, apparaissent les uns après les autres chez les anciens. Il est aisé de les étudier dans les petits cadres et dans la courte histoire des cités. Ces peuples que l'*agora* ou le *forum* suffit à rassembler, qu'un orateur tient sous la puissance de sa parole et de son geste, ont des intérêts et des passions si bien définis qu'on les peut étudier aussi aisément que le caractère d'un personnage. La société a la même simplicité que l'État : l'esclavage supprime à peu près la question sociale. Enfin, les documents, histoires, discours, inscriptions, sont clairs. C'est pourquoi une éducation d'historien doit commencer par l'étude de l'histoire de l'antiquité.

L'antiquité finie, l'étudiant entre dans le désordre des origines modernes. Le théâtre de l'histoire générale s'étend sur les plaines du Nord et de l'Est, habitées par des races de génie vaste et vague. Le théâtre des histoires particulières s'élargit : à la cité succèdent le pays, le royaume. Des idées et des habitudes nouvelles se confondent avec ce qui reste des idées et des habitudes anciennes. Un énorme affluent tombe dans le fleuve antique, le grossit, mais le trouble. Un peuple antique, enfermé dans une enceinte sacrée, trouvait sans grand mal les règles de sa vie : des hommes qui se coudoient tous les jours aux mêmes endroits apprennent à se mettre en rangs et à marcher en procession ; mais des hommes disséminés dans une vaste région, inconnus les uns aux autres, groupés seulement par un vocable géographique ou politique, improvisent en désordre leur existence. Il faut un long travail et le concours de circonstances compliquées pour qu'ils rencontrent enfin des règles générales certaines. Aller de l'histoire ancienne à l'histoire moderne, c'est aller du simple au composé, suivre par conséquent une loi élémentaire d'éducation.

Ce qui est vrai pour l'histoire est vrai aussi pour les lettres.

J'ai lu Homère avant de lire Milton. Sur la simplicité du thème de l'*Iliade*, j'ai vu sans effort vivre la Grèce de l'âge héroïque, ses passions, ses connaissances des lois, ses coutumes, ses rois, ses guerriers, ses dieux. Plus vaste et plus complexe est le thème du *Paradis perdu*: Dieu, sur son trône d'or, est plus grandiose, mais moins saisissable que Jupiter sur l'Olympe; les débats de l'assemblée des démons sont plus sublimes, mais moins intelligibles que ceux des chefs grecs dans le cercle des pierres polies; les passions des êtres célestes sont plus hautes et plus obscures, dans l'épopée chrétienne, que dans l'*Iliade*. Chez Milton, quelle variété touffue, confuse de connaissances acquises depuis les temps homériques en astronomie, en philosophie, en physique, en théologie, en médecine, en stratégie! Enfin, la scène du *Paradis perdu* est l'univers entier ; non plus l'Olympe aux mille ruisseaux, la mer blanchissante aux îles rocheuses ou boisées, la plaine d'Ilion où les feux allumés brillent comme des étoiles. Satan, sorti des abîmes infernaux, traverse le Vide, et les limbes, et le soleil, avant d'arriver à la Terre. Avec lui, l'esprit flotte dans l'immensité des espaces infinis.

Homère, poète de l'humanité jeune, n'est-il pas bien plutôt le poète de l'adolescence que Milton, poète d'une humanité mûrie et déjà savante?

J'ai lu Sophocle avant de lire Shakespeare. Quelques personnages consacrés et classiques, dans des actions très simples — il faut toujours répéter ce mot — ont parlé devant moi la langue de toutes les passions et de tous les sentiments, avant que Shakespeare, m'attirant et m'enveloppant dans la puissante cohue de son action dramatique, me fit tour à tour, ou bien tout à la fois, rire, pleurer et trembler.

Je me félicite d'avoir procédé ainsi. Si je ne connaissais que par ouï dire, par des jugements d'autrui ou par des traductions, cette transposition que la différence des temps, des milieux et des races fait subir au génie de l'homme, quelle lacune dans la connaissance que j'ai pu acquérir de l'humanité!

Je ne préfère pas les anciens aux modernes; mais les anciens m'ont préparé à mieux connaître et à mieux aimer les modernes. Je me suis complu dans les petits bois sacrés de myrtes ou d'oliviers; j'y ai passé des heures délicieuses : c'est pour cela que je ne me suis pas perdu dans les superbes forêts brumeuses de chênes du Nord et que j'en ressens vivement la grandeur et la beauté.

Qu'on me pardonne de tant insister sur le grec. Le grec, aujourd'hui, est le plus menacé; le latin se défend presque de lui-même.

C'est de Rome que nous tenons le goût et le culte de l'*éloquence*. On abuse souvent contre l'éducation classique de ce mot et des mots *rhétorique* ou *oratoire*. Le sens vrai qu'ils avaient autrefois a été oublié; le public, aujourd'hui, traduit *rhétorique* par *déclamation*, et il rit quand il voit sur l'affiche d'une Faculté de lettres : *Éloquence latine* ou *Éloquence française*. Puisque ces termes ne sont plus compris, nous ferons bien de renoncer à en faire usage; mais je proteste contre l'artifice des ennemis de nos études qui se prévalent d'une équivoque.

Dire que les races latines ont le génie oratoire, cela signifie qu'elles aiment l'ordre et vont naturellement d'une idée à l'autre, en passant par des intermédiaires; en un mot, qu'elles ont le génie de la prose. Nous marchons d'une allure réglée : d'autres sautent et bondissent. Ces autres gémissent, pleurent et crient : nous parlons. A chacun sa part : *non omnia possumus omnes*.

Nous étions des prosateurs par excellence, quand les Anglais étaient, par excellence, des poètes. Aujourd'hui, la prose domine partout : c'est nous, les plus Latins des Latins, qui la manions le mieux. Je ne puis comprendre l'enthousiasme de M. Frary pour les écrivains anglais. S'il est vrai que Macaulay soit un maître, c'est parce qu'il est un classique et un élève des anciens ; mais, en thèse générale, il faut à un Anglais deux in-octavo où nous suffit un in-douze. J'ai besoin d'une grande attention pour ne point me perdre dans la prolixité d'un Spencer.

L'école des Latins est celle où l'on se forme le mieux à écrire la prose : n'allons point la déserter au moment où la prose est la forme régnante du langage humain. Un jour viendra où toutes les conquêtes de la science, toutes les idées sociales et politiques, tout notre travail de réformation et de transformation aura besoin d'être résumé et expliqué. Ce travail se fera en bonne prose, et, si nous ne perdons pas nos qualités nationales, cette bonne prose sera française.

Est-il vrai que la fréquentation des Grecs et des Latins soit particulièrement propre à former des hommes et des citoyens...?

Ne parlons pas de cela. Ce n'est pas quand on donne l'utile comme pôle à l'éducation, quand on constate avec plaisir que « les hommes ne se sentent plus attachés au sol par l'éducation, l'habitude ou les lois », quand on les loue de fuir « l'étroitesse de l'horizon natal », quand on définit le monde « un marché universel » et la cité « une société industrielle et commerciale », qu'on a le droit de reprocher aux autres de ne point former des hommes et des citoyens. Je nie d'ailleurs que le reproche soit fondé. Les belles actions et les belles maximes que nous enseignait le *Selectæ è profanis* avaient le don de nous émouvoir. Le dévouement à la patrie, d'autant plus vigoureux que la patrie était plus étroite, remuait nos âmes. L'histoire ou la légende des héros du patriotisme antique a fait sur mon enfance une impression ineffaçable; ces beaux récits, que je confondais avec ceux que j'entendais de la bouche de vieux soldats d'Austerlitz et de Waterloo, m'ont dicté un *catégorique impératif*. Je n'y ai pas désobéi une minute, ni en actions, ni en paroles, ni en pensées.

Je m'arrête, car je voulais seulement essayer de montrer, après tant d'autres, que les lettres anciennes sont et demeurent le moyen d'éducation le meilleur.

Au reste, l'Université pense, comme M. Frary, qu'il est mauvais de « pousser dans le temple des muses une foule trop nombreuse pour n'être pas un peu profane ». Elle se récrie contre l'idée barbare de fermer le temple, mais elle admet qu'il est utile, nécessaire même de bâtir des édifices plus modernes.

Essayons en conscience un système d'éducation classique sans le grec et sans le latin; mais prenons garde de compromettre l'expérience en nous laissant duper par des illusions dangereuses.

Ce serait une illusion de croire qu'il sera jamais possible d'affranchir l'écolier de toute difficulté de travail. J'ai cru rêver en lisant, à la page 115 du livre de M. Frary : « On va de plain-pied du français à l'anglais, à l'allemand, à l'italien; on peut presque calquer la traduction sur le texte. On n'aborde pas le latin sans avoir traversé les broussailles de la grammaire. » Ainsi, pour aller du français à l'allemand, on n'a qu'à se déplacer; le pied ne heurtera aucun obstacle! Voilà qui est très séduisant et très heureux, car nous savons de reste combien il importe que les

Français sachent la langue allemande. Mettons-nous donc à l'œuvre et prenons les derniers conseils de M. Frary; ils sont à la page 209 : « La langue allemande est plus difficile que l'anglaise, plus éloignée de la nôtre par son génie et sa syntaxe. Aussi l'étude en est-elle d'abord plus rebutante. La conjugaison n'a pas cette simplicité algébrique qui rend l'anglais si accessible; la construction est bizarre et enchevêtrée; il est presque nécessaire, pour arriver aux auteurs, de passer par la grammaire. » Que deviennent alors le « calquer sur le texte » et le « plain pied »? Et qui trompe-t-on ici? Le pauvre écolier et le bon public.

Ce serait une autre illusion de croire que le nouvel enseignement, qui sera, non plus *spécial*, mais *classique*, répondra jamais aux exigences de M. Frary. Comment nous guidera-t-il, par exemple, « dans le placement des capitaux »? M. Frary a écrit tout un chapitre sur cette matière. On y voit que nous sommes le peuple du monde qui amasse la plus grande somme de capitaux. Le latin et le grec ne nous empêchent donc pas de nous enrichir: ils ne nous trahissent qu'en nous laissant mal placer nos économies ; mais je consens que nous enseignions toutes les langues aux fils de « ces milliers de laboureurs qui se lèvent avant l'aurore pour subvenir au luxe du grand Turc »; les prémunirons-nous par là contre les appâts du brigandage financier international? Gœthe et Shakespeare leur révéleront-ils les secrets des marchés d'argent? L'erreur capitale de M. Frary est de croire que la vie s'apprenne au collège : elle s'apprend par la vie.

Ces réserves faites, et s'il est bien entendu que l'œuvre à entreprendre est malaisée, mettons-nous à l'œuvre. Ouvrons les portes des lycées à « l'enseignement classique français »; donnons-lui même des lycées et des collèges tout entiers, beaucoup de lycées et de collèges. Nous sommes disposés, nous les partisans du vieux système, à nous faire très modestes. « Peut-être trouverait-on utile, dit M. Frary, d'enseigner çà et là le russe, notamment à Paris. » Nous demandons que l'on trouve utile d'enseigner çà et là le grec et le latin, à Paris et en quelques autres lieux.

Seulement, j'espère qu'on nous laissera tranquilles dans nos refuges. Nous résoudrons le dilemme : « Puisqu'on ne peut pas restaurer les études anciennes, il faut les supprimer » en restaurant les études anciennes. Nos élèves entreront dans nos lycées classiques en sachant bien ce qu'ils y viennent faire. Ils ne seront plus troublés par des expériences répétées et manquées. Nous aurons, eux et nous, la tranquillité de l'esprit de suite. Nous garderons soigneusement la plupart des innovations utiles que l'Université a acceptées de grand cœur, à l'insu de M. Frary, qui ne sait pas ce que nous avons fait depuis qu'il a quitté les bancs du collège, c'est-à-dire depuis un quart de siècle. Tout en nous proposant de cultiver des esprits sans souci d'une immédiate utilité, nous saurons, par une bonne méthode d'enseignement des sciences, de l'histoire et de la géographie, y éveiller la curiosité des choses du temps présent. On verra bien, quand les « classiques anciens » rencontreront dans la concurrence de la vie les « classiques français », que les premiers apporteront les meilleures armes au combat pour l'existence.

~~~~~~

Mon cher Frary,

Il m'a bien fallu combattre ton livre, puisqu'il peut être malfaisant; mais je tiens à te dire que personne n'a été plus sensible que moi aux charmes d'un talent dont tu n'avais jamais si bien montré toutes les ressources. Ironie, enthousiasme, esprit, science, se meuvent à l'aise dans la belle langue que tu parles. Si tu fondes une religion nouvelle de l'éducation, je souhaite que ton livre en soit l'Évangile. Il se trouvera peut-être quelque commentateur qui, ayant appris à la dérobée le grec et le latin, montrera ce que tu dois à la vieille religion : il enseignera par là même aux néophytes le respect de l'Ancien Testament.

Ni ton *Péril national*, ni ton *Manuel du démagogue* n'avaient réussi à forcer l'attention du public et à faire de toi un homme du jour. La *Question du latin* a mis ton nom sur toutes les lèvres. De cela je me réjouis, car un écrivain comme toi mérite la grande notoriété; mais je regrette que tu n'aies pas choisi un autre moyen de devenir populaire.

Esprit dont la curiosité n'a point de limites, doué d'une admirable faculté de compréhension, tu n'as pas, je le crois du moins, la faculté de *préhension*. Lecteur infatigable, causeur universel et charmant, informé sur tout, tu ne te serais peut-être jamais donné la peine d'avoir des opinions si tu ne t'étais mis à faire des livres. Justement parce que tu sentais en toi une sorte d'indécision universelle, tu as pris des thèses précises; tu les as développées en maître, et, comme tu es très sincère, l'opinion de ton livre devient la tienne : elle te saisit, t'échauffe et te transporte.

Nous qui te connaissons, nous ne risquons pas d'être égarés par toi. Nous savons que tu as demandé beaucoup pour avoir quelque chose, quelque chose que nous demandons, nous aussi. Mais le public ne te connaît pas; il ne sait pas que tu es un personnage très particulier, toi qui es par excellence un citoyen de la république athénienne et qui viens de faire une excursion en Béotie; toi qui te fais l'apôtre de l'enrichissement et à qui je ne connais point de rentes; toi qui te donnes l'air d'arriver de Yokohama et de partir pour New-York et qui ne voyages guère que de Paris à Franconville (Seine-et-Oise), aller et retour; toi qui prêches la peuplade et qui es un célibataire endurci.

Ce que le public ne sait pas, je le lui dis, dans ton intérêt; car la tranquillité est menacée si les prudhommes, dont tu as mis en mouvement les troupeaux serrés, allaient s'imaginer que tu paîtras longtemps en leur compagnie le pâturage où tu les as conviés. Prends garde, mon cher ami. Les défenseurs de l'enseignement intégral t'ont fait déjà des coquetteries; on pourrait bien t'offrir quelque jour la présidence d'une Ligue internationale pour la propagation du Volapük.

II

ANCIENNES ET NOUVELLES ERREURS [1]

Mes chers Enfants,

Quand votre directeur m'a proposé l'honneur de présider cette cérémonie, j'ai tout de suite accepté. Depuis longtemps, j'aime votre maison, pour le nom qu'elle porte et pour les services qu'elle a rendus à l'éducation nationale en essayant des réformes difficiles.

Hélas! tout est difficile en cette matière. L'éducation doit être en partie permanente, comme l'humanité, en partie variable, comme l'histoire. Un pays ne peut élever sans danger ses enfants aujourd'hui, comme au siècle dernier, au temps de la concurrence internationale, comme au temps où des barrières et la lenteur de la circulation iso-

---

[1] Discours prononcé à la séance de fin d'année de l'*École alsacienne*, le 28 juillet 1888.

laient les peuples, avant comme après le malheur, pour la lutte incertaine comme pour la tranquillité du présent et de l'avenir. Pourtant, dans la mauvaise comme dans la bonne fortune, à travers les révolutions, l'âme demeure semblable à elle-même : la mission dernière de l'éducation est de l'élever à la connaissance et de la préparer à la pratique de devoirs intellectuels et moraux, qui sont toujours les mêmes.

Comment concilier les exigences mobiles des temps qui se succèdent avec les nécessités invariables de l'éducation ? Comment faire des hommes de ce temps et de ce pays, mais qui soient en même temps de vrais fils de l'humanité ? A quel signe reconnaître que le moment est venu de changer les habitudes, les méthodes, les matières de l'éducation ?

Mes amis, c'est le problème qui nous tourmente aujourd'hui. Vous le savez bien, car l'écho de nos querelles sur l'éducation arrive jusqu'à vous. Avec notre habitude française de penser tout haut, de dire tout devant tous, et par l'effet de cette sociabilité bienveillante qui rapproche, chez nous, les rangs et les âges, nous vous prenons pour confidents de nos idées, de nos efforts, même de nos doutes. D'ailleurs, vous souffrez à votre façon de notre incertitude et de nos tâtonnements. Je suis sûr que vous vous demandez de temps à autre : « Que veulent-ils décidément ? » Ce qu'ils veulent et pourquoi ils tâtonnent, c'est ce que je vais essayer de vous faire comprendre.

Il y a dix-huit ans, nous avons été tout à coup forcés de rentrer en nous-mêmes ; chacun de ceux qui avaient alors l'âge d'homme a examiné sa conscience. Nous avons fait à notre propre éducation un procès sévère, qui nous en a révélé les défauts et les lacunes. Nous avons voulu que vous fussiez élevés mieux que nous, et que ce qui nous avait manqué vous fût prodigué. De là les réformes scolaires, le zèle que nous y avons apporté, mais aussi les excès où nous sommes tombés.

Pour marquer le point d'où nous sommes partis, laissez-moi vous dire ce qu'était autrefois un bon élève. J'ai été, moi qui vous parle, un bon élève : il y a de cela bien longtemps ; il me semble qu'il s'agit d'une autre personne et que je puis négliger les précautions de la modestie.

J'ai aimé les exercices scolaires d'autrefois, ceux qui sont aujourd'hui réprouvés, et j'en aime encore le souvenir. Je me vois pendant la longue étude du soir, sous la lampe, dans un coin, — car j'aimais les coins, je vous dirai pourquoi tout à l'heure, — un papier devant moi, qui portait un sujet de vers latins ou de discours, attendant l'inspiration, l'appelant par la sincérité de mon désir, la tête chaude, le sang aux joues, murmurant des lèvres la période commencée, la scandant et la stimulant du geste. C'étaient des heures de travail ardent, et la joie était grande après le succès. Vous le dirai-je? Je n'en ai pas connu de plus vive au cours de mes études. J'ai le sentiment très net que je dois beaucoup à l'effort que je faisais pour exprimer des idées et des sentiments en bon ordre et en belle langue. Mon esprit était, par ces exercices, tout à la fois soumis à une discipline et excité à produire.

Oui, mais, dans une étude de cinquante élèves, nous étions trois ou quatre à qui le sang montait aux joues. Très calmes, les autres divisaient en six colonnes une feuille de papier. Si, par hasard, ils avaient fait sept colonnes, ils écrivaient des vers de sept pieds sans inquiétude. Pour eux, écrire des vers, c'était placer dans des compartiments une certaine quantité de brèves et de longues prises dans le *Thesaurus*. Ou bien ils couvraient de prose pâle un ou deux feuillets, ne pouvant prendre goût à la tâche du discours, qui, pour eux, se définissait ainsi : Étant donné un personnage que vous ne connaissez guère, faites-le parler sur des choses que vous ne connaissez pas du tout.

Un système qui donne les plus grands honneurs à des exercices où ne peut réussir que le petit nombre devait évidemment être amendé.

Le reste de mes études se perd aujourd'hui, pour moi, dans une ombre confuse. Je sais que j'ai fait quantité de thèmes, de versions et d'explications. Je suis convaincu que j'ai tiré bon profit de la peine qu'il m'a fallu prendre pour transposer des pensées d'une langue dans une autre. Je suis non moins certain que nos maîtres abusaient de ces devoirs, et que la méthode qui présidait à ce travail, où nous dépensions tant et tant d'heures, n'était pas la meilleure. Un homme qui sait l'antiquité, qui en goûte toutes les grâces comme il en connaît toutes les forces, mon collègue de l'Université de Paris, M. C. Martha, me disait l'autre jour : « Ne trouvez-vous pas que, du commencement à la fin des classes, nous avons toujours fait la même version? Le professeur nous disait, quand nous avions bien compris: « C'est cela; » quand nous avions mal compris : « Ce n'est pas cela. » Nous recommencions, et tantôt c'était cela, tantôt ce n'était pas cela. » C'est-à-dire que nous ne pénétrions jamais dans l'esprit d'un auteur. Nous ne savions pas pourquoi il était plus difficile ou plus facile que tel autre. Nous n'apprenions pas à reconnaître dans les écrivains d'une même langue les variétés du même génie. Des plus grands, nous n'avions lu que des fragments. Nous ne connaissions ni Virgile, ni Homère, ni Horace, ni Sophocle,

Nous ne savions presque rien des conditions où ils s'étaient formés, ni des milieux où ils avaient vécu. Nous ne comprenions pas le témoignage qu'ils apportent à l'histoire de l'âme humaine. Nous devinions à peine que le vieil Homère, c'était la jeunesse épanouie des Hellènes ; Sophocle, l'art grec de jouer le drame des passions dans la sérénité du beau ; Virgile et Horace, la maturité de l'esprit romain, mélancolique chez l'un, et chez l'autre souriante. Nous allions de fragments en fragments, nous escrimant toujours contre des formes. Nous faisions beaucoup de grec et de latin ; nous ne connaissions ni l'antiquité grecque, ni l'antiquité romaine.

Ajoutez que nous n'étions pas élevés pour être des hommes de ce temps. De l'étranger nous n'entendions guère parler. Vous n'imaginez pas ce qu'était le personnel qui enseignait les langues vivantes. Une des manifestations de l'hospitalité française était alors de nommer professeur d'allemand ou d'anglais des Polonais ou des Allemands condamnés à mort dans leur pays, pour crimes politiques. Quelques-uns étaient des héros. Mais il n'y a point de corrélation naturelle entre l'héroïsme et la grammaire. Parmi ces réfugiés se trouvaient quelques vrais maîtres, dont l'esprit original rendait aux écoliers le grand service de les informer qu'il existe d'autres intelligences que les françaises, et qu'elles ont leurs vertus. C'était l'exception. Un Allemand qui a connu, en France, ces professeurs pourvus de leurs brevets par des cours martiales me disait (faites bien attention, c'est une plaisanterie un peu compliquée) : « Nous les appelons de *bons* Allemands, parce que, s'ils avaient été femmes, ils auraient été *bonnes*. »

Pour moi, j'ai eu l'avantage d'apprendre l'anglais avec un Français, mais c'était un personnage étrange qui ne ressemblait à aucun de nos professeurs. Il était boutonné dans une redingote serrée. Il avait en parchemin gris la peau du visage, une moustache dure, des yeux de colère froide. Nous ne savions pas au juste quel esprit il avait : il ne nous l'a jamais laissé voir. D'où pouvait-il venir? Les uns disaient que c'était un soldat du premier empire — il portait, en effet, la médaille de Sainte-Hélène — et qu'il avait appris l'anglais, comme prisonnier, sur les pontons. D'autres, considérant la tristesse de sa physionomie et cet air qu'il avait de vouloir nous dévorer, affirmaient qu'il était le dernier survivant des naufragés de la *Méduse*. Pour tout enseignement, il nous dictait un tableau où étaient marquées avec des numéros les façons diverses, usitées en Angleterre, de prononcer les mots autrement qu'ils ne s'écrivent. Il nous tendait des pièges avec les verbes irréguliers. Nous expliquions en classe quelques passages d'écrivains humoristes qui prenaient des teintes lugubres. Si longues étaient ces classes qu'au dortoir, avant de goûter les douceurs d'un bon repos de huit heures, nous nous disions : « Huit heures, c'est quatre classes d'anglais ! » Et cela nous donnait l'idée de l'infini !

Ce professeur, pendant les quatre années que j'ai passées avec lui, n'a pas une fois prononcé le nom de Shakespeare. Il ne se doutait pas que son devoir était de révéler à de jeunes Français l'Angleterre.

La géographie, comme on l'enseignait, n'était pas capable de nous faire connaître le monde extérieur. Je vois encore ces horribles petits livres, où des milliers de noms étaient rangés par catégories. Nous apprenions par cœur la liste des détroits d'Europe, comme celle des adjectifs en *al* qui font *als* au pluriel. Et quels atlas, avec des cartes plates et mornes ! Dans les classes, d'autres cartes pendaient très haut et n'étaient atteintes que par la poussière. Nos professeurs n'enseignaient la géographie qu'à regret. J'en ai connu un qui ne l'enseignait pas du tout. C'était un homme très original. Il avait beaucoup d'esprit et de savoir, et ne voulait être écouté que par les bons élèves ; les autres dormaient : il respectait et faisait respecter leur sommeil. Un de mes camarades éveilla un jour un de ces dormeurs qui allait jusqu'au ronflement. Le professeur lui dit: « Vous me ferez une carte d'Europe; vous la montrerez aux inspecteurs généraux quand ils viendront; cela leur prouvera que nous faisons de la géographie. » Voilà comment je n'ai appris la géographie que lorsqu'il m'a fallu l'enseigner. Aussi ne la saurai-je jamais bien. Vous verrez plus tard que la vie intellectuelle ne fait guère que développer les germes déposés dans ce joli sillon ouvert aux rayons du soleil, qui est l'esprit de l'enfant.

Nous aimions presque tous l'histoire, peut-être parce qu'elle nous donnait ce qui nous manquait partout ailleurs, une suite, des actions avec leurs causes et leurs effets, une moralité des choses. Mais l'histoire ne nous conduisait qu'au seuil de notre temps. Des questions de ce siècle, si grandes que, en comparaison, les luttes de l'ère précédente sont des jeux d'enfants, nous n'étions pas même avertis.

De notre temps, il y avait divorce prononcé entre les sciences et les lettres. Arrivés à la classe de troisième, à un âge où nous nous ignorions nous-mêmes, et où personne ne nous connaissait bien, nous bifurquions, comme on disait. Pour des raisons préalables, parce que nos familles nous destinaient à telle ou telle carrière, nous

allions, les uns en sciences, les autres en lettres.
Et les classes de lettres, pour les scientifiques;
pour les littéraires, les classes de sciences étaient
des corvées. Beaucoup d'entre nous, littéraires
de ce temps-là, ne savent pas comment l'esprit
humain pénètre, les uns après les autres, les secrets de la nature pour la mettre à notre service.
Les plus intelligents sentent la beauté du spectacle, mais vaguement, comme on sent la beauté
d'un opéra quand on ne sait pas la musique. Et
pourtant, ignorer les sciences, c'est ne pas connaître la grandeur particulière et propre de notre
temps, la gloire qui rachète tant de misères et
de méchancetés; c'est ne pas comprendre les
conceptions nouvelles de l'humain et du divin.
Descendons, si vous voulez, de ces hauteurs.
Quiconque n'a manié que des idées et des formes ne sait pas regarder la nature, ni distinguer avec précision les choses les unes des autres, ni saisir l'accord des parties de chacune
d'elles et l'harmonie des ensembles. Il a l'idée
abstraite de la fleur et ne connaît pas les fleurs;
l'idée de l'étoile et ne connaît pas les étoiles. C'est
une grande infirmité que de ne point savoir regarder comme il faut les étoiles et les fleurs.

Ce système d'études incomplètes se terminait
par une classe singulière, qu'on appelait logique,
le nom de philosophie étant alors suspect. On

n'y voyait que de très rares élèves, ceux qui se destinaient à l'École normale. Les autres apprenaient dans des manuels les règles du syllogisme, la division de l'âme en facultés et de Dieu en attributs. Pauvre philosophie! A quelle modestie elle était réduite! A quelle pénitence elle était mise!

Vous voyez à présent quels reproches nous faisions à notre système d'instruction. Quant à l'éducation que nous recevions, je pourrais n'en pas parler. Nous ne recevions aucune éducation. Je ne me rappelle pas qu'une seule voix, si ce n'est la voix morte des vieux auteurs, m'ait adressé une exhortation morale, ni que personne ait fait appel à d'autres sentiments qu'à mon amour-propre. Nous étions soumis à un régime réglé de peines et de récompenses. La peine était souvent mal choisie ; la récompense ordinaire était l'exemption, sorte de rachat anticipé des fautes à venir. Quiconque avait des exemptions de reste avait, pour telle quantité, un prix. La sanction de la conduite était une opération de comptabilité. Aucun effort n'a été tenté pour mener vers le bien ma volonté. Je n'ai pas été exercé à la pratique de la liberté. Je ne me suis pas appartenu à moi-même une minute. Surveillé toujours, jamais seul avec moi, jamais seul devant moi, ce n'est pas là que j'ai pris le sentiment du devoir et de la responsabilité. Et si vous pouviez vous figurer par qui était alors représentée l'autorité! Si vous saviez ce qu'était le maître d'études d'autrefois, ce personnage qui, grâce à Dieu, a complètement disparu! Vraiment on dirait qu'on ait voulu former des générations incapables d'aimer l'autorité et de la respecter, la redoutant seulement quand elle est méchante et rusant avec elle; des générations incapables d'initiative, mais frondeuses, routinières, mais révolutionnaires.

Avec une vraie tristesse, je me rappelle encore cette inertie du corps qui aggravait l'inertie morale, l'entassement dans les classes et les études, les cours où il n'y avait point place pour les jeux, le piétinement pendant les récréations, les promenades lugubres deux par deux, sous l'œil ennuyé d'un gardien, qui n'était pas un compagnon, par les mêmes rues toujours. Heureusement le bon élève se soustrayait à cette peine; il se faisait dispenser de promenade et accorder ce qu'on appelait la retenue volontaire. J'ai beaucoup usé de cette faveur. Je me mettais dans mon coin, et là, pendant que le maître d'études, un homme de lettres, écrivait en vers, où le calembour était obligatoire, des « épitaphes anticipées » pour le *Tintamarre*, je travaillais; ou bien, la tête sur la main, je regardais le mur, qui, du moins, lui, n'était personne, et je pensais aux bois, aux champs, aux prairies et à la douce maison paternelle.

Messieurs, je sais bien que je cours le risque d'être accusé d'exagérer les misères de vos devanciers. Pourtant, je les ai ressenties. Et je plains ceux qui n'en ont point souffert comme moi. Mais il faut bien que nous soyons beaucoup qui ayons éprouvé une sorte de colère contre notre éducation. La preuve, c'est que, partant de cet état que je viens de décrire, pour nous jeter dans les réformes, et pressés de nous éloigner de ce point de départ, nous avons, d'un élan mal calculé, dépassé le but.

Que sont devenus les exercices scolaires brillants, jadis imposés à tous? A tous ils sont aujourd'hui refusés. Tous les jeunes Français devaient faire des vers latins, de mon temps; aucun jeune Français, aujourd'hui, n'a le droit de faire des vers latins. Nous avions des griefs contre les méthodes de l'éducation classique : l'éducation classique elle-même est mise en question. Quant aux déshérités d'autrefois, la géographie, les langues vivantes, la philosophie et les sciences, quelle place elles occupent dans votre temps! quelle place dans les programmes! quelles exigences dans les examens! On dirait parfois qu'elles ont une revanche à prendre et une vengeance à exercer. Je me plaignais tout à l'heure du régime disciplinaire et hygiénique; mais voici que l'on propose la suppression des internats, comme si elle était possible, et qu'on s'ingénie à réduire de toutes les façons l'effort intellectuel de l'écolier, comme si votre génération ne devait pas être, plus qu'aucune autre, dressée à l'effort.

Est-ce donc que je vais médire d'aujourd'hui comme d'hier et, après les abus, critiquer les réformes? Non. Les exagérations commises sont des erreurs qu'il n'était guère possible d'éviter, mais qui ne sont pas irréparables.

Tenez pour certain que les principes dont les conséquences ont été poussées trop loin sont bons et justes, et que le moyen sera trouvé de concilier l'éducation classique avec nos besoins modernes. Mes enfants, n'écoutez pas les voix du dehors qui vous conseillent de déserter cette éducation. Pour former des hommes, elle est incomparable. Les modèles qu'elle donne de la beauté ne seront pas dépassés, et vous les pouvez comprendre, car ils sont simples, d'un contour précis, dont la netteté se détache dans la belle lumière. Les vertus antiques sont éternelles; l'amour de la famille et le dévouement à la patrie ne seront jamais mieux enseignés que par la parole des anciens et par leur histoire. La scène où vivaient les citoyens de la Grèce et de Rome est petite, comparée à ces vastes théâtres où se joue la vie des peuples modernes. Vous la pouvez embrasser d'un coup d'œil, tout voir, tout comprendre, tout sentir.

Puis les langues anciennes sont les ancêtres de la nôtre. A ces sources ont bu les grands écrivains de France. Il y faut remonter pour retrouver les origines des lettres classiques françaises. Je sais qu'il est de mode, aujourd'hui, de se moquer de cet argument; mais j'ai la naïveté de croire qu'il est de quelque importance de bien comprendre Corneille, Racine, Molière, et je suis certain que ceux-là ne les comprennent point tout à fait qui ne connaissent ni Aristote, ni Eschyle, ni Sophocle, ni Euripide, ni Térence, ni Plaute, ni Tacite, ni Tite-Live.

Enfin, sachez-le bien, le jour où l'ombre sera faite sur les origines intellectuelles de l'humanité, où les peuples n'admireront plus ensemble les communs ancêtres; quand il ne restera plus au-dessus des nations, par delà les querelles et les haines, une époque où tous les hommes qui pensent se retrouveront écoliers et frères, alors disparaîtra une des rares raisons qui demeure de concorde intellectuelle et morale entre les hommes. J'espère que la France demeurera fidèle aux vieilles humanités, car sa vocation présente et durable est précisément de représenter, parmi les peuples, l'humanité.

Nous garderons donc les lettres classiques, mais nous ne retomberons point dans la superstition du rabâchage des exercices de forme. Nous apprendrons les langues anciennes pour les comprendre, non pour les parler. Sur le régime d'autrefois, nous ferons des économies de temps, non seulement parce qu'elles sont nécessaires pour faire place à d'autres études, mais parce qu'elles sont en elles-mêmes utiles et justes. Les réformes décrétées, il y a quelques années, sont raisonnables. Nous nous y tiendrons, au moins je l'espère.

Mais il faudra que les études nouvelles rabattent aussi de leurs prétentions.

Deux erreurs capitales, à mon avis, pèsent, à l'heure qu'il est, sur nos esprits et compromettent le succès de nos efforts.

Nous semblons croire que les études finissent avec le collège, et, pour y enseigner le tout de chaque chose, nous avons mis les collégiens au régime de l'encyclopédie ; puis, nous prétendons que toutes les études soient vérifiées et contrôlées par l'examen.

Non, les études ne finissent pas avec le collège ; elles ne finissent jamais, si longue que soit la vie. Vous savez que le corps des étudiants de France a pour doyen M. Chevreul, qui étudie toujours. L'enseignement secondaire est, non pas une encyclopédie, mais une méthode, non pas une fin, mais une préparation, non pas la bataille elle-même, mais la gymnastique qui fait le bon soldat. Des principales connaissances, il doit donner seulement l'essentiel ; il faut qu'il choisisse avec soin, avec parcimonie les détails qui sont capables de faire comprendre l'esprit et la méthode d'une science. C'est à ce choix, à cette sélection du détail, que nous devons appliquer tous nos soins.

Pour ne parler que des études où je ne suis pas incompétent, le jour où l'on nous demandera, au nom du salut intellectuel de la France, de nous réunir autour d'une table, et de faire des économies sur les programmes, comme les Chambres demandent aux ministres d'alléger leurs budgets, les professeurs d'histoire et de géographie plus heureux que les ministres, auront de belles économies à offrir.

L'enseignement secondaire, par cela même qu'il est une gymnastique, doit tenir compte des aptitudes de chacun. Demander à tous toutes les mêmes choses, soumettre les esprits à un régime rigoureusement uniforme, c'est violenter la nature. La meilleure maison d'éducation serait celle qui mettrait l'élève en observation, jusqu'à ce qu'il fût bien connu, et lui laisserait, dans la mesure du possible, sa vie propre.

Il y aurait des règles générales pour les jeunes écoliers à l'intelligence desquels doivent être proposés les objets et les exercices les plus divers, afin qu'ils puissent montrer de quoi ils sont capables. Les grands seraient traités plus libéralement. Ils ne seraient pas abandonnés à leur fantaisie; mais, au lieu d'exiger d'eux ce qu'ils ne peuvent décidément donner, nous les laisserions apprendre à faire mieux ce qu'ils sont capables de faire bien.

Malheureusement, l'examen comme nous le comprenons, par la tyrannie qu'il impose aux études, ne permet pas de traiter chacun pour soi.

Il m'est arrivé une fois de me brouiller publiquement, en pleine Sorbonne, avec le baccalauréat : je ne me réconcilierai jamais avec lui. J'en suis convaincu : nous viendrons un jour à l'idée que cet examen doit être très simple et à renoncer à l'ambition de contrôler, en une heure, toutes les études d'un enfant qu'il ne connaît pas. Il doit constater moins des connaissances que des aptitudes; non pas dresser l'inventaire d'un magasin, mais vérifier la trempe d'un instrument. Je sais bien que des professeurs diront : « Mais les études qui ne sont pas représentées à l'examen seront abandonnées par les élèves ; l'examen est toute la sanction du travail. » Nous leur répondrons: « Messieurs, si vous ne croyez pas vos élèves capables d'apprendre pour apprendre, vous êtes injustes envers eux. Si vous ne vous croyez pas capables d'obtenir d'eux le travail par votre effort, par vos mérites et vos vertus professionnelles, vous êtes bien durs pour vous-mêmes ! »

Pour conclure, nous corrigerons les défauts que l'on nous reproche aujourd'hui, si nous voulons bien nous rappeler qu'après l'enseignement secondaire il y a l'enseignement supérieur; après le collège, l'Université ; après l'école, la vie ; si nous nous proposons d'éveiller la curiosité, le désir intellectuel, au lieu de les éteindre dans une saturation malsaine; si les maîtres ont confiance en eux-mêmes et en la merveilleuse aptitude à apprendre qui est le charme de l'esprit de l'enfant, en sa jeune raison, en sa mémoire qui gardera, pour les présenter plus tard à la maturité de son intelligence, les notions discrètes que nous y aurons mises ; si nous élaguons nos programmes d'études et si nous réduisons à la plus grande simplicité l'examen.

Mes chers enfants, je reviens à vous en terminant.

Vous êtes plus heureux que l'écolier d'autrefois. Ici, l'éducation a été placée au même rang que l'instruction, et même à un rang plus élevé, qui est le sien. Vos caractères sont cultivés avec le même soin que vos esprits. Vous demeurez dans vos familles, ou bien vous trouvez, dans la maison du professeur, une famille. Chez vous, de maître à l'élève, l'intimité intellectuelle est fortifiée par l'intimité morale. On essaye de vous donner, c'était l'idéal de la sagesse antique, la *mens sana in corpore sano*. Vous vous exercez à l'adresse corporelle et vous endurcissez à la fatigue. J'ai entendu parler d'une lutte de vitesse et de présence d'esprit, engagée sous bois avec les élèves d'une autre école, et je sais que vous vous êtes bien comportés : c'est une sorte de concours qui est fort estimable. Chez vous, la culture classique est mise au service de l'éducation moderne. Les deux systèmes qui se partagent aujourd'hui la faveur de l'opinion, l'enseignement classique grec et latin, et l'enseignement classique français, sont abrités sous le même toit et font bon ménage. Par l'un et par l'autre, et par l'éducation surtout, vos maîtres veulent former des esprits ouverts, alertes, des caractères fermes, des volontés vertueuses, afin que vos esprits honorent l'intelligence française et que vos caractères et vos volontés servent la France, comme elle a besoin d'être servie.

Cette maison, fondée dans une pensée pieuse, ne pouvait se proposer une ambition moindre. Ici, plus que partout ailleurs, on sent le besoin de préparer la jeunesse à l'avenir et d'espérer en et avenir. Je ne veux point finir par des paroles tristes, ni par des propos de haine, ni par quoi que ce soit qui ressemble à une provocation; mais je ne puis pas ne point penser tout haut, aujourd'hui, ce que je pense tout bas chaque jour, e pas conduire vos regards vers le pays qui, de la montagne aux mamelons vêtus de l'arbre de Noël, s'incline vers le grand fleuve historique dont les eaux reflètent les cathédrales et les manoirs; pays fertile en tous les biens de la terre; pays de bonnes gens, de bons cœurs, de bras solides, d'esprits studieux, de savants et de laboureurs, d'éducateurs et de soldats; heureux jadis et d'humeur facilement joyeuse; pays poétique, tout plein de souvenirs et de légendes, dominé au loin par la haute flèche de Strasbourg, qui maintenant semble une grande larme montant de la terre vers le ciel.

Non, je ne dirai rien qui ressemble à une provocation. Je ne prononcerai point de parole de haine.

Que la haine soit ailleurs enseignée en corps de doctrine, soit! Je veux rappeler, au contraire, que l'Alsace, la plaine riante et blonde, est le terrain où la haine a été vaincue. Disputée par deux races, elle les a réconciliées. Qu'était-ce donc que l'Alsace, et quelle merveille unique représentait-elle dans le monde? Elle parlait sa langue germanique, mais elle avait adopté l'esprit de la France. Elle aimait cet esprit, parce qu'il est aimable, gai, sans morgue, humain. Ce ne sont point les armées de Louis XIII ni la politique de Louis XIV qui l'ont conquise : au lendemain de la conquête, le cœur était gagné. Un roi de Prusse, qui réclamait sa part d'un démembrement de la France (c'était en 1708, il n'y avait de roi, en Prusse, que depuis sept ans), écrivait : « Les habitants de l'Alsace sont plus français que les Parisiens. Le roi de France est si sûr de leur affection à son service et à sa gloire qu'il leur ordonne de se fournir de fusils, de pistolets, de hallebardes, d'épées, de poudre et de plomb, toutes les fois que le bruit court que les Allemands ont dessein de passer le Rhin. » Il ajoutait, ce roi de Prusse, que « l'empereur et l'empire ne retrouveraient en Alsace, s'ils la reprenaient, qu'un amas de terre morte et qui couvera un brasier d'amour pour la France et de fervents désirs pour le retour de son règne en ce pays ». Cela, trente ans après la réunion de Strasbourg! Depuis, la Révolution française a effacé jusqu'au souvenir de la conquête. Tous, sans distinction d'origine, quelle que fût notre langue, d'où que nous fussions venus à la commune patrie, Bretons, Provençaux, Picards, Bourguignons, Gascons, Lorrains, Normands, Alsaciens, ous sommes nés ensemble, vraiment frères, à une vie nouvelle. Mes chers enfants, c'est l'esprit de la France qui a fait ce miracle, par sa vigueur, par sa clarté, par sa générosité, par sa vaillance. C'est pour cela que nous voulons former en vous des esprits vigoureux, clairs, généreux et vaillants.

III

SOUVENIRS DE COLLÈGE [1]

Mes chers Camarades,

Nous voici donc réunis, nous qui avons habité la même maison et qui nous sommes dispersés. Pour quelques heures, nous revivons en imagination les jours de notre jeunesse et de notre enfance. Cela est très doux. Pour moi, j'écoute avec émotion mes souvenirs.

Je n'avais pas dix ans quand j'ai quitté la maison paternelle pour venir à Laon. Cette maison est vide aujourd'hui. Deux personnes alors y travaillaient : mon père et ma mère. Je les entendais parler quelquefois de m'envoyer au collège. Je ne comprenais pas trop ce que cela voulait dire : je le comprends aujourd'hui. Ils avaient

[1] Discours prononcé au premier banquet de l'Association amicale des anciens élèves du *Collège et du Lycée de Laon*, le 2 juin 1889.

résolu que je ne vivrais pas de leur vie modeste et rude. Ils l'ont faite plus modeste et plus rude encore, afin que la mienne fût meilleure. Ils m'ont donné la joie d'apprendre, la joie de savoir quelque chose, la joie d'agir et d'être utile, tout ce qui fait le prix de la vie.

Leurs efforts, les sacrifices et les privations de chaque jour se sont convertis, pour moi, en plaisirs de l'intelligence et du cœur.

Ce n'est pas pour parler de moi, mes chers camarades, que j'évoque leur mémoire, c'est pour la bénir. C'est aussi pour que, dans cette fête, qui est la commémoration de notre enfance, nous reportions tous ensemble nos pensées vers le foyer paternel, et que nous inaugurions notre association par un acte de piété qui lui porte bonheur.

Donnons aussi au vieux collège le témoignage de notre gratitude.

Mon Dieu ! il n'était pas beau. La grande porte austère s'ouvrait sur une cour étroite, encadrée de bâtiments tristes. Les salles d'études avaient, aux fenêtres, des barreaux et des grilles.

Le réfectoire était sombre ; la cuisine qu'on y mangeait n'était point pour des gourmets. Nous avons passé au collège des heures qui nous ont paru longues, bien longues. Et pourtant, moi, qui n'aime pas l'internement de l'enfance et qui souhaite que l'on adoucisse par tous les moyens ce mal nécessaire, moi, qui étais tourmenté par la nostalgie de la maison natale, au point que je m'endormais (je n'ai jamais conté à personne cette superstition) la figure tournée du côté de « chez nous », je garde au vieux collège un affectueux souvenir.

A Paris, plus tard, j'ai connu, comme écolier, la vraie prison. Ici, je ne me sentais pas trop renfermé. La porte de la cour s'ouvrait à tout moment sur la rue; il n'y passait pas grand monde; mais, enfin, c'était la rue. Le mur de la grande cour, du côté de la promenade, n'était pas très élevé; l'hiver, nous y adossions des tas de neige, d'où nous interpellions les passants. Puis, les externes avaient beau avoir leur étude à part, ils nous apportaient l'air extérieur, les nouvelles de la ville, les cancans sur le principal et les professeurs, choses de haut goût pour les écoliers.

Nous connaissions de nom et de vue les notables de Laon, le préfet, le maire, l'archidiacre, le président du tribunal qui condamnait toujours et disait au condamné, après avoir prononcé le jugement : « Quand vous aurez fini votre peine, vous retournerez dans votre pays; nous avons à Laon assez de mauvais sujets sans vous. » En promenade, nous soulevions souvent nos képis

Je me rappelle qu'un de nos maîtres d'études (il s'appelait Poquérus et il avait une casquette de cuir) nous disait souvent : « Saluez ce monsieur qui va passer ; » et il nous nommait le monsieur.

Les promenades étaient charmantes. Je les ai bien regrettées plus tard, à Paris, où j'avais, pour toute distraction, la promenade des boulevards de la Bastille à la Madeleine, avec retour par la rue de Rivoli, et qui alternait avec la promenade de la rue de Rivoli, avec retour par les boulevards.

Ici, quand nous faisions le tour des remparts, nous avions, en longeant le vieux mur, le grand air et l'immense horizon, les routes qui fuyaient, les villages épars et le sentiment de liberté que donne l'espace. Encore n'était-ce pas la promenade favorite.

Vous rappelez-vous nos courses dans le bois d'Ardon, nos parties de *voleur* dans les sables des Blancs-Monts, et comme nous dégringolions, au départ, le long des grimpettes? La mère Gâteau nous suivait, la pauvre vieille, avec un grand panier à chaque bras. De temps en temps, nous nous arrêtions à une auberge. Nous étions les clients de *Sta viator*, heureux de comprendre cette enseigne savante. Je ne sais plus au juste dans quel village nous trouvions du cidre en cruchon, qui était, ma foi, un peu raide et nous émoustillait la cervelle.

Notre vieux collège faisait donc sa part à la gaieté, et je l'en remercie de tout cœur.

Nous n'avons oublié aucun de nos maîtres. Je vois encore M. Duprat, le principal. Bien qu'il fût de taille moyenne, il me semblait très grand. Il avait la face large, un peu sanguine, et il montrait, dans le rire ou dans la colère, deux rangées de grandes dents. Rire ou colère, il allait de l'un à l'autre, bruyant toujours. Il ne connaissait pas la demi-voix. Nous n'aimions pas à être mandés dans son cabinet. Il avait un face à main en or et des lunettes d'écaille qui me paraissaient à la fois une marque d'opulence et de sévérité. Je crois bien me rappeler qu'il cachait dans une armoire un martinet, et je l'ai vu, un jour, appuyer une réprimande, donnée dans la cour à un grand, par une volée de coups de poing ; mais il savait aussi donner de bonnes paroles, même des caresses, car il était un très brave homme.

Il avait le sentiment de la dignité du collège et de son principal. Il nous paraissait supérieur de cent coudées à M. Babillot, le maître de pension d'à côté. Il est le premier représentant de l'autorité que j'aie connu. Il la représentait bien, et l'on nous aurait fort étonnés si l'on avait voulu nous soutenir qu'il ne fût pas un grand personnage. C'est bien bas, bien bas que nous disions son surnom : *Dico*. Si je me rappelle bien mon latin, cela signifie : « Je dis; » jusque dans ce surnom il y a de l'autorité. Quand je le voyais, à la procession de la Fête-Dieu, s'agenouiller sur les pavés, cela me donnait une fière idée de la grandeur de Dieu.

Mme Duprat avait aussi un lorgnon de main en or. Elle était très bonne. Nous avions plaisir à la saluer, quand elle passait dans la cour pour se rendre au marché. Les externes entendaient dire chez eux et nous répétaient que ce qu'elle achetait pour nous, ce n'était pas le dessus des paniers; mais les externes étaient de mauvaises langues. Quelle différence peut-il y avoir, d'ailleurs, entre le dessus et le dessous d'un panier de haricots? Tous les haricots se ressemblent; ils sont très bons dans le diocèse de Soissons et Laon.

Vous souvenez-vous, mes chers camarades, que nous avions, parmi nos maîtres, de rares originaux? M. Bricon, professeur de rhétorique, s'ennuyait en classe et le disait; mais il avait du savoir, du goût et de l'esprit. Je n'ai pas été son élève, car j'ai quitté le collège après la quatrième; mais je l'ai connu sous-principal. Il avait accepté cette fonction, disaient toujours les externes, pour payer ses dettes : les billets de mille francs, ajoutaient-ils, lui fondaient dans la main. Nous ne nous demandions pas comment des billets de mille francs pouvaient bien fondre dans un climat aussi tempéré que celui de Laon, mais cette légende donnait du prestige au sous-principal.

Je garde une reconnaissance sincère aux maîtres dont j'ai été l'élève, et qui étaient de très bons maîtres. M. Brassart, avant de devenir un membre distingué du barreau de cette ville, était professeur de septième au collège. Il avait les cheveux et les ongles très longs, un beau chapeau gris, l'été. C'était un élégant. Avec nous, bambins de dix ans, il s'exerçait à l'éloquence. Il se promenait à grands pas dans la classe, où il y avait place pour six pas tout au plus. Il nous contait et nous dictait des épisodes de l'histoire de la commune de Laon. Cela n'avait aucun rapport avec la classe, mais cela nous intéressait. J'ai oublié, grâce à Dieu, bien des pages de Noël et Chapsal, et des listes de détroits, de caps et de sous-préfectures; je me souviendrai toujours du méchant serf de l'évêque Gaudry. M. Brassart m'a donné mes premières impressions historiques et littéraires.

M. Leleu, professeur de sixième, avait aussi des cheveux longs qui caressaient, lorsqu'il secouait la tête, ses joues rasées. Il était sévère, parce qu'il était timide; au vrai, le meilleur homme du monde. Je soupçonne qu'il devait être un poète. Il nous faisait apprendre des vers de Lamartine. Il les disait avec une émotion qui nous gagnait. C'est beaucoup que de donner à des enfants le premier frisson poétique.

M. Delettre, professeur de cinquième, avait un visage d'honnête homme un peu bourru. Il passait pour un indépendant. Un jour, il avait mis à la porte de sa classe le fils de l'inspecteur d'académie. Cela nous semblait un acte d'héroïsme à l'antique. Nous savions qu'il était grand chasseur, nous le rencontrions quelquefois le fusil sur l'épaule, chaussé de guêtres et coiffé d'une casquette. Nous admirions qu'un professeur pût être, à ses moments perdus, un homme comme un autre. Il aimait le grec et le savait; il aimait la grammaire et la savait aussi. Je me suis toujours rappelé certaines leçons qu'il nous donnait, très familières et très ingénieuses.

M. Mengel, en quatrième, était redouté. Il avait, lui, l'air d'un magister, les lunettes professionnelles, l'allure empesée, le verbe didactique. Il avait inventé une théorie de la proposition, et, comme nous ne la savions pas, quand nous arrivions chez lui, il nous disait que nous n'avions rien appris. Mais il y avait beaucoup à profiter auprès de lui. Il était extrêmement méthodique. Puis, il avait une monomanie d'admiration pour les écrivains de second ordre. C'était un mécontent qui discutait toujours avec le principal. Cette disposition d'esprit le portait à contester les grands maîtres. Il détestait Cicéron, mais il adorait Sénèque. Pour expliquer sa préférence, il nous faisait de la critique littéraire. Bien qu'il eût du goût pour le mauvais goût, il nous rendait service par la vivacité même de la conviction qu'il s'était faite. Pour motiver ce jugement que je lui ai plus d'une fois entendu exprimer : « Ce n'est pas Cicéron qui aurait écrit une pareille phrase, » il décomposait sa phrase de Sénèque, puis il prenait chaque expression, en montrait l'intention cachée. Il éveillait en nous l'esprit de finesse.

Ces hommes, Messieurs, n'étaient pas les premiers venus. Ils ont fait beaucoup de bien, je vous assure.

Laissez-moi nommer encore le professeur de mathématiques, M. Mathey, dont la bonne grosse tête était toujours penchée dans l'attitude d'une recherche de problème, et qui nous exposait avec tant de clarté, de patience et de conviction les théories d'arithmétique et les théorèmes de géométrie.

Plus vaguement, je me rappelle trois professeurs d'anglais qui se sont succédé rapidement : M. Griffon, auteur d'une comédie qui obtint, sur e théâtre de Laon, les honneurs d'une représentation sifflée ; M. Groult de Tourlaville, dont le nom et la grosse cravate blanche nouée d'un gros nœud, et la grande tabatière nous inspiraient un étonnement où il y avait de l'admiration ; le troisième, dont le nom m'échappe, n'a fait que paraître : c'était, disait-on, un fils de famille, de famille très riche. Sa mère (voyez comme nous étions bien informés!) possédait la moitié de l'île de Jersey. Il avait fait de grandes folies, mais il lui restait une bague au doigt, en or, avec une grosse pierre, qui nous paraissait la preuve certaine de la noblesse de son extraction. Celui-là enseignait l'anglais par pénitence.

Nous avons eu deux professeurs d'histoire, tous deux venus à Laon après disgrâce : l'un, M. Warambey (je ne suis pas sûr de l'orthographe), avait un joli caban à brandebourgs et à capuchon doublé de soie, une tête frisée, de l'élégance et du charme. Il parlait en marchant, pendant trois quarts d'heure ou une heure, n'ayant sous les yeux que quelques lignes de notes. C'est le premier cours que j'aie entendu ; j'étais émerveillé qu'on pût tirer tant de choses d'un si petit bout de papier. L'autre professeur arrivait de Paris, nous le répétait à toutes les classes ; il voulait nous faire croire qu'il connaissait les plus hauts personnages et qu'il était réservé à des destinées extraordinaires. Je me rappelle qu'il faisait de grandes phrases : « Quand on sème le vent, on moissonne la tempête, » des phrases qui n'étaient pas de lui. Il nous parlait de tout à peu près, excepté d'histoire.

Les petits collèges, dans ce temps-là, étaient exposés à recueillir des épaves de fortunes brisées. Il nous en est venu quelques-unes. Ces personnages singuliers mettaient du pittoresque dans notre vie un peu monotone.

Vous me pardonnerez l'abondance de mes souvenirs, que j'ai dits en toute sincérité, comme ils me sont venus. Ils prouvent que notre vieux collège vit encore dans le cœur de ses écoliers. Ce n'est pas seulement notre enfance que nous aimons en l'aimant, c'est lui-même.

Je suis certain que je lui dois beaucoup, et à la ville aussi. Il n'est pas indifférent d'être élevé dans un lieu qui a son caractère. L'antique ville et ses monuments nous parlaient un langage obscur, mais dont nous devinions le sens. La cathédrale, avec ses quatre tours, qui dominent de leur fierté mélancolique un paysage immense, avec ses hautes nefs, ses rosaces et ses chapelles qui ornent des grâces de la Renaissance la grandeur de l'architecture du moyen âge; le palais épiscopal et son cloître sévère; la paix et le silence de la cour entre le palais et l'église; la mousse sur les pierres et le coassement des corbeaux ; les chevaliers de bronze couchés sur les pierres tombales à l'entrée de l'église Saint-Martin ; le monastère de Saint-Vincent sur son promontoire défendu par de vieux murs ; la chapelle ronde des Templiers ; la chapelle du collège qui a entendu prêcher Abélard, tout cela m'a donné, à moi, bon petit paysan de Nouvion-en-Thiérache, une idée de la grandeur du passé qui me charmait confusément et qui m'agrandissait l'âme.

Mes chers camarades, c'est sans doute pour avoir pensé que, parmi les élèves du collège, je suis un de ceux qui lui doivent le plus, que vous m'avez choisi pour présider cette fête. Vous m'avez donné l'occasion de payer ma dette : de tout cœur, je vous remercie.

DISCOURS
AUX ÉTUDIANTS EN SORBONNE

DISCOURS
AUX ÉTUDIANTS EN SORBONNE

I

EXAMENS ET ÉTUDES [1]

Messieurs,

Il s'est produit un mouvement d'opinion contre les examens, qui subissent à leur tour le sort réservé, aujourd'hui, à toutes les puissances. On les discute, on les critique, on leur reproche leurs exigences, la surcharge qu'ils imposent à la vie intellectuelle et la prétention qu'ils ont de la dominer et de la régler. L'Université s'est empressée d'examiner les griefs; elle y a fait droit déjà pour

---

[1] Discours prononcé à la séance de rentrée de la Faculté des lettres de Paris, le 3 novembre 1885.

les examens d'enseignement supérieur, et je voudrais montrer aux étudiants en histoire que le régime des épreuves qui les attendent est en harmonie avec la bonne discipline de leurs études.

L'étudiant en histoire doit, avant toutes choses, compléter son éducation littéraire, et point seulement parce que les lettres sont des documents de premier ordre; alors même qu'elles ne lui apprendraient rien, il serait très imprudent de les négliger: elles se vengeraient. Il n'y a pas d'historien sans la culture générale, sans l'esprit de discernement, sans l'art de penser avec ordre et de s'exprimer avec justesse.

L'étudiant doit aussi faire la revue de ses connaissances historiques, combler les lacunes laissées par l'ignorance et par l'oubli, et, en même temps, réfléchir sur l'histoire générale, en considérer l'ensemble, s'exercer à saisir le caractère, les antécédents et les suites des grands événements. Eh bien, Messieurs! l'étudiant qui donne la moitié de son temps aux lettres et qui emploie l'autre à compléter et ordonner ses connaissances historiques générales devient licencié ès lettres et histoire : l'examen n'est que la constatation de ce double travail, qui s'imposerait à tout historien futur, même s'il n'existait pas d'examen.

L'agrégation d'histoire avait été depuis quelques années vivement critiquée, et je ne fais pas difficulté d'avouer que j'ai pris une part active à la campagne dirigée contre elle : après les modifications qui viennent d'y être introduites, j'espère qu'elle ne pèsera plus si lourdement sur le travail des élèves et des maîtres.

Le concours d'agrégation gardera les quatre compositions écrites d'histoire ancienne, d'histoire du moyen âge, d'histoire moderne et de géographie; elles seront éliminatoires, comme par le passé, et le candidat y devra montrer qu'il sait l'histoire et la géographie générales. Nous ne pouvions le dispenser de cette épreuve. Un jeune homme de vingt ou vingt et un ans — c'est l'âge ordinaire des licenciés — se nuirait s'il se confinait dans des études trop particulières. Il ne se connaît pas encore : s'il fait un choix prématuré de telle ou telle partie de l'histoire, de tel ou tel genre de travail, il aliène sa liberté. Pour être libre dans l'âge mûr et pour être assuré de suivre sa vraie vocation, il faut, pendant qu'on est jeune, se donner les moyens de choisir, plus tard, entre beaucoup d'objets. Mais je sais la terreur des candidats devant un programme d'histoire universelle et de géographie universelle. Cette épreuve de savoir général, qu'ils avaient préparée, sans trop se plaindre, pour l'examen de licence, les épouvante au concours d'agrégation. Comme ils sont un peu plus âgés, mieux instruits, ils voient mieux les difficultés des choses. De tout jeunes gens, des écoliers, arrivent à un examen avec une audace et une ignorance du péril qui sont des grâces d'état, mais qui se perdent avec l'âge; je n'exagère pas en vous disant que je n'aurais pas, aujourd'hui, la hardiesse de me présenter au baccalauréat. Il fallait donc tenir compte de l'état d'esprit des candidats à l'agrégation d'histoire : le conseil supérieur a décidé qu'une chronologie serait mise à leur disposition pendant le concours. Vous voilà donc replacés dans les conditions ordinaires de la vie, où chacun de nous trouve sous la main le moyen de suppléer à un défaut de mémoire. Vous ne vous croirez plus perdus pour avoir oublié la date d'un événement ou d'une mort. Le temps que vous passiez à vous désespérer devant des listes de dates et des généalogies, vous l'emploierez à réfléchir sur l'histoire et à la mieux comprendre.

Voici une autre innovation très importante. Le candidat à l'agrégation avait autrefois à préparer, pour les épreuves orales, plusieurs thèses dont chacune aurait suffi à employer le travail de toute une année. Qu'arrivait-il alors? Les professeurs sont par nature des hommes compatissants; en France, plus que partout ailleurs, ils s'intéressent au succès de leurs élèves; ils ressentent de la tendresse pour les compagnons du métier intellectuel où ils exercent la maîtrise. Ils prenaient donc une part de la besogne, souvent la plus grande : les étudiants se distribuaient le reste. Dès lors, tout devenait aisé, mais trop aisé. Il était à craindre que les élèves ne vinssent à croire que la science est chose facile et qu'ils ne prissent l'habitude de jouer avec les apparences de l'érudition. Tel apparaissait dans le concours armé de pied en cape d'une armure tout entière empruntée à un maître ou à un camarade. J'ai eu la preuve de certains subterfuges malhonnêtes, qui ne pourraient être excusés, s'ils étaient excusables, que par le proverbe : « A l'impossible nul n'est tenu. »

Il n'y a plus d'impossible aujourd'hui. Le jury publie une liste d'une centaine de thèses, entre lesquelles chaque candidat choisit la sienne. Le sujet en est assez limité pour que nous exigions de lui qu'il en ait étudié tous les documents. Vous aurez donc l'occasion, si rare dans la vie de l'étudiant français, de faire acte d'initiative, en choisissant vous-même la matière d'un travail. Je vous préviens que vous ne recevrez de nous qu'une aide très limitée : tout au plus des conseils généraux de méthode et des indications bibliographiques. Vous aurez l'honneur de faire vous-même votre tâche.

Vous en aurez aussi tout le profit. Il arrivera certainement que beaucoup d'entre vous reprendront, pour l'améliorer quand ils seront professeurs, ce travail d'étudiant. Or, écoutez-moi bien. La première année du professorat décide souvent de la vie tout entière. La profession est aussi dure qu'elle est belle; elle exige de grands efforts; mais, après de si longues études et tant d'examens, quand on se trouve enfin son maître, il se produit une détente à la fois très naturelle et quelque peu dangereuse. Vous aurez votre pleine liberté, avec un budget qui est devenu, grâce à la libéralité des pouvoirs publics, très sortable. Vous entrerez dans les habitudes tranquilles de la vie de province. Les réunions de camarades, le cercle, offriront un emploi à vos loisirs. Mais, de ces loisirs laissés par le travail professionnel, vous devez la plus grande partie, ne l'oubliez pas, au travail personnel. L'effort de vertu qui vous sera nécessaire sera facile, si vous emportez d'ici une œuvre commencée. Croyez-moi, lorsque vous serez professeurs, réservez sur votre table, à côté des copies de vos élèves et des livres où vous préparerez vos leçons, un coin pour un manuscrit de votre écriture; aimez ce coin-là et retournez-y souvent.

Pour en revenir à la thèse, quelques esprits un peu aventureux, au nombre desquels je me trouvais, auraient voulu que l'étudiant pût en proposer lui-même le sujet. Ils n'ont point triomphé de résistances appuyées sur des raisons très sérieuses. Il faut reconnaître, d'ailleurs, que la liste des thèses, dressée par le jury, pourra rendre des services. Les membres du jury d'agrégation sont hommes de savoir et d'expérience, capables de dresser un catalogue de questions intéressantes. Ils savent quelles parties de l'histoire sont encore incultes ou mal cultivées. En y mettant les travailleurs, ils contribueront au progrès des sciences historiques.

Messieurs, ces réformes, si modestes qu'elles soient, diminuent les hasards de l'examen et donneront plus de liberté aux étudiants et aux professeurs. J'espère que le travail des uns et des autres deviendra plus actif. La collaboration du maître et de l'élève, qui est le trait essentiel des mœurs d'enseignement supérieur, me semble possible désormais. Un licencié met deux années à se préparer au concours d'agrégation : avant les réformes, il ne croyait pas pouvoir distraire une seule minute de cette préparation ; maintenant, il respirera pendant sa première année. Il sera libre d'étudier pour étudier, sans souci d'examen. C'est le moment où il devrait choisir un de ses professeurs, pour s'attacher à lui, se mettre sous sa direction particulière et apprendre de lui à travailler tout en l'aidant dans son travail.

Nous n'aurons un véritable enseignement supérieur en Sorbonne que lorsque des conférences seront organisées, dont chacune entreprendra quelque œuvre de longue haleine, capable d'honorer l'érudition française.

Nous espérons d'ailleurs que la réforme de nos examens et de nos habitudes aura pour effet d'accroître le nombre de nos étudiants volontaires.

Il y a dans chaque génération des privilégiés qui n'ont pas à se préoccuper du choix d'une profession. En général, ils vont prendre des inscriptions à la Faculté de droit, et ils « font leur droit », parce que, comme on dit, il faut bien faire quelque chose. Pourquoi donc ne feraient-ils pas aussi bien « leurs lettres? » Parmi les jeunes gens qui se destinent aux carrières juridiques, les plus intelligents savent que, sans la philosophie et sans l'histoire, l'étude du droit n'est qu'une scolastique. Ils ont donc affaire à nous. Nous leur offrons une place d'honneur à côté de nos étudiants que j'appellerai professionnels, c'est-à-dire des futurs universitaires, qui ont été nos élèves de la première heure. Ceux-ci sont notre peuple d'Israël, mais nous ne demandons qu'à nous tourner vers les Gentils; le moyen de les séduire est certainement de leur prouver que nous n'avons pas pour unique fonction de préparer les examens.

Messieurs, j'ai répété déjà beaucoup des choses que vous avez entendues les années précédentes, et je ne vous promets point de ne pas les répéter les années prochaines. En terminant, laissez-moi dire aux étudiants de première année, ceci encore sera une répétition, qu'ils vont être les libres habitants d'une maison où chacun fait à soi-même sa discipline; qu'ils prennent donc les mœurs de leur vie nouvelle. Ici, aucune contrainte, point de cours obligatoires, point de règlements; point de censeurs. Nous devons nous assurer que les boursiers, qui ont envers l'État des devoirs particuliers, ne se considéreront pas comme des rentiers de l'État; mais avec eux, comme avec les autres étudiants, nous agirons surtout par des conseils. Vos professeurs seront vos directeurs intellectuels : entretenez-vous avec eux; faites-vous connaître par eux; ils vous aideront à trouver la règle de votre conduite. A heure fixe, vous rencontrerez toujours les directeurs d'études, dont la fonction est de tenir ici un bureau de renseignements à votre usage.

Surtout, considérez-vous comme les élèves de toute la Faculté. Ne commencez point par vous enfermer dans un compartiment. Suivez un ou plusieurs cours qui ne soient pas de votre spécialité de littéraires, de grammairiens, d'historiens ou de philosophes. Je sais bien que la liste des cours pour chaque spécialité est bien longue, que notre affiche s'allonge tous les ans, et qu'à côté d'elle nous plaçons, pour vous avertir que nous ne prétendons point vous accaparer, les affiches de la Faculté de droit, du Collège de France, de l'École des Chartes et de l'École des Hautes-Études. Cette profusion de cours doit vous effrayer, mais n'oubliez point que vous êtes ici pour trois ou pour quatre années, et que vous pouvez répartir sur un long espace de temps les satisfactions que vous devez à votre curiosité. Il ne s'agit point, d'ailleurs, de tout étudier à fond et d'être de vrais disciples pour chacun de vos maîtres. Ayez votre spécialité, mais assistez en témoin attentif aux manifestations diverses de l'activité qui règne dans nos établissements scientifiques ; avertissez votre propre esprit de la variété, de la complexité de la vie intellectuelle ; acquérez-lui une expérience précoce, en étudiant, en critiquant le plus grand nombre possible de vos professeurs, dont chacun a sa méthode, ses habitudes, son expérience, ses mérites et ses défauts. Je vous aiderai du mieux que je pourrai à régler votre temps de manière à ne pas vous surcharger par un travail d'audition qui

e vous permettrait pas la réflexion personnelle.
'est le principal office de la fonction de conseiller des étudiants que la Faculté m'a fait l'honneur
e me confier, et où je trouve chaque année un
lus grand plaisir.

II

ÉDUCATION PROFESSIONNELLE
ÉDUCATION SCIENTIFIQUE [1]

Messieurs,

La présente année scolaire vous apporte deux nouveautés : l'une intéresse les étudiants en histoire ; l'autre vous intéresse tous.

Les étudiants en histoire apprendront avec plaisir la création d'un cours de géographie physique à la Faculté des sciences. Le professeur enseignera en deux années, ou, plus exactement, en deux semestres d'hiver, la géographie physique générale. Il fera, par semaine, une leçon publique d'exposition et une conférence employée

[1] Discours prononcé à la séance de rentrée de la Faculté des lettres de Paris, le 4 novembre 1886.

à des exercices pratiques, études de cartes et de photographies, maniement de spécimens géologiques. Vous voyez bien les services que vous pouvez attendre de ce nouveau maître. Sans doute, le professeur de géographie à la Faculté des lettres a toujours enseigné, il enseignera toujours la géographie physique ; mais la géographie physique, à la Faculté des lettres, n'est qu'une sorte d'introduction à la géographie historique et politique ; elle ne peut être étudiée pour elle-même qu'en un seul lieu, la Faculté des sciences, parce que plusieurs sciences contribuent à former l'ensemble des connaissances dont elle se compose.

Laissez-moi vous dire brièvement l'histoire de cette fondation. Vous savez que, depuis une vingtaine d'années, l'opinion publique manifeste un goût très vif pour la géographie. Ce sentiment a égaré quelques personnes, au point de leur faire croire que la géographie doit devenir le cadre de l'éducation intellectuelle et comme une encyclopédie d'enseignement où la philosophie, la philologie, l'histoire et tout le reste se classeraient en chapitres. Le géographe passerait ainsi à la dignité d'héritier du théologien du moyen âge et du philosophe du siècle dernier. Par surcroît, la géographie, en découvrant le monde à tous les regards, inviterait nombre de gens, qui ne trouvent point chez nous un bon emploi de leur activité, à voyager autrement qu'en qualité de récidivistes. D'autres ont semblé croire que la fortune de nos armes serait assurée le jour où tous les écoliers sauraient par le menu les chemins qui mènent à Berlin. Heureusement certaines causes ne peuvent être perdues par leurs avocats. Il est et demeure admis que l'enseignement géographique doit tenir une grande place dans nos écoles : il donne des notions pratiques indispensables au marchand et à l'ouvrier; il éclaire le politique; il fait de nous les témoins intelligents des entreprises de ces explorateurs qui achèvent la découverte de la planète; il nous arme pour la lutte engagée entre les nations supérieures dans les territoires habités par des peuples moins civilisés ou moins forts. Enfin, l'enseignement de la géographie, à son degré le plus élevé, étudie l'action de la nature sur l'humanité, qui l'exploite en la subissant.

Il était donc naturel que le public se demandât si l'Université traitait, comme il le mérite, un enseignement de cette importance. Ces sortes de questions sont utiles. Elles nous donnent parfois des agitations superflues, mais elles nous prémunissent contre la somnolence, chose redoutable parce qu'elle n'est point sans agrément. Il nous a bien fallu reconnaître que la géographie était un peu sacrifiée. Tout de suite on nous a proposé un grand système de réformes : création d'une école spéciale de géographie, de plusieurs agrégations spéciales de géographie, d'une section de géographie à l'Académie des sciences morales. C'était vraiment beaucoup pour commencer : la géographie ainsi empanachée n'aurait jamais passé sous les portes. Interrogé un jour, au Sénat, sur l'école spéciale de géographie, M. le ministre ne s'y montra point favorable ; mais il promit de donner satisfaction aux vœux très légitimes qui lui étaient exprimés. M. le ministre avait mille fois raison de ne point encourager cet engouement pour les écoles spéciales, qui coûte cher et qui a pour effets, avec la dispersion des forces intellectuelles, l'émiettement de la jeunesse française.

La question en était là, lorsqu'intervint le conseil général des Facultés, récemment institué. Un des premiers soins de ce conseil devait être d'enlever, où il était possible de le faire, les cloisons factices que la division, d'ailleurs naturelle et nécessaire, en Facultés mettait entre les parties d'un même enseignement. Si le système de l'isolement des Facultés avait duré, la géographie était en péril de n'être jamais enseignée qu'incomplètement ; elle ne pouvait être contenue tout entière dans la Faculté des lettres, et elle est trop liée à l'histoire pour être revendiquée tout entière par la Faculté des sciences. Le conseil a pensé qu'il était facile de faire collaborer l'une et l'autre Faculté à une œuvre qui appartient à l'une et à l'autre. Il a émis le vœu qu'un cours de géographie physique fût institué à la Faculté des sciences. M. le ministre tout aussitôt, je dirai par retour du courrier, a créé le cours. N'était-ce pas la façon la meilleure et la plus économique de procéder?

Je ne veux pas, à propos d'une mesure très simple, m'égarer dans de trop vastes espérances, mais il me semble que nous pouvons attendre quelque bien de cette nouveauté. Je sais par expérience que, chaque année, il se trouve, dans une promotion d'étudiants en histoire, quelques jeunes gens qui se sentent attirés vers la géographie. Ceux-là auront désormais les moyens de s'instruire. Ces vocations ont été trop rares jusqu'ici. Nous avons certainement besoin de professeurs spéciaux de géographie. Je ne crois pas qu'il serait bon de les mettre dans nos lycées classiques, où l'harmonie des études est troublée sitôt qu'on force une nuance; mais ils trouveront place dans les écoles commerciales et industrielles, dans les lycées ou collèges d'enseignement spécial, enfin dans les Facultés des lettres. Il est difficile de pourvoir, aujourd'hui, à l'enseignement supérieur de la géographie. J'ai entendu dire que l'on requiert, pour ce service, des maîtres qui n'y sont pas propres ; on voudrait, par exemple, transformer des paléographes en géographes. Cela rime, mais cela fait deux choses différentes. Il arrive aussi qu'un professeur devient géographe parce qu'il n'a trouvé à s'asseoir que dans une chaire de géographie et qu'il avait le propos délibéré de s'asseoir. Enfin, la géographie figure sur mainte affiche *honoris causa*, et l'étiquette trompe sur la marchandise. Tout cela n'est pas digne de l'enseignement supérieur, ni conforme à sa mission. Dans les Facultés, le maître ne doit enseigner que ce qu'il sait. Mieux vaudrait laisser vacante, sur l'affiche, la place de la géographie, ou l'attribuer à un monsieur X... Ce monsieur X... viendra un jour. Ce sera tel ou tel d'entre vous, s'il prend ici le goût et la connaissance générale de cette science, s'il persévère ensuite dans ses études et s'il nous apporte une bonne thèse de géographie.

Pour épuiser le sujet, je dirai encore que, si grande que soit notre sollicitude envers ceux qui se destinent à l'Université, nous ne sommes pas et nous ne voulons pas être un séminaire de professeurs, non point parce que le mot porte malheur, — nous ne sommes pas superstitieux, — mais parce que l'enseignement supérieur s'adresse à tous les esprits qui, déjà cultivés et préparés à une plus haute culture, viennent la lui demander. Nous espérons que cette école de géographie, fondée en Sorbonne, aura son public et qu'elle se développera peu à peu. Nous avons aussi voulu répondre à un vœu de l'opinion, et montrer que nous savons satisfaire tous les besoins intellectuels. Ceux qui nous croient relégués dans l'antiquité se trompent. Nous y cherchons les sources de la vie de l'esprit, mais nous suivons le fleuve. Nous savons bien qu'il a droit et raison de couler sans cesse en grossissant toujours. Futurs universitaires, ne contestez jamais ce droit : ce serait peine perdue. Ne vous enfermez pas dans l'Université, comme dans un édifice vénérable bâti un jour pour l'éternité. Le fleuve ne s'arrêterait pas ; il coulerait à droite et à gauche, vous isolant, vous dédaignant, jusqu'au jour où vos murailles y glisseraient et seraient emportées avec vos programmes, vos affiches, vos examens et vous : ce qui serait grand dommage.

L'autre nouveauté dont je veux vous entretenir est l'institution d'une attestation d'études supérieures à la Faculté des lettres. Vous pensez peut-être que le besoin ne se faisait pas sentir d'ajouter un diplôme à tant d'autres ; mais celui-ci se distinguera de la foule de ses semblables par ce trait fort original qu'il ne conférera aucun droit à revendiquer une fonction quelconque. Il faudra l'aimer pour lui-même et le prendre sans dot.

En peu de mots, voici les raisons qui nous ont déterminés à mettre en circulation ce parchemin.

La Faculté a dû s'aménager, il y a quelques années, pour recevoir le public nouveau des étudiants en lettres. Elle a organisé un régime de conférences et d'exercices pratiques à côté des grands cours publics, ouvert des salles de travail et des bibliothèques, organisé la préparation à l'examen de licence et au concours d'agrégation. La plupart de nos jeunes gens se destinaient, en effet, au professorat; ils briguaient les grades et titres universitaires; à cause de cela, vos devanciers étaient appelés du nom, qui n'a pas disparu sans quelque difficulté, de candidats. Déjà les collèges ont reçu de nous un grand nombre de licenciés, qui remplacent peu à peu les simples bacheliers d'autrefois; les lycées, un nombre notable d'agrégés; les Facultés, de jeunes maîtres qui seront bientôt des professeurs. Notre temps n'a donc pas été mal employé et les résultats obtenus nous encouragent à la persévérance. Mais notre enseignement a pris (je ne parle, bien entendu, que des conférences et des exercices pratiques) un caractère trop professionnel, et nous sommes exposés au péril de détourner de nous des jeunes gens qui ne nous demanderaient qu'une éducation générale de leur esprit et l'initiation aux méthodes du travail scientifique.

Voici un étudiant en droit qui vient à nous, attiré par l'amour de la philosophie, des lettres ou de l'histoire. Que va-t-il faire? Il suivra la foule de ses camarades qui se préparent aux grades. Il entrera dans les conférences, où il trouvera tout d'abord des exercices scolaires, dissertations, thèmes, versions, explications d'auteurs. Peut-être son zèle se refroidira-t-il tout de suite : il ne voudra pas racheter le dictionnaire qu'il a eu le tort de vendre au sortir du collège; ou bien il essaiera ses forces, et se dépitera si elles sont jugées insuffisantes. S'il est opiniâtre, il persévérera jusqu'à l'examen de la licence; mais, neuf fois sur dix, il échouera, car il ne peut donner tout son temps, comme nos élèves, à ces études. Évidemment, il fait fausse route lorsqu'il s'engage en la compagnie des futurs professeurs et les veut imiter en tout. Il peut nous reprocher de n'avoir qu'une même règle et un même cadre pour un personnel très varié d'étudiants, de les traiter tous comme s'ils devaient un jour devenir nos collègues; bref, le mot a été dit, d'être une corporation incapable d'imaginer rien de mieux que la reproduction perpétuelle de son propre type.

Voici un étudiant étranger. Il a résisté à l'attraction qu'exercent sur lui les Universités allemandes, où il aurait trouvé une organisation accomplie de la vie d'étudiant, des plaisirs, des fêtes, la joie de la vie en commun, mais aussi la poignée de main hospitalière du recteur, l'immatriculation facile, et, à la fin des études, un titre de docteur en philosophie qui sonne bien et qui n'est pas trop malaisé à obtenir, justement parce qu'il ne confère pas un droit à l'exercice d'une profession. Il a résisté, dis-je, à ces séductions. Il arrive, tenté par le nom de Paris, par la vieille gloire de ses écoles. Je suppose qu'il a réussi à se diriger dans la confusion de nos affiches et de nos programmes, et à trouver l'Université qui commence à prendre figure. Il arrive à la Sorbonne pour s'inscrire. Il devra d'abord produire plus de papiers et de certificats qu'on n'en demande à un Français à l'entrée d'une Université étrangère; on pèsera ses diplômes pour savoir s'ils ont même poids que les nôtres; mais le voilà entré : lui aussi, il suivra la foule, il trouvera dans nos conférences les exercices scolaires, et s'il lui plaît, comme il est naturel, d'emporter de chez nous un souvenir et une preuve de ses études, nous ne lui proposerons que les diplômes trop difficiles à obtenir de nos examens officiels, ou bien un certificat d'assiduité, c'est-à-dire un de ces papiers administratifs mornes que ne lisent pas ceux qui les signent.

Est-il utile pourtant d'attirer et de retenir le jeune Français qui recherche, en tout désintéressement, la haute culture intellectuelle? Oui certainement, et je me ferais scrupule d'insister. Est-il utile de ramener vers nous les étrangers et de détourner à notre profit le courant qui porte à l'Allemagne le contingent des étudiants de tous pays? Oui : une nation qui attire la jeunesse des autres nations gagne l'estime du monde et la popularité parmi les peuples. On s'intéresse toujours au pays où l'on a passé les jeunes années ; on y retourne volontiers ; on y voit les choses en beau ; on l'aime, pour tout dire, parce que cela est une façon d'aimer sa jeunesse et soi-même. Or, nous avons besoin, et le monde a besoin que la France soit aimée.

Je vous demande pardon de prononcer ainsi de grands mots à propos de petits objets, mais j'estime qu'il faut, en toute occasion, regarder haut. En matière d'éducation, le moindre détail doit trouver sa place dans un plan idéal, d'où les rêves mêmes ne soient pas exclus, et je vous souhaite, je souhaite pour nous que vous ayez le défaut de grandir les choses et de régler sur de belles théories vos actions les plus modestes. Cela dit, je reviens à notre propos : il faut que nous attirions dans une Faculté qui a pour fonction l'éducation de l'esprit le plus grand nombre possible de jeunes gens français ou étrangers.

Nous avons été sollicités de rendre plus faciles

nos examens actuels et de créer une licence débarrassée de tout appareil scolaire; elle a même été baptisée « la licence des gens du monde », nom assez mal venu et qui donnerait à croire qu'on ne peut être à la fois universitaire et homme du monde. Mais pourquoi détourner les mots de leur sens véritable? La licence est la permission d'enseigner, *licentia docendi*. Laissons-lui le caractère professionnel. Loin de la rendre banale, ne la conférons qu'à bon escient; mais offrons à ceux qui n'ont pas besoin de ce diplôme officiel un certificat qui sera la sanction de leurs libres études.

Pour obtenir ce certificat, il faudra suivre l'enseignement de trois membres au moins de la Faculté, prendre part aux exercices pratiques, non pas à tous, bien entendu, mais à ceux qui conviendront le mieux à l'étudiant, comme, par exemple, les discussions dans les conférences de philosophie, d'histoire et des lettres. « Si un étudiant, dit l'article 3 de l'arrêté pris par la Faculté en assemblée, a remis à un de ses maîtres un travail écrit dénotant des recherches personnelles, il en sera fait une mention spéciale. » Vous entendez bien les mots « recherches personnelles ». Il s'agit non point d'une dissertation sur un thème donné, du développement d'une ou de plusieurs idées, mais d'un travail original sur un sujet de philosophie, d'histoire ou de littérature. Au reste, nous ne prétendons pas vous proposer de grands sujets, ni vous mettre sur le chemin de quelque Amérique, et nous nous garderons de confondre ce travail avec les thèses de doctorat. Il y aura ici une mesure à trouver : j'espère que nous la trouverons.

L'étudiant qui ne se destine pas au professorat cherchera donc sa voie en toute liberté : il composera, comme il l'entendra, le programme de ses études.

Son plan arrêté, il avisera les maîtres dont il veut être le disciple. Il suivra les leçons qu'il a promis d'entendre avec une assiduité que constatera sa signature sur les registres de présence. Il proposera à ses maîtres ou il recevra d'eux un sujet de travail personnel; il aura bien soin de ne pas s'engager sans avis dans des entreprises qui pourraient être téméraires. Chacun de nous a par douzaines des sujets à lui indiquer, bien délimités et qui n'excéderont pas ses forces. S'il se tire à son honneur de ces épreuves, nous attesterons en conscience qu'il a fait des études supérieures.

S'il est étranger, il emportera ce diplôme avec lui, au lieu de retourner dans son pays les mains vides, et l'on apprendra peu à peu, en Suisse, en Italie, en Scandinavie, en Russie, et dans les

États du Sud-Est européen, même en Amérique, qu'il y a encore une Université de Paris, et qu'on y prévoit la venue des étrangers. S'il est Français, le parchemin ne lui procurera aucun avantage immédiat; mais, pour l'obtenir, il aura enrichi son esprit. La vie lui paiera certainement les intérêts de ce capital, en apparence improductif.

Nous aurons donc, Messieurs, un groupe d'étudiants tout à fait volontaires et distincts de nos candidats aux grades officiels. Cette distinction n'a pas encore été faite; nous estimons qu'elle est devenue nécessaire. Est-ce à dire qu'elle doive être complète et que notre maison se divise désormais en deux compartiments séparés? Non, certainement. L'institution du certificat d'études ne saurait avoir cet effet. Nos étudiants proprement dits y peuvent aussi prétendre. Jusqu'à présent, des jeunes gens ont passé avec nous trois, quatre ou cinq années, et nous ont quittés sans emporter un seul témoignage qui vînt de nous directement. Ils sont devenus licenciés ou agrégés; mais on peut être agrégé ou licencié sans avoir été l'élève d'une Faculté; à l'examen de licence, aux concours d'agrégation, nos étudiants sont confondus avec les étrangers, et nous sommes censés ne pas les connaître. Nous les connaissons bien pourtant, et nous avons, au moins sur les plus laborieux, une opinion très bien informée. Pourquoi ne l'écririons-nous pas dans un certificat d'études ?

Nous voudrions d'ailleurs les inviter, eux aussi, eux surtout, à faire de « ces travaux qui dénotent des recherches personnelles ». Certes, nous savons le prix des exercices scolaires, mais le cadre en est bien étroit ; les mouvements y sont, pour ainsi dire, rythmés. Un futur professeur doit exercer ses forces dans un plus grand espace et faire l'apprentissage du travail scientifique. Les étudiants en histoire y sont invités par le programme même de l'agrégation. Chacun d'eux, après avoir choisi un sujet sur une liste dressée par le jury, étudie, critique, classe tous les documents propres à éclairer la question. Il fait œuvre vraiment personnelle ; une partie de l'histoire lui appartient : il y est maître et seigneur, recueille des témoignages, les pèse, les rapproche, les combine et compose les considérants de son jugement. Il a le plaisir très vif de devoir à lui-même, de ne devoir qu'à lui son opinion. Avoir une opinion qu'on a conquise par sa propre force est chose très rare, particulièrement précieuse et bienfaisante. Il faut que vous goûtiez tous cette saveur.

N'y a-t-il pas, en littérature, en philologie, quantité de problèmes, petits et grands ? une méthode pour les étudier ? un apprentissage de cette méthode? Et j'ajouterai : si l'activité scientifique se manifeste, en France surtout, par des travaux philosophiques et historiques, si les lettres anciennes attirent moins de chercheurs chez nous qu'à l'étranger, s'il reste dans notre littérature française de si longues périodes d'obscurité, c'est peut-être parce qu'on juge superflu d'exercer les jeunes littérateurs au travail de recherche. Mais je n'ai pas le droit d'insister sur ce point; j'ai voulu dire seulement qu'il n'est pas d'étudiants qui ne doivent s'essayer aux travaux prévus par l'attestation d'études, et qui « dénotent des recherches personnelles ».

Ici donc, nos étudiants volontaires se rencontreront avec nos étudiants obligés. Il est probable qu'ils ne travailleront point la même matière. J'imagine que ceux-ci se plairont aux questions plus difficiles de l'antiquité et du moyen âge, et que ceux-là s'en tiendront plus volontiers au moderne; mais je voudrais déjà les voir, les uns et les autres, groupés autour de leurs maîtres, dont chacun deviendra ainsi comme un chef d'atelier. Une Faculté ne rend pas tous les services qu'on doit attendre d'elle si le maître n'y est pas tout à la fois l'orateur d'une science dans sa chaire, l'ouvrier de cette science dans les laboratoires ou les salles de conférences, s'il ne dépose point la robe pour le tablier, si ses élèves ne sont pas tout à la fois des disciples qui écoutent et des apprentis qui s'exercent au maniement de l'outil et tiennent à honneur de terminer l'apprentissage par le chef-d'œuvre.

Peut-être, en m'écoutant, nos futurs universitaires vont-ils ressentir quelque crainte de se voir un peu délaissés. Je m'empresse de les rassurer. Le jour où la distinction sera faite entre les deux groupes d'étudiants, nous verrons mieux ce qu'il faut faire pour les uns et pour les autres. Les candidats au professorat ont droit à une sollicitude toute particulière, et je regrette que nous n'ayons pas encore trouvé le système d'éducation professionnelle qui leur convient. Il me paraît très périlleux de procéder comme nous faisons encore, c'est-à-dire de jeter tout à coup dans une classe, avec la qualité de professeur, un jeune homme qui était élève la veille et qui ne s'est pas une fois trouvé en présence d'écoliers. Je redoute cette épreuve, surtout pour les professeurs d'histoire. Le professeur de philosophie s'adresse à de grands garçons; les professeurs de grammaire et de lettres ont une hiérarchie de classes entre lesquelles les difficultés sont graduées. Mais le professeur d'histoire ?

J'ai entendu, à la distribution des prix du concours général, au mois d'août dernier, l'éloge de l'enseignement de la philosophie fait par un maître en cet enseignement, M. Rabier. Il disait avec une éloquence singulière les services que la philosophie rend à la jeunesse, comment elle achève les études scientifiques en faisant mieux comprendre et mieux aimer la science, comment elle s'associe aux humanités pour élever « l'âme entière » et l'agrandir. Il réclamait pour elle la charge de défendre l'idéal, qui est le levain de l'humanité, la raison d'être de la France. Il émouvait, convainquait, entraînait son auditoire; mais pourquoi, des hauteurs d'où tombait sa parole, a-t-il accablé l'histoire et ceux qui l'enseignent? M. Rabier concède, il est vrai, que l'histoire est un moyen efficace d'éducation morale et civique; mais il nie qu'elle ait autant de vertu pour l'éducation intellectuelle. En l'écoutant, je protestais contre cette déclaration, mais j'étais bien obligé de convenir qu'il avait raison lorsqu'il nous représentait le professeur d'histoire faisant trop souvent sa classe tout seul, parlant à des mémoires qui enregistrent et à des esprits qui demeurent passifs.

Oui, il y a de mauvais professeurs d'histoire, mais je m'étonne seulement qu'il n'y en ait pas davantage. Je parlais de l'état actuel de nos programmes et de nos habitudes. Ces habitudes sont si invétérées que l'on pratique tranquillement et sans s'étonner cette méthode : suivre la marche des siècles, depuis la sixième jusqu'à la philosophie, c'est-à-dire demander aux plus jeunes esprits ce tour de force de se représenter les états de civilisation les plus éloignés du nôtre. L'élève d'une classe d'histoire en philosophie n'aura qu'un petit effort à faire pour comprendre les événements du temps où il vit; mais il est bien difficile d'expliquer aux élèves de sixième, de cinquième, de quatrième et de troisième, les façons de vivre de l'humanité au temps des rois d'Égypte et d'Assyrie, dans la cité grecque ou dans la cité romaine, enfin dans le chaos du moyen âge, où des milliers de petits groupes vivaient par eux-mêmes et sur eux-mêmes, pendant que quelques grandes idées comprises par un très petit nombre menaient ou semblaient mener le monde.

Si le professeur d'histoire succombe à la tâche, c'est que vous lui demandez l'impossible. Avant de le faire joûter avec le professeur de philosophie, il faudrait assurer l'égalité des armes. Si nous avions, à la fin des études classiques, une année entière, où nous pussions, plusieurs heures par semaine, converser avec les intelligences mûries d'écoliers que nous connaîtrions bien et qui seraient tout à nous, nous pourrions procéder à la révision de leurs connaissances, y mettre de l'ordre, classer les phénomènes historiques logiquement, après les avoir trouvés à leur place dans le temps;

expliquer les différences et les rapports entre les choses, dépeindre la succession des milieux et cette transformation perpétuelle du permanent fond humain en manières d'être diverses. A vrai dire, je n'espère point que nous obtenions jamais une pareille faveur. Peut-être pourrons-nous un jour établir, au cours des études secondaires, quelque palier où s'arrêteraient, pour reprendre haleine, le professeur d'histoire et son élève. Si nous nous affranchissons jamais de la tyrannie de l'uniformité qui nous enlève jusqu'à la faculté d'imaginer qu'une classe puisse ne pas ressembler à une autre, quelque novateur hardi proposera peut-être de concéder au professeur d'histoire une classe où il soit un peu chez lui. La seconde, qui fait la transition entre l'histoire du moyen âge et celle des temps modernes, serait bien choisie pour devenir ce domicile qui nous est refusé. Si l'on nous y donnait seulement deux fois plus de temps que dans les autres classes, nous pourrions scruter les mémoires de nos écoliers, voir ce qu'elles ont gardé, reconstituer la chaîne des événements et la série des transformations, et préparer l'écolier à étudier l'avenir, c'est-à-dire notre présent.

Hélas! je n'espère même pas qu'il nous soit permis de nous arrêter ainsi. On nous crie : « Marche, professeur d'histoire ! car tu as le monde à parcourir. Reprends ton bâton. Après la vallée, voici la montagne. Il faut la gravir et tout de suite redescendre pour monter encore. Voici le rivage et l'océan : au delà de l'océan, encore des rivages, des vallées et des montagnes! Marche! » Soit, marchons! Mais ayons du moins, pour faire l'immense voyage, la méthode la meilleure.

Saurez-vous saisir les caractères principaux d'une période, laisser tomber les faits inutiles, glisser sur les accidents, briser maint cadre factice, comme ceux que donne souvent l'avènement ou la mort d'un roi, et orienter les esprits vers quelques points lumineux? Saurez-vous, selon l'âge des écoliers, régler la part proportionnelle de la mémoire, de l'imagination et de la raison; donner à la première les notions chronologiques, à la seconde les couleurs variées, éclatantes ici, ternes ailleurs, des différents milieux, et les reliefs de toutes ces physionomies de tant d'acteurs, héros ou traîtres, barbares ou civilisés? Saurez-vous exercer la raison à saisir le sens et la suite des faits, la guider dans le passé avec les lumières du présent, et, après avoir précisé les vagues notions que possède tout enfant sur l'état politique et social où il vit, lui faire comprendre les façons de vivre d'autrefois?

Je me souviens qu'un jour, dans une classe de quatrième où j'enseignais pour la première fois l'histoire romaine, il y a de cela bien longtemps, un élève, interrogé par moi sur le père de famille romain, termina sa réponse, qui était satisfaisante, par ces mots : « Et puis à Rome, c'était le père de famille qui disait la messe. » Je ne pus m'empêcher de rire, mais je ne ris pas longtemps. Je pensai que cet enfant avait compris un des traits caractéristiques de l'état antique : la confusion en une personne du prêtre et du laïque. Il avait saisi une des différences essentielles entre le présent et le passé : c'était ma faute s'il n'avait pas vu les autres et s'il ignorait que, depuis le commencement du monde, il y a eu des manières très variées de « dire la messe ».

Saurez-vous éviter des fautes pareilles et rendre intelligible à des enfants cette succession d'états qui ont été, l'un après l'autre, légitimes? Il le faut, si vous voulez, par le spectacle même de ces légitimités successives où tant d'âmes sincères ont trouvé le repos, inspirer à la jeune raison de vos écoliers la tolérance, la charité envers le passé, la patience à l'égard des attardés, mais aussi la hardiesse de concevoir les légitimités de l'avenir vers lesquelles nous nous acheminons par des routes obscures.

Les professeurs d'histoire qui savent leur métier n'ont rien à envier à leurs collègues les professeurs de philosophie. Comme eux, ils remuent des intelligences et travaillent « des âmes entières ». Comme eux, ils préparent des hommes, et, mieux qu'eux, des hommes de ce temps et de ce pays. M. Rabier a parlé, dans un des plus beaux passages de son discours, des sentiments de loyauté et d'allégeance qui, suivant le temps et les lieux, s'adressent aux dieux protecteurs de la cité, à d'anciennes coutumes ou à des personnes, mais qui sont réservés, en France, à un viril idéal de justice et de liberté. Il a dit que le principe qui résume notre idéal national et nous sert à tous, comme au soldat le drapeau, de centre de ralliement, est une idée : l'idée du droit. C'est toute la philosophie de notre histoire que M. Rabier a résumée en quelques mots ; mais, pour que nos écoliers la comprennent, il faut que vous leur ayez montré, vous, les professeurs d'histoire, comment, avec des territoires, avec des races et avec des castes, c'est-à-dire avec la fatalité naturelle et la fatalité historique, nos pères ont composé une nation qui est, selon le mot de Michelet, « une personne, » le plus libre de tous les êtres historiques, par conséquent le plus noble et qui ne peut obéir qu'à un seul maître : le droit.

Soyez donc assurés, futurs professeurs d'histoire, que vous serez des hommes utiles ; mais, pour votre difficile métier, une éducation préalable est nécessaire.

Il y a plusieurs mois que M. le doyen a demandé, pour les candidats à l'agrégation, l'entrée dans nos lycées, où ils iraient, de temps à autre, sans troubler la classe ni le maître, écouter, regarder, puis diriger un exercice, interroger, corriger une copie, faire une leçon. M. le doyen attend encore une réponse; nous espérons qu'elle viendra. Il n'est pas déraisonnable, je pense, de souhaiter que de futurs professeurs prennent le contact de vrais écoliers. Nous vous guiderons par nos conseils dans cet apprentissage; vous ferez des observations que vous nous rapporterez. Pratique et théorie marcheront de conserve. A l'avance, vous réfléchirez avec nous sur vos devoirs.

L'Université a besoin d'être bien servie; elle est honorée et enrichie des faveurs des pouvoirs publics; mais, si elle est à l'honneur, elle est en même temps au péril. Elle est surveillée, critiquée, calomniée quelquefois. Elle a des ennemis dans deux camps opposés : les uns lui reprochent d'être arriérée, les autres d'être trop avancée. Il n'est pas impossible qu'ils se réunissent un jour contre elle. Pour s'assurer contre toutes les attaques, il faut qu'elle garde et qu'elle accroisse ses mérites. N'oubliez pas qu'elle vaudra la somme des valeurs de chacun de vous.

III

L'ACTIVITÉ PERSONNELLE [1]

Messieurs,

L'année dernière, je vous annonçais que la Faculté avait institué un diplôme d'études supérieures. Je vous invitais à le rechercher, qui que vous fussiez, étrangers ou Français, candidats aux grades ou volontaires de la science, et je louais, de confiance, le mérite que vous auriez à gagner un titre qui ne vous servirait à rien. Vous m'avez fort bien écouté ; mais, sur un millier d'étudiants inscrits, six, dont deux étrangers, ont sollicité le diplôme. En style de statistique, 0,006 d'entre vous ont été mis en branle par la force que nous avons déployée.

[1] Discours prononcé à la séance de rentrée de la Faculté des lettres de Paris, le 3 novembre 1887.

Ce résultat médiocre ne nous décourage pas.

Il y a dix ans, la Faculté ouvrait un registre d'inscriptions pour les étudiants en lettres, dont l'espèce n'était pas encore définie : le chiffre des inscrits s'élevait précisément à six. Quatre étaient boursiers, et il semble qu'on ait eu quelque peine à se les procurer. Nous avons conservé le tableau où ils ont écrit leurs réponses à des questions posées en tête de colonne, par exemple à celle-ci : *Accepte-t-il la bourse?* C'était comme un service qu'on leur demandait. Aujourd'hui, nous recevons un millier d'inscriptions ; nos bourses de licence ne sont plus acceptées : elles sont sollicitées. Au mois de juillet dernier, sur 98 candidats, 12 seulement ont obtenu au concours une de ces bourses.

Il y a dix ans, vos prédécesseurs étaient des écoliers qui formaient comme une classe. Ils avaient une salle d'études, où ils travaillaient sous l'œil paternel du secrétaire de la Faculté, qui se comparait lui-même à un censeur. Ils faisaient une nouvelle rhétorique, car il était admis, — cette opinion est encore très répandue, — que la rhétorique est la forme dernière de l'éducation littéraire, et que le meilleur parti à prendre, au sortir de cette classe, est d'y rentrer. Le régime ordinaire des étudiants, la liberté dont ils jouissent, ne semblaient point faits pour des étudiants en lettres. La Sorbonne heureusement n'avait pas de dortoir à leur offrir, mais ils étaient traités en externes surveillés. Aujourd'hui, vous êtes un corps considérable d'étudiants. Vous avez à votre disposition tous les moyens de travail; vous vous en servez en toute liberté; vous savez vous en servir. La Faculté des lettres n'a pas seulement donné à l'Université des licenciés par centaines; un très grand nombre de vos camarades sont professeurs agrégés dans les lycées; une vingtaine sont entrés déjà dans l'enseignement supérieur, et, chaque année, quelqu'un de nos élèves nous apporte des thèses. Vous avez conquis votre place au soleil.

Vous comprenez à présent que nous ne soyons pas troublés par la modestie des débuts de notre diplôme d'études. La vieille Sorbonne est un terrain où les nouveautés ne s'attardent pas dans le premier effort de la croissance.

Laissez-moi vous dire pourquoi nous mettons cette insistance à vous recommander ce diplôme. Nous avons pour cela deux raisons principales.

La première est qu'il s'obtient sans examen, sur le simple témoignage de professeurs qui ont vu un étudiant assister aux cours, prendre part aux exercices et qui ont reçu de lui un travail attestant des recherches personnelles.

Le diplôme conféré sans examen, mais après des études sérieuses bien contrôlées, est l'idéal des diplômes. L'examen qui veut ignorer les études antérieures et traite le candidat en inconnu ne résistera pas longtemps aux critiques soulevées par les méfaits qu'il a commis. Le baccalauréat est sur la sellette. Si j'étais chargé de requérir contre lui, je lui ferais passer un quart d'heure pénible, à supposer qu'un quart d'heure me suffît. Je lui reprocherais la prétention qu'il a d'ouvrir tant de carrières à l'entrée desquelles il a planté ses fourches caudines; les programmes encyclopédiques par lesquels il exige tant d'études que les écoliers n'ont plus le temps de rien étudier; le sentiment que j'éprouve pour ma part, et qui est très étrange, d'un examinateur qui ne voudrait pas être examiné sur les programmes où il prend ses questions; la perturbation qu'il jette dans notre travail et dans le vôtre, quand il nous encombre au premier et au dernier mois de l'année de cette cohue de candidats tristes, de parents anxieux, de solliciteurs insupportables. Mais ce sont là les critiques les plus légères; l'impardonnable tort du baccalauréat, c'est qu'il veut se suffire à lui-même, ne rien savoir du candidat, si ce n'est un nom qui pourrait être avantageusement remplacé par un numéro, et d'exposer ses justiciables aux chances inégales de compositions aujourd'hui faciles, demain difficiles, pour ne point parler de la diversité des humeurs des juges, qui sont aussi variables que les compositions. A chaque session, il faut avoir le courage de le dire, le baccalauréat, par sa faute et non par la nôtre, fait des victimes et des heureux qui ne méritent pas leur sort. Il trouble ainsi cette précieuse notion de la justice que donne aux écoliers la vie du collège où chacun est payé selon ses mérites. Il introduit prématurément dans les jeunes esprits le culte immoral de la chance. C'est pourquoi j'exprime ici, en mon nom personnel, le vœu qu'il ne soit plus toléré longtemps, sous sa forme actuelle, dans un pays où les loteries sont presque défendues.

La licence et l'agrégation ne méritent point ces critiques. Les épreuves y sont les mêmes pour tous, et, depuis quelques années, les candidats n'y sont plus des inconnus. Aux concours d'agrégation, les élèves de la Faculté arrivent précédés de leurs notes, que nous envoyons aux jurys. A chacune des sessions de licence, les directeurs d'études assistent à la délibération pour l'admissibilité et pour l'admission : ils plaident la cause des étudiants qui n'ont pas donné, le jour de l'examen, tout ce que promettait le travail de l'année. C'est un grand progrès; mais le hasard, ici encore, sert ou dessert les candidats. Une mauvaise disposition d'esprit, un trouble momentané, un mal de tête, peuvent faire perdre un semestre, une année, voire même tout un avenir.

Je suis convaincu qu'un jour l'examen sera tellement rapproché des études qu'il se confondra presque avec elles. On sera bachelier parce qu'on aura fait de bonnes études d'enseignement secondaire; licencié et agrégé, parce qu'on aura fait de bonnes études d'enseignement supérieur. Il subsistera toujours quelques formes d'examen et de concours, mais les études seront ce qu'elles doivent être, le *criterium* principal.

Messieurs, le diplôme d'études supérieures peut servir à préparer cette réforme. Dès aujourd'hui, ne voyez-vous pas qu'il serait difficile à une Faculté d'attester sur un parchemin, signé par son doyen et par plusieurs de ses professeurs, que l'étudiant X... a suivi ses cours avec assiduité, participé activement et avec intelligence à ses exercices, composé un travail satisfaisant ou distingué, puis, le jour de l'examen, de refuser, comme incapable, ledit étudiant X...?

J'arrive à ma seconde raison. Nous vous recommandons l'attestation d'études, parce qu'elle vous invite au travail personnel.

Le travail personnel n'est guère représenté dans notre système d'examens. Sans doute, les épreuves de la licence et de l'agrégation sont excellentes; elles permettent de juger des aptitudes et des ressources d'une intelligence; mais la seule agrégation d'histoire offre aux candidats le moyen de prouver qu'ils sont capables de faire du nouveau. Pourtant l'objet principal, la raison d'être, la vraie fin de l'enseignement supérieur est d'apprendre à faire du nouveau. Il achève l'éducation générale d'un esprit, mais pour mieux déterminer en lui une aptitude particulière; il lui expose l'ensemble d'une science, mais en l'initiant aux découvertes déjà faites, et il l'incite à des découvertes nouvelles. La discipline à laquelle il soumet l'étudiant prépare en lui le maître; elle l'assujettit pour l'affranchir.

Dans les vieilles Universités, la collation du doctorat, qui est le terme des études, donne lieu à une cérémonie symbolique dont le sens est profond. La mise en scène vous paraîtra bizarre. L'examen fini, le doyen monte en chaire, adresse un discours en latin, tout parsemé de superlatifs de politesse, aux *auditores spectatissimi,* pour louer le *candidatus humanissimus,* qui vient de se montrer digne des *summi honores.* Il invite celui-ci à prêter le serment d'usage, puis il adresse une prière à Dieu *très bon, très grand,* et, sous les *très hauts* auspices du souverain *très auguste et très puissant,* il confère au récipiendaire les honneurs, droits et privilèges du doctorat. Il invite le docteur à quitter le siège bas où il est assis, à monter dans la chaire, où il le revêt des insignes de la dignité doctorale, de la robe et du bonnet.

Cette pompe n'est plus dans nos mœurs, et ce cérémonial vous ferait rire : il y a plus de deux siècles qu'il faisait rire Molière. Nous procédons plus simplement : quand nous avons proclamé en Sorbonne un docteur, nous nous contentons de lui donner des poignées de main en français. Veuillez cependant faire grâce à la collation du bonnet, en faveur de ce petit discours : « Une fois que tu as reçu ce bonnet, tu es comme affranchi du joug de l'autorité d'autrui et libre. Tu ne considéreras plus comme vrai que ce que tu auras puisé aux sources de la vérité. Tu ne jureras plus sur la parole du maître. » Méditez surtout cette phrase : « Vois ce livre que j'ouvre, puis que je ferme ; de même tu consulteras les livres pour apprendre ce qu'on a pensé avant nous, et tu les fermeras pour penser par toi-même. »

Cette antique formule contient une très belle définition de l'enseignement supérieur. Ouvrez, au cours de vos études et de votre vie, des livres, beaucoup de livres, pour apprendre ce que d'autres ont pensé avant vous ou à côté de vous, mais fermez-les pour penser par vous-mêmes et trouver matière à de nouveaux livres. Philosophes, historiens ou philologues, la matière ne vous manquera pas. Nous sommes là pour vous aider à en découvrir, dès à présent, quelques parties. Plus on vieillit dans notre profession, plus on trouve de raisons d'étudier. Le moment ne vient jamais, pour nous, de nous retirer des affaires. Les bornes du champ de travail reculent devant nos yeux, à mesure que se rétrécit l'espace de vie. Si nous avions l'habitude d'écrire des testaments intellectuels, comme les hommes d'État des testaments politiques, nous léguerions à nos successeurs de beaux conseils et, rien qu'en disant ce que nous voudrions savoir, des plans de travail pour des séries de générations.

Nous ne vous demanderons pas, bien entendu, de traiter quelque grand sujet, comme serait une thèse de doctorat. La philosophie, les lettres, la grammaire, l'histoire, vous offriront quantité de questions intéressantes, qui pourront être élucidées par un labeur de trois mois. Il n'est pas besoin que vous écriviez des volumes. Pour une dissertation de cinquante pages, la méthode est la même que pour un long ouvrage: il faut mettre en présence du sujet un esprit attentif, sincère, sans préjugés ni opinions antérieures, étudier les documents avec patience, avec toutes les précautions de la critique, les comparer, les juger et conclure; ces opérations, qui paraissent très simples, sont très délicates. Seules, les intelligences les mieux douées y réussiront tout à fait; mais les plus modestes gagneront à s'y essayer. Toutes auront fait preuve d'activité personnelle.

L'activité intellectuelle, Messieurs, c'est la grâce que je souhaite à votre génération; vous en aurez grand besoin. Je disais tout à l'heure qu'il reste nombre de problèmes à résoudre: ce n'était pas assez dire. La philosophie, la littérature et l'histoire sont soumises à un renouvellement perpétuel. Les textes et les faits historiques demeurent les mêmes, mais non les esprits qui les commentent, les interprètent et les jugent. A mesure que la vie générale se modifie, que les milieux se transforment, que les horizons s'élargissent, le point de vue change. La hiérarchie admise entre les écrivains et l'ordre d'importance des faits sont bouleversés. Ce qui était, pour une génération, l'objet d'une admiration incontestée est méprisé par la suivante ou bien, pis encore, oublié. Où donc est aujourd'hui le culte sans réserve de la Révolution? où la légende impériale? où la ferveur romantique? et cette philosophie qui a été un moment la religion de la bourgeoisie française? Vous avez tous vu, dans quelque bonne maison de province, des bibliothèques du début de ce siècle : que sont devenus, dans les bibliothèques d'aujourd'hui, les livres de fonds de ce temps-là? Qui de vous commencera la sienne par l'achat d'un Voltaire ou d'un Rousseau, ou de l'*Encyclopédie?* Pourquoi ne savez-vous plus par cœur les poèmes, et ne lisez-vous plus les romans qui ont charmé notre jeunesse? Parce que l'histoire du monde a changé; parce que la philosophie, pénétrée par la science, cherche des explications nouvelles de l'univers; parce que la démocratie a tout envahi; parce que Voltaire et Rousseau sont bien dépassés; parce qu'il y a des combats dans chaque peuple et entre les peuples, d'autres soupirs que ceux des poètes, d'autres héros que ceux de George Sand. Ces changements d'opinions et de goûts ne sont pas des caprices de mode. Ils ont des raisons profondes que l'historien sait fort bien découvrir. Chaque génération a le droit de reviser les jugements sur les hommes et les choses d'autrefois et de penser nouvellement sur les immortels sujets des méditations de l'esprit; mais, Messieurs, il y a des générations qui se taisent et laissent une lacune dans l'histoire intellectuelle. Vous serez une génération de cette sorte si vous ne savez pas conquérir l'indépendance de votre esprit et lui assurer le moyen de travailler.

Vous trouvez peut-être que je m'égare loin de notre attestation d'études et que je grossis singulièrement l'importance du « travail personnel ». C'est bien possible. Je dirai seulement, pour la défense de mon paradoxe, que je crois aux effets très étendus de vertus intellectuelles, qui se peuvent très bien enseigner et apprendre. Pour préciser et revenir à nos affaires, je m'adresserai à ceux d'entre vous qui se préparent aux examens et aux concours officiels, afin d'entrer ensuite dans l'Université. Une façon de vivre s'offre à vous : mettre sur votre table les programmes de l'examen ; le préparer pièce par pièce ; requérir l'aide de vos maîtres et la trouver insuffisante, alors même qu'elle est, comme aujourd'hui, excessive ; écrire sous notre dictée des cahiers de notes ; façonner votre opinion sur l'opinion connue ou supposée du juge ; arriver ainsi par un petit chemin assez commode, j'en conviens, à la licence et à l'agrégation ; pousser alors un grand soupir de soulagement ; entrer dans le métier ; y faire le nécessaire tout juste ; transmettre à vos élèves exactement ce que vous aurez reçu de vos maîtres ; prendre vos habitudes et vous y endormir. Savez-vous où mène cette façon de vivre ? A une sorte d'isolement, d'exil à l'intérieur, à une ignorance d'une espèce particulière. Il y a, en effet, une ignorance de professeurs. Elle commence aux limites de nos habitudes et peut s'étendre très loin. Elle est bien aperçue par les gens du dehors qui s'en amusent et en concluent que l'Université n'entend rien aux choses de notre temps. Voici une autre méthode : préparer ses examens, mais surtout se préparer à la vie intellectuelle par la culture et par l'affranchissement même de l'esprit ; après le long usage du livre, fermer le livre pour lire en soi-même ; après la longue audition des cours, se boucher les oreilles pour n'écouter que son propre jugement. L'examen ne souffrira pas de cette éducation. Vous ne savez pas combien les juges sont étonnés et charmés quand ils se trouvent en face d'un candidat qui est une personne.

La liberté, l'activité de l'esprit, vous les porterez dans votre métier de professeur ; elles y sont indispensables aujourd'hui. J'appelle votre attention sur une révolution qui s'opère dans l'Université. Il y avait autrefois deux parties distinctes dans le corps professoral : une élite très peu nombreuse, recrutée parmi les élèves de l'École normale et parmi des hommes qui, réparant eux-mêmes les défauts d'une éducation incomplète, conquéraient, à force de travail, le grade de licencié ou le titre d'agrégé ; puis, une grande masse de maîtres qui entraient dans la carrière avec le diplôme de bachelier, pour en sortir avec ce même diplôme. Ceux-ci ne faisaient aucun apprentissage, ni professionnel ni scientifique. Comme ils étaient très nombreux, la différence et la distance entre l'enseignement supérieur et l'enseignement secondaire paraissaient énormes, ou plutôt il semblait qu'il n'y eût rien de commun entre eux. De l'un à l'autre, on s'ignorait et l'on n'échangeait que de mauvais sentiments. Aujourd'hui, la petite élite s'est fort étendue. C'est une règle admise déjà, et qui bientôt sans doute deviendra obligatoire, que nul ne peut solliciter un poste quelconque dans le plus modeste des collèges sans avoir obtenu la licence, qui redevient la permission d'enseigner, la *licentia docendi*. La grande majorité des candidats à la licence réside auprès des Facultés des lettres ou bien est en relation avec elles. Personne enfin, ou presque personne, ne se prépare à l'agrégation sans le secours d'une Faculté. Ainsi s'est fait un étroit rapprochement entre les deux ordres : le secondaire procède du supérieur.

Ce n'est pas tout, et voici qui va resserrer encore cette intimité. Le recrutement de l'enseignement supérieur s'est fait, depuis vingt-cinq ans, selon deux méthodes opposées. J'ai connu le temps où les Facultés de province étaient des lieux de refuge et de retraite pour les professeurs de lycée fatigués, malades ou incapables de tenir leur classe : « Vous ne savez pas faire la discipline, disait le directeur du personnel de l'enseignement secondaire ; écrivez donc une thèse, vous entrerez dans l'enseignement supérieur. » Même conseil était donné à ceux qui avaient mal à la gorge. Plus tard, changement complet : les idées se modifient sur le rôle et le caractère du haut enseignement ; le personnel est accru, doublé par les créations de chaires et de conférences. C'est à des jeunes gens que l'on s'adresse : un étudiant sorti d'une Faculté ou de l'École normale, ou bien arrivant de Rome ou d'Athènes, entre de plain pied comme maître dans une Faculté. Nous avons gagné ainsi des recrues excellentes, grâce auxquelles le travail scientifique a pris, dans notre pays, un grand développement. Mais toutes les places, ou peu s'en faut, sont occupées aujourd'hui, et un stage dans l'enseignement secondaire sera imposé par la force des choses. De nouveau, l'enseignement supérieur va se recruter dans l'enseignement secondaire.

De l'un à l'autre ordre, il y a donc désormais un va-et-vient perpétuel et un échange de services. L'antagonisme d'autrefois sera remplacé par une communauté d'esprit, qui sera féconde, car c'est l'esprit scientifique qui sera mis en commun. Nous verrons mourir l'étrange préjugé qui voulait qu'il y eût opposition entre la science et le talent d'enseigner. Ce sont, à coup sûr, des choses différentes, mais non point opposées. Plus d'un maître a très bien su les accorder, et je pourrais citer des exemples. S'ils ne sont pas plus nombreux, c'est la faute du préjugé dont je parlais; mais une autre raison explique que tant d'hommes de talent meurent tout entiers. Ils n'ont point pris de bonne heure l'habitude du travail personnel; l'ambition que nous vous souhaitons de contribuer au progrès des connaissances et à la gloire intellectuelle de notre pays n'a pas été éveillée en eux à l'heure propice où le jeune homme, regardant vers la vie, s'y fait précéder par des projets et par des rêves.

Enfin, Messieurs, voici une dernière preuve de la nécessité où vous êtes d'user d'activité personnelle. L'enseignement secondaire a été mis au régime des réformes générales contradictoires, qui lasse les meilleures volontés. Peut-être le temps est-il venu de laisser les théories et de consulter l'expérience, d'espérer moins des règlements, davantage des hommes. Supposez que nous renoncions à cette uniformité au joug de laquelle nous sommes façonnés; que nos collèges deviennent des personnes morales, c'est-à-dire libres, à qui des règles générales laisseraient en beaucoup de points l'initiative ; que le corps des professeurs délibère partout sur le choix des méthodes et les principes de la discipline ; que nous nous élevions à cette conception hardie que tous les collégiens de France ne doivent pas nécessairement se lever, se coucher, jouer, se promener aux mêmes heures et se diriger par le même chemin, comme un grand troupeau, vers le même baccalauréat. Alors, il faudra réfléchir, délibérer, se décider. L'ordre ne sera plus imposé d'en haut : il naîtra de l'accord des esprits et des volontés. Il faudra bien que chacun de vous ait un esprit et une volonté.

Messieurs, je me suis adressé surtout aux futurs universitaires; mais ceux d'entre vous qui veulent ici étudier pour le seul plaisir d'étudier savent qu'ils sont les bienvenus en Sorbonne. Le dirai-je? Nous avons une sorte de tendresse pour les jeunes gens qui viennent à nous sans avoir besoin de nous. Ils savent qu'il n'est pas bon d'être hommes d'une seule étude. Ils donnent le précieux exemple du travail volontaire et du respect de leur propre intelligence. Ils font acte d'initiative, d'activité, de liberté : je redis ces mots pour la dixième fois, et je crois que je les redirais encore, si je n'avais pas fini.

IV

ANCIENNE ET NOUVELLE SORBONNE [1]

Messieurs,

En vertu d'une décision ministérielle récente, l'année que nous inaugurons sera marquée, pour ceux d'entre vous qui se destinent à l'enseignement, par une innovation.

Nous regrettions, vous le savez, que de futurs professeurs ne rencontrassent point, entre le moment où ils quittent le banc de l'écolier et celui où ils montent dans la chaire, l'occasion de réfléchir sur les devoirs qui les attendent. Il nous semblait extraordinaire que le seul métier qui fût réputé n'avoir pas besoin d'apprentissage fût le

[1] Discours prononcé à la séance de rentrée de la Faculté des lettres de Paris, le 5 novembre 1888.

nôtre, et nous souhaitions pour vous une éducation pédagogique.

La pédagogie n'est pas populaire chez nous. Le mot est pris en mauvaise part, et l'usage confond volontiers pédagogue et pédant. Pourtant la pédagogie condamne le pédantisme, c'est-à-dire le culte professé pour la forme et pour la lettre au détriment de l'esprit. Elle a été cultivée, de tout temps, par de bons esprits et de grands esprits. Comme elle a pour objet l'éducation de l'âme, elle se modifie avec l'idée que les hommes se font de leur âme et de sa destinée. Toute révolution religieuse ou politique, toute école, toute secte, toute philosophie, toute politique a sa pédagogie. Une histoire des doctrines de l'éducation contient les opinions successives de l'homme sur lui-même. Elle reçoit la confidence de l'idéal que se sont proposé les générations. Elle atteste dans l'humanité la continuité de l'espérance. N'ayez pas de préjugés contre la pédagogie : elle est un acte de foi en l'avenir.

Cette science de l'éducation est déjà enseignée dans notre Faculté ; plusieurs d'entre vous savent avec quel talent, quelle autorité, quel dévouement. Je dis plusieurs, mais je voudrais dire tous. Un trop grand nombre d'entre vous s'imagine que la pédagogie n'est point faite pour l'enseignement secondaire, et qu'elle ne convient qu'aux instituteurs ou aux institutrices. Prenez garde. Il ne faudrait pas que le zèle professionnel fût moindre chez vous qu'à côté de vous. C'est une des nécessités de l'heure présente, que les enfants élevés dans les collèges et les lycées soient dressés à la vie par de vrais éducateurs. Nulle part l'inexpérience n'est plus dangereuse, l'inertie plus redoutable qu'en cet endroit. Instruisez-vous donc, vous aussi, dans la science de l'éducation. Persuadez-vous que le maître qui l'enseigne en Sorbonne, devant une si grande affluence d'élèves, est votre maître à vous aussi. L'innovation dont je vais parler a précisément pour objet de l'aider dans sa tâche et de vous permettre de vérifier par l'expérience les théories de la science de l'éducation.

Nous avons à Paris des maisons modèles de l'enseignement secondaire français, nos lycées. Des maîtres qui ont fait leurs preuves dirigent ces grandes classes où vous avez, presque tous, achevé vos études. Nous les prierons de vouloir bien vous admettre auprès d'eux, en qualité d'apprentis. Nous aurons soin que vous ne soyez pour personne un embarras, et que, d'autre part, cette nouveauté ne trouble pas vos études. Les étudiants de première année d'agrégation seront répartis entre les divers lycées. Nous ne leur demanderons qu'une quinzaine ou une vingtaine de leurs journées, point de suite, mais par groupe de quatre ou cinq jours. Ils n'auront pas la prétention de remplacer le professeur; ils seront, eux aussi, ses élèves; ils le regarderont et l'écouteront. Si le maître le permet, ils dirigeront un exercice, une interrogation, une explication, une correction de devoirs; s'ils en sont jugés dignes, ils feront à la fin toute une classe.

Tel est, du moins, le projet auquel nous nous sommes arrêtés : il pourra être modifié par la pratique, mais nous pensons qu'il faudra se garder toujours de gêner le professeur qui voudra bien collaborer avec nous à votre éducation, et de prélever sur votre travail une contribution trop lourde.

Nous estimons qu'il est possible d'obtenir, par cet effort modeste, de grands résultats. Celui-ci, d'abord, qui est très considérable. Vous serez avertis, Messieurs, que vous devez être des professeurs. Je ne suis pas sûr que quelques-uns ne l'oublieraient pas, sans cette précaution. Vous n'avez peut-être pas tous une vocation très décidée. Puis, vos études ont de très grandes exigences; vos examens ne se laissent point négliger; enfin, vous êtes jeunes, exposés à d'autres séductions qu'à celles de la pédagogie. Il faut donc que nous vous fassions penser à votre avenir.

Le meilleur moyen de vous inspirer le goût de cet avenir, c'est de vous donner l'idée des plaisirs intellectuels et des satisfactions morales que vous y trouverez.

N'allez pas croire que, pour avoir eu beaucoup de maîtres, vous savez ce qu'est un professeur. L'écolier ne s'en doute pas. Entendons-nous : il sait les qualités de son maître et les défauts aussi. Il juge la personne, le plus souvent très bien. Il excelle à faire un portrait, surtout une caricature, mais il comprend mal ou même ne comprend pas du tout la méthode de l'enseignement, l'objet qu'elle se propose ni les procédés qu'elle emploie. Tout petit, il accepte le collège, sans raisonner, comme une nécessité traditionnelle; il sait qu'il y doit entrer à tel âge, comme il sera soldat quelques années plus tard. Le professeur en chaire est le premier représentant qu'il rencontre de l'autorité publique. Il croit qu'il faut à ce fonctionnaire des devoirs comme au percepteur, des contributions. Un jour, dans une classe de sixième où j'enseignais la géographie, je trouvai parmi les cartes un chef-d'œuvre de calligraphie, de dessin et de couleur, une hiérarchie bien observée de lettres capitales, de fines hachures savamment dégradées aux bords de mer, et une ligne de partage des eaux ondulée à l'encre de Chine. Je demandai au signataire s'il était l'auteur de ce chef-d'œuvre. Il me répondit comme la chose du monde la plus naturelle : « Non, monsieur, c'est maman. » Je dus lui expliquer que, personnellement, je pouvais fort bien me passer de sa carte, que j'en demandais une, non pour moi, mais pour lui, pour qu'il apprît à marquer à chaque pays sa place, sa forme et ses proportions. Il fut très étonné. On est si naïf à cet âge que je m'imaginais, il y a trente et quelques années, qu'un professeur souffre comme une âme en peine pendant les vacances, et ne retrouve la joie de vivre qu'à la rentrée.

L'écolier devenu grand ne revient jamais de ses premières erreurs. Il ne sait que très imparfaitement la théorie des divers exercices auxquels il est soumis; il ne voit pas comment ils sont combinés pour former son éducation. Il ne comprend guère mieux la classe à laquelle il assiste que l'enfant de chœur, la messe qu'il sert.

Vieillissez de quelques années cet adolescent. Il devient jeune homme. Ce jeune homme, c'est vous. Supposez-le licencié, agrégé, professeur. C'est ce que vous serez demain. Vous êtes très capables de demeurer écoliers, en ceci du moins que vous ferez la classe, comme vous l'écoutiez, sans la bien comprendre. Vous reprendrez la petite route où vous marchiez quand vous étiez élèves. C'est justement cela qu'on appelle *routine*.

C'est pourquoi nous vous prenons en pleines études pour vous confier à des maîtres, qui sont l'honneur de notre Université. Vous voilà, non plus dans une de ces conférences de la Sorbonne, où vous vous exercez moins à l'enseignement qu'à la parole devant vos condisciples et vos maîtres, juges difficiles — les premiers surtout — mais dans une vraie classe, devant de vrais élèves, des têtes jeunes, les unes attentives et dociles, les autres distraites et rebelles. Vous écoutez le professeur. Vous faites des réflexions salutaires, en remarquant, par exemple, qu'il ne suffit pas, pour enseigner, de savoir : qu'il faut encore savoir enseigner; que votre érudition philosophique, philologique ou historique, n'est point de mise au collège; qu'elle est un pédantisme; qu'elle est une paresse, car elle vous épargne la peine très grande, la vraie peine professionnelle de l'appropriation de la science à l'enseignement.

Vous voyez encore comment se fait la discipline, chose si aisée et si malaisée en même temps; aisée pour le maître qui aime l'écolier, qui est doux à l'enfance, charitable à l'ignorant, de belle humeur (grande qualité), sévère quand la raison de la sévérité est claire pour le délinquant lui-même, juste absolument, naturel, sincère, c'est-à-dire se produisant tel qu'il est, avec ses gestes à lui, sa voix à lui, non pas avec des gestes pour écoliers et une voix professionnelle, une de ces voix de classe qui ne servent pas dans la vie privée.

De tout cela vous tirez votre profit. Avec la permission du professeur, vous vous essayez sous ses yeux. Vous recevez ses conseils. Votre court stage fini, vous nous revenez, avec une note du maître qui a bien voulu vous donner l'hospitalité. Si vous avez vraiment la vocation, vous réfléchirez de temps à autre sur l'expérience que vous aurez acquise. Professeur, vous arriverez dans votre classe d'un pas mieux assuré, en homme qui sait où il va et ce qu'il doit faire, qui entre chez lui.

Messieurs, cette éducation professionnelle vous permettra de vous donner avec plus de confiance à vos études scientifiques. Vous n'aurez plus à redouter cette opinion fausse que la science pervertit le professeur. Je répéterai donc cette année le conseil que j'ai tant de fois donné : apprenez ici à travailler par vous-mêmes. Ajoutez à la préparation des examens quelque chose qui soit de vous et pour vous. Avertis, comme vous allez l'être désormais, que vous serez des professeurs, sachez aussi que vous devez être des savants. Ne vous laissez pas effrayer par ce mot. Il ne convient pas seulement, comme le voudrait l'usage, à l'homme qui étudie les choses anciennes ou qui peine sur les parties ardues de notre domaine intellectuel. Vous pouvez être savant en métrique, mais aussi en critique littéraire ; en histoire très ancienne, mais aussi en histoire contemporaine : comme le règne de Rhamsès Meïamoun, c'est matière à érudition que celui de Louis-Philippe. Être savant, c'est avoir tout appris d'un sujet avec patience et avec méthode. Ayez soin que le sujet en vaille la peine, et rendez-vous capables, après l'avoir étudié, de communiquer au public le résultat de vos recherches. A la méthode de travail, joignez la méthode d'exposition et le talent d'écrire, ces deux formes de la politesse française appliquée à l'érudition.

Ici encore, une éducation est nécessaire. Nous ne demandons qu'à vous la donner. Il faut bien que je vous le dise, vous êtes lents à la souhaiter, et toujours trop préoccupés de vos examens. Je ferai une exception pour un groupe d'étudiants, les historiens. Les meilleurs d'entre ceux-ci ont l'ambition du travail personnel. Ce sont eux qui briguent l'attestation d'études supérieures, le seul certificat que nous puissions donner de travail désintéressé ; eux qui recherchent les bourses de voyage et les bourses d'études. Je sais bien qu'ils sont invités à cette activité par leurs examens mêmes. Mais je dois aux historiens le témoignage qu'ils ne se contentent pas (je parle toujours des meilleurs) de préparer leur thèse d'agrégation, cette épreuve excellente : ils choisissent ou reçoivent de nous des sujets de mémoires courts, sur des questions intéressantes, et les traitent quelquefois de telle façon que nous sommes assurés de leur avenir. Ceux-là ne s'endormiront jamais.

Il est de votre intérêt de suivre cet exemple. Savez-vous ce que deviennent ces mémoires écrits à la Faculté? Des sujets de thèse latine, voire même de thèse française. C'est un très grand point que d'emporter d'ici cette amorce du doctorat; car il faut une vertu singulière pour ne point se détendre, dans les premières années de liberté ; pour ne pas se complaire dans le sentiment de satisfaction si naturel qu'on éprouve après s'être assis sur tant de sellettes, à se carrer dans une chaire ; pour ne point confondre le droit à n'être plus interrogé avec le droit de ne plus apprendre. Ajoutez que la profession est rude pour qui veut bien s'en acquitter, et le délassement nécessaire après la classe. Mais tout notre avenir dépend de la mesure que vous donnerez à ce délassement. Vous la ferez trop grande, si vous n'avez pas une raison qui vous rappelle à votre cabinet de travail : cette raison ne peut être qu'un sujet de travail. Si vous ne vous le proposez pas tout de suite, vous courrez le risque de ne jamais le trouver. J'ai des camarades qui cherchent encore le leur. Ayez le vôtre; il vous attendra chez vous, sur votre table; il vous tentera, vous rappellera. Il fera que vous regarderez l'heure pour ne point trop prolonger la partie de domino ou de billard, que je tiens d'ailleurs pour très légitime.

Messieurs, je n'ai parlé jusqu'ici qu'aux futurs professeurs. Je devais m'adresser à eux en particulier, l'innovation dont je vous ai entretenus étant l'événement de l'année. Les autres étudiants, qui viennent ici compléter l'éducation de leur esprit, élèves d'autres Facultés et de grandes écoles publiques ou libres, étudiants étrangers savent qu'ils sont les bienvenus. Nous leur donnerons tous les avis dont ils peuvent avoir besoin pour se guider dans la complexité de nos cours.

La pédagogie n'est pas pour eux : toute une série d'exercices leur est inutile. Ceux qui recherchent notre diplôme de licence, le certificat par excellence de culture littéraire, trouveront chez les directeurs d'études, qui sont là pour les renseigner, des conseillers empressés. Ils peuvent, dès à présent, se référer à l'instruction ministérielle qui accompagne les programmes de licence : elle est excellente. Ceux qui veulent nous demander l'attestation d'études ou bien étudier sans l'ambition d'être diplômés nous diront leurs intentions : si elles sont un peu vagues, nous les préciserons ensemble. Il est probable qu'ils seront attirés surtout par le moderne, en philosophie, en littérature et en histoire. Ils verront que nous n'avons pas peur du moderne, pas même du contemporain, — aucun préjugé en faveur des morts ; nous avons seulement le culte de ce qui est immortel. Leur présence parmi nous est un hommage au travail désintéressé. Elle prouve qu'il se rencontre dans la jeunesse des esprits qui s'estiment en tant qu'esprits, et préparent leur intelligence non seulement pour une profession, mais pour la vie. La sollicitude que nous leur témoignons atteste que l'Université n'est point préoccupée seulement de se recruter ellemême. Nous espérons qu'ils seront, d'année en année, plus nombreux. Maintenant que le groupe des futurs professeurs est tout à fait organisé, nous voudrions que ces volontaires fissent corps, qu'ils s'entendissent entre eux et avec nous, qu'il s'établît une sorte de coutume de ces études libres, et que cette nouveauté s'acclimatât, pour y prospérer, dans la nouvelle Sorbonne.

Laissez-moi maintenant, avant de terminer ce discours, dire quelques mots d'adieu au logis que nous venons de quitter.

En attendant que l'ancienne Sorbonne disparaisse tout entière, les démolisseurs vont en détruire les annexes, qui étaient le principal domicile des étudiants. C'était (j'en parle au passé déjà) un groupe assez étrange : rue Gerson, derrière une grosse porte de fer, une haute maison morne à fronton, enlaidie par cette prétention à l'architecture; à gauche, dans une bâtisse sans forme nommée, un grand et un petit amphithéâtre; à droite, le baraquement en planches que nous décorions, dans la langue officielle de l'affiche, du nom de pavillon Gerson; rue Saint-Jacques, une vieille maison du XVIIe siècle, qui était occupée par un lavoir avant qu'elle fût appropriée pour nous et rattachée à la seconde cour de la Sorbonne, près du chevet de l'église, par un escalier de meunier. Tout cela n'était pas beau, mais nous y avons vécu. Nous nous y sommes peu à peu répandus, comme un flot qui grossit.

Il nous fallait pour vous de nouveaux amphithéâtres, des salles de conférences, des bibliothèques. Nous avons disséminé vos bibliothèques dans ce fouillis. Celle des philosophes était logée dans une petite salle, découverte par un appariteur derrière les amphithéâtres Gerson, et qui avait servi autrefois à la préparation des cours de physique et de chimie pour les demoiselles. Les livres des philosophes étaient rangés autour et jusqu'à l'intérieur d'une large cheminée, qui donnait à ce lieu l'aspect d'un laboratoire d'alchimiste en quête de la pierre philosophale. Vous y avez scruté, depuis, les arcanes de la philosophie.

Nous avons fait des conférences dans les salles de l'édifice à fronton. C'est là qu'étant écoliers nous composions pour le concours général. Nous arrivions, portant sur l'épaule la besace à deux poches, dont l'une contenait le dictionnaire et ce qu'il fallait pour écrire ; l'autre, ce qu'il fallait pour déjeuner, car nous demeurions là, de l'aube au crépuscule, prolongeant, selon l'usage, d'un murmure chaque coup de l'heure qui sonnait à la lente horloge, murmurant tout le long du jour, quand l'horloge était arrêtée (comme nous nous l'imaginions) par une malice de M. le recteur... Mais ces réminiscences de jeunesse ne suffisaient pas à parer la nudité de ces salles, mal défendues contre le froid par le poêle en fonte qui se contentait de rôtir ses voisins, contre le soleil par un rideau trop mince, bien que doublé de poussière, et qui n'allait jamais jusqu'au bout de sa tringle. Au contraire, nous nous sommes bien trouvés dans le petit amphithéâtre Gerson où ont été professées les premières leçons réservées aux étudiants ; dans la maison de la rue Saint-Jacques, entre deux vieilles cours, au bout du monde, en plein passé ; dans le pavillon, qui, avec ses cloisons revêtues de cartes et ses tables percées d'encriers où il y avait de l'encre, avait une bonne mine d'école primaire.

Le pavillon était notre logis de prédilection. C'est là que nous avons inauguré le nouveau régime de notre Faculté. La tentative paraissait aventureuse à plus d'un, et notre ancien secrétaire, M. Lorquet, appelait cette maison de bois le navire *Argo*. Le navire a déjà conduit au port des centaines de jeunes gens. Je suis sûr qu'ils gardent bon souvenir du lieu où nous avons vécu en intimité, élèves et maîtres, et où nous avons appris à nous connaître et à nous aimer les uns les autres. Nous non plus nous n'oublierons pas le baraquement. M. Nénot, notre architecte, nous en a promis une photographie, à laquelle, pour ma part, je donnerai une place parmi les images des personnes et des choses qui ont compté dans ma vie.

Je me rappelle encore le jour où Albert Dumont nous a fait part de son intention de faire construire le pavillon. « Il faut, nous disait-il, que vous ayez un chez vous. Je vous donnerai des cabinets de professeurs et des bibliothèques d'étudiants; une porte les mettra en communication. Il y aura dans les cabinets de professeurs une cheminée, une pendule, un tapis, un lavabo.

On verra que cette pièce est destinée à être habitée. Tout cela, c'est une grande révolution. » C'est bien lui qui nous a pourvus du domicile qu'il nous fallait. Nous avons, par reconnaissance, donné son nom à la maison de la rue Saint-Jacques, que nous lui devions aussi. Ce nom nous suivra dans la nouvelle Sorbonne. M. le doyen a décidé qu'il serait écrit sur la porte de la salle où seront réunies vos bibliothèques dont il est le fondateur.

Nous allons donc inaugurer la partie achevée de notre nouveau palais. C'est une date dans l'histoire de notre Faculté : il dépend de vous et de nous qu'elle soit mémorable.

La Sorbonne de saint Louis a eu son époque de gloire, au temps où elle était le représentant le plus élevé de l'Université de Paris, cette grande école des nations chrétiennes. La Sorbonne de notre siècle a été illustrée par des maîtres éminents dans l'enseignement de la théologie, des sciences et des lettres. Son nom est respecté dans le monde. L'an dernier, à Bologne, la délégation des professeurs et des étudiants français a été saluée par les cris de : « Vive la France! Vive la Sorbonne! » Hier encore, je trouvais, dans la correspondance du conseil général des Facultés, des lettres de l'Amérique du Sud adressées à M. le recteur, proviseur de l'Académie de Sorbonne. Nous sommes donc responsables, même devant l'étranger, d'un héritage glorieux. Nous l'acceptons tout entier. Nous admirons les docteurs en science sacrée du XIIIe siècle et les sorbonniens modernes, les Royer-Collard, les Cousin, les Guizot, les Jussieu, les Dumas et les Pasteur. Vénérons tous ces souvenirs; nous nous sentirons ainsi plus étroitement obligés envers notre maison. Puis, comme le passé a fait son œuvre, faisons la nôtre.

La Sorbonne d'aujourd'hui, où siègent les Facultés des sciences et des lettres, le conseil général des Facultés et le recteur, redevient la maison mère de l'Université de Paris, qui revit sous nos yeux; car un sentiment de solidarité unit les maîtres, groupe les étudiants en associations et rapproche les élèves des professeurs. Qu'allons-nous faire tous ensemble? Je le disais tout à l'heure, nous travaillerons, vous et nous, de notre mieux; nous enseignerons et vous écouterez. Nous formerons des lettrés et des savants, pour le profit et l'honneur de notre pays, pour mettre en valeur l'intelligence française, cet instrument propre à la découverte et à l'expression d'idées claires, justes et belles. Ce n'est pas assez. Il faut encore que notre activité soit sentie dans la vie publique.

Les Universités d'un autre pays ont eu l'honneur de rassembler les membres épars d'un grand peuple et de composer l'âme qui habite ce corps reconstitué. Elles triomphent aujourd'hui et elles en ont le droit; mais je suis obligé de dire que leur victoire n'est ni modeste ni généreuse. La jeunesse d'Allemagne est entraînée à la haine contre nous par la famille, l'école, le collège et par l'Université. Dans cette passion, comme dans le culte de la force allemande, elle est unanime. Une école d'historiens exalte la Prusse et l'Allemagne, et s'efforce, à tout propos, de rabaisser la France. Les mêmes hommes qui nous reprochent notre incapacité à nous élever jusqu'au vrai, notre *subjectivité*, comme ils disent, se laissent aller à l'erreur volontaire : j'en ferai quelque jour la démonstration. Ils sont ainsi les collaborateurs d'une presse qui est tout près de persuader à ses lecteurs qu'un voyageur franchissant notre frontière passe de la civilisation à la barbarie, comme l'explorateur qui descend d'un navire européen sur la côte de Zanzibar. Et ces vainqueurs sont crus sur parole; ils marchent entourés d'un cortège de vassaux et de valets. Leurs opinions injustes et injurieuses se répandent et trouvent créance hors d'Allemagne. Une coalition morale est formée contre nous, qui est la complice de la coalition politique.

Messieurs, il faut mettre nos écoles, comme nos frontières, en état de défensive.

Allons-nous donc prêcher l'admiration de nous-mêmes, l'orgueil et la haine? Mais ce sont des sentiments de perdition. La justice, d'accord avec notre intérêt, veut que nous reconnaissions et que nous honorions les vertus d'autrui. La tâche de l'école est de nous donner confiance en nous, de repousser la calomnie venue du dehors et qui s'insinue jusque dans nos esprits, de combattre nos propres défaillances et nos ennemis intérieurs : les pessimistes par faiblesse, les dégoûtés et les décadents par mode, les corrompus par élégance. L'histoire, celle de l'esprit français et celle des actions françaises, doit défendre la patrie. L'Allemagne n'a-t-elle point cherché dans le passé les plus lointains souvenirs, qu'elle a convertis en espérances? Sans doute, un petit nombre d'Allemands ont lu les livres des érudits ; la nation entière ne s'est point assise devant les chaires des professeurs, mais ceux-ci ont créé un esprit public, qui a pénétré les intelligences les plus obscures.

Le devoir des Français qui enseignent l'histoire est de donner aux écoliers la représentation exacte, l'idée, je ne craindrai pas de dire la théorie de la France, et de son rôle dans le monde. L'histoire de la France, dans ses pages modernes, montre que nous n'avons pas besoin de haïr qui nous hait, ni de mépriser qui affecte le mépris envers nous. Elle nous dit devant combien de maîtres ces orgueilleux inclineraient encore leur servitude obséquieuse, si des souffles venus de France ne les avaient redressés. Ils ne se souviennent que de nos torts, et ils oublient nos services : ne reprochons nos services à personne, mais rappelons-les à nous-mêmes, pour nous réconforter. Nous porterons plus aisément le poids des injustices dont on nous veut accabler, jusqu'au jour où nous le secouerons de nos épaules.

Je ne voudrais point faire la part trop belle aux historiens. Tous les professeurs doivent concourir à l'éducation de l'intelligence et de la volonté. Ceux qui croiraient qu'ils ont à enseigner la grammaire simplement, et que la plus grave question du jour est de décider si l'étude du latin doit commencer en sixième ou en septième, se sont trompés dans le choix de leur vocation. Le service public dans l'Université requiert d'autres aptitudes que dans les administrations des postes et télégraphes, ou des contributions directes et indirectes, qui n'ont pas charge d'âmes.

Encore une fois, d'ailleurs, nous nous adressons, non pas seulement aux futurs professeurs, mais à tous. Toute la jeunesse, pendant le temps des études, qui la réunit avant la dispersion dans la vie, doit recevoir une flamme qui ne s'éteindra plus. Il faut que chacun de vous, étudiants, par son propre effort, se repliant sur lui-même, éclaire en lui le patriotisme instinctif et prenne conscience de notre valeur, de notre dignité, de notre raison d'être. Il faut que les milliers de jeunes gens qui, chaque année, entrent dans la nation, y apportent, avec les lumières d'une intelligence cultivée, la foi raisonnée en notre pays; que cette foi, pour preuve de sa sincérité, agisse; qu'elle travaille à entraîner dans un grand courant l'esprit public divisé par des souvenirs différents et par des espérances contradictoires; qu'elle se propose de faire prévaloir notre vieux bon sens sur les formules des sectes politiques, comme il a prévalu, il y a deux siècles, en un moment de grand péril national, sur les formules des sectes religieuses; qu'elle avance ainsi l'heure de la réconciliation définitive dans la paix intérieure et dans la liberté. Voilà, Messieurs, le but, la fin suprême de l'éducation nationale.

Je me suis laissé emporter hors des sujets habituels de nos discours; mais pourquoi ne saisirions-nous pas les occasions de vous parler des plus grands de vos devoirs? J'ai pensé souvent, à la lecture des harangues prononcées en d'autres pays (la fête de Sedan a produit toute une littérature oratoire), qu'une certaine timidité, une fausse pudeur et le respect humain qui nous retiennent de dire certaines paroles sont des faiblesses dangereuses. Ne procédons pas ici par prétérition. Nous n'avons pas le droit de sous-entendre l'essentiel.

D'ailleurs, l'entrée dans la nouvelle Sorbonne nous invitait à rappeler les devoirs des Universités françaises. Nous les remplirons avec exactitude, modestement, sans fracas. La longue succession d'efforts, attestée par l'histoire de cette maison, ne sera pas interrompue, nous vivant. Ici, nous ne sommes pas désespérés, pas découragés, pas même inquiets. Par profession, nous connaissons le passé, ses révolutions, ses erreurs et la diversité de ses fortunes. Par profession, nous préparons l'avenir; nous lui donnerons des générations qui travailleront, comme nous-mêmes, comme vous. Ce n'est donc pas à nous qu'il faut dire que l'heure présente est la dernière ou l'avant-dernière. Ceux dont l'esprit est enfermé dans le champ clos des querelles du jour s'imaginent, à ce qu'on assure, que la vie de la France dépend de tel ou tel accident, et que notre arrêt de mort pourrait bien être prononcé l'année prochaine. Nous savons, nous, que l'histoire continuera son cours, qu'il y aura beaucoup de législatures encore, comme il y a eu jadis beaucoup de règnes, que l'avenir nous réserve des combats et des misères, mais aussi des triomphes et des joies. Nous entrons, avec cette confiance virile, dans la nouvelle Sorbonne, que l'architecte a faite belle, haute et fière, élégante et gaie, bien ouverte à la lumière, avec un air d'espoir et de renaissance.

LA SCIENCE EN PROVINCE

LA SCIENCE EN PROVINCE

I

L'UNIVERSITÉ DE LYON [1]

Une Université est une école qui enseigne toute la science et travaille à l'accroître. Elle est divisée en Facultés : droit, médecine, sciences, lettres ; mais elle domine, coordonne et dirige chacun de ces ateliers ; elle communique à tous la force motrice, qui est l'idée même et le culte de la science universelle.

Une Université prépare à la vie pratique. Chaque année, elle fournit au pays des juristes, des médecins, des professeurs, des chimistes et des physiciens ; mais elle donne à chacun d'eux des lumières générales. Elle avertit le futur avocat et le futur magistrat que certaines questions

[1] Publié le 10 novembre 1888.

de responsabilité doivent être étudiées à la Faculté de médecine; le futur historien, qu'il ne peut ignorer le droit, c'est-à-dire l'ensemble des idées que les hommes se sont faites à des époques différentes sur l'homme et la société; le chimiste et le physicien, que les spéculations les plus hautes mènent aux applications les plus techniques. Elle fait sentir aux étudiants qu'il est de leur dignité de n'être étrangers à aucune partie du travail intellectuel du siècle où ils sont nés.

Une Université, bien qu'elle soit un institut de science universelle, n'est pas cosmopolite; elle est nationale. Elle honore le pays natal; elle le sert en augmentant la valeur de l'esprit, source de toutes les valeurs; elle l'arme pour les luttes économiques; elle cultive et fortifie le patriotisme.

Les Universités d'un même pays ne doivent pas ressembler de point en point les unes aux autres. Pour qu'une Université prenne racine à Lyon ou à Bordeaux, il faut qu'elle sache qu'il y a des ouvriers à la Croix-Rousse, des vignerons dans le Médoc, et qu'elle s'applique à guérir les maladies du ver à soie et de la vigne. Elle doit savoir aussi que Lyon et Bordeaux ont une longue histoire, dire par quelles voies la ville du prince Noir et la ville du Saint-Empire sont entrées dans la patrie française, quel rôle elles y ont joué et quelle place elles y tiennent aujourd'hui.

Une Université est un domicile de la jeunesse, un rendez-vous avant la dispersion, où l'on goûte le plaisir d'être jeune et d'être ensemble, où l'on chante et rit en même temps qu'on travaille, où l'on se prépare à la vie, gaiement, sans pédantisme.

Voilà ce qu'est une Université idéale.

Le point d'où nous sommes partis pour nous approcher de cet idéal est marqué dans une *Statistique de l'enseignement supérieur*, publiée en 1867, et précédée d'une préface où M. Duruy, ministre de l'Instruction publique, après avoir confessé sans réticences les misères intellectuelles, morales et matérielles de nos grandes écoles, proposait tous les remèdes que nous employons aujourd'hui. Une autre statistique, publiée en 1877, avec une préface signée d'un ministre, mais où se reconnaissent l'esprit et la main de M. du Mesnil, constate les premiers progrès, déjà considérables. Depuis, sous la conduite d'Albert Dumont et de M. Liard, nous n'avons cessé de marcher.

L'histoire de notre enseignement supérieur depuis vingt années est honorable pour nous. On y voit les pouvoirs publics s'efforcer de donner à notre démocratie une aristocratie intellectuelle, honorer la science et la renter; les villes et les départements, prodiguer l'argent pour les Facultés; mais surtout, ce qui est plus remarquable encore, une conduite suivie, l'accord entre l'administration et les administrés, des réformes préparées par ceux qui les doivent appliquer, des mœurs qui se forment et précèdent la loi.

Grâce à ce concours de bonnes volontés, les bâtiments s'élèvent dans les villes universitaires, les bibliothèques s'organisent, les laboratoires se munissent d'instruments, le nombre des professeurs est triplé. La raide hiérarchie universitaire s'assouplit, fait place aux jeunes et donne aux maîtres des compagnons qui leur succéderont un jour. Au chacun chez soi, à l'indifférence d'une Faculté envers sa voisine, à l'égoïsme, à l'étroitesse d'esprit, succède le sentiment de la solidarité des enseignements et des personnes.

De nouveaux étudiants, d'une sorte inconnue, les étudiants en sciences et en lettres, se joignent aux étudiants en droit ou en médecine. Ces jeunes gens se groupent, comme les bâtiments, comme les Facultés et comme les maîtres. Entre le corps des étudiants et celui des professeurs s'établissent des relations, nouvelles aussi et charmantes.

Ce grand travail n'est pas achevé partout, mais il est partout commencé.

Il y a deux ans, le conseil général des Facultés de Paris me chargea du premier des rapports annuels sur l'état de l'enseignement. A mesure que je réunissais les éléments d'une statistique et que je trouvais dans les procès-verbaux du conseil des manifestations non douteuses de mœurs universitaires naissantes, je m'étonnais de voir se dessiner devant moi la figure d'une Université de Paris. Habitué à envier à l'étranger ces grandes écoles dont la gloire s'ajoute aux gloires nationales, je ressentais un très vif plaisir. Je me disais : Nous aussi, nous avons une Université. Pourquoi ne pas le proclamer? Pourquoi, nous qui étalons nos laideurs, nous, les fanfarons de légèreté et de vices, ne montrons-nous point au monde nos qualités, nos forces, nos vertus intellectuelles?

J'ai éprouvé la même émotion en lisant le premier rapport rédigé, au nom du conseil général de Lyon, par M. Fontaine, de la Faculté des lettres. J'y ai lu, nouvelle découverte pour moi, que si l'Université de Paris est, avec ses dix mille étudiants, la plus considérable de la terre, l'Université de Lyon, comparée à nos émules d'Allemagne, ne le cède, pour le nombre des professeurs, qu'à Berlin, Leipzig, Munich et Breslau. Lyon a 104 professeurs, Gœttingue en a 103; Bonn, 100; Halle, 96; Heidelberg, 88.

Pour le nombre des étudiants, Lyon, qui en a 1,500, passe avant Breslau, Gœttingue et Heidelberg. Pourtant les noms que je viens de dire sont célèbres, et depuis longtemps, tandis que notre Université lyonnaise date de douze années tout juste.

Lyon ne possédait, en 1875, qu'une Faculté des sciences et une Faculté des lettres, toutes les deux mal pourvues et mal installées. La Faculté de droit a été instituée en 1875, la Faculté de médecine en 1877. Dès lors, les parties d'une Université étaient juxtaposées.

Le rapport de M. Fontaine montre qu'elles se sont unies.

Le conseil général s'efforce de faire que les étudiants soient, non de telle ou telle Faculté, mais de l'Université. La Faculté de médecine, par exemple, demande que la préparation, mal faite dans les collèges, du baccalauréat ès sciences restreint, cet examen bâtard, soit remplacée, pour les futurs étudiants en médecine, par une année d'études de sciences naturelles auprès de la Faculté des sciences. Les Facultés des sciences et des lettres réclament la création d'un cours de géographie scientifique où se rencontreront les étudiants géographes de la Faculté des lettres et les étudiants en sciences naturelles. Ce ne sont que des vœux; mais déjà le droit et les lettres se sont entendus pour établir un enseignement historique commun aux élèves des deux Facultés. Le droit et la médecine ont un enseignement commun très suivi dans les cours libres professés, l'un sur la *médecine légale*, l'autre sur *l'aliénation mentale au point de vue légal et administratif*. Des philosophes suivent régulièrement les cours de physiologie à la Faculté des sciences.

Les Lyonnais ont donc un sentiment très juste de la nécessité d'abaisser où il faut les frontières, en plus d'un point factices, qui séparent les Facultés, au grand péril des jeunes esprits.

Chacune des Facultés de Lyon sait qu'elle a des devoirs envers la science, et qu'une Université qui ne ferait que des cours, pour ne former que des praticiens, ne remplirait pas toute sa mission. Des publications sont groupées autour des Facultés : les *Annales de droit commercial*, dirigées par M. Thaller, professeur à la Faculté de droit; les *Annales d'anthropologie criminelle et de sciences pénales*, dirigées par M. le docteur Lacassagne, professeur à la Faculté de médecine, et par M. Garraud, professeur à la Faculté de droit; la *Revue de médecine*, dont un des principaux rédacteurs est M. le docteur Lépine, professeur à la Faculté de médecine, correspondant de l'Institut; la *Revue de chirurgie*, dont M. le docteur Ollier, un des maîtres de la chirurgie française, est codirecteur; les *Annales de l'Observatoire de Lyon*, dirigées par M. André, professeur d'astronomie physique à la Faculté des sciences; la *Bibliothèque de la Faculté des lettres de Lyon*, dont le secrétaire est M. Émile Bourgeois, et qui est digne de figurer à côté de la *Bibliothèque de l'École des Hautes-Études;* la *Revue des patois*, dirigée par M. Léon Clédat, professeur de langues et littératures romanes à la Faculté des lettres. Plusieurs de ces périodiques ont déjà porté au dehors la réputation de la science lyonnaise.

Les professeurs ont voulu faire davantage. Chacun des périodiques qui viennent d'être cités appartient à une des spécialités de l'Université : ils se sont donné un *Bulletin des travaux de l'Université de Lyon* (1), où chaque maître analyse ses publications.

Les étudiants ont fondé une association, qui deviendra riche, car elle fait des économies, et ses budgets se soldent par des excédents. Elle est une société de secours mutuels, une société artistique, littéraire et scientifique, un cercle. Elle donne des fêtes qui ont leur célébrité locale. Le guignol lyonnais y débite ses fantaisies et s'exprime librement sur les choses universitaires.

(1) Au *Bulletin* vont s'ajouter, en 1890, les *Annales de l'Université de Lyon*.

La vie universitaire est représentée aussi dans les soirées amicales par des « ombres » lyonnaises. Sur la toile blanche se projette, par exemple, l'ombre d'un maître en chaire, qui salue d'un « Messieurs » un auditoire de trois cents chapeaux, parmi lesquels il n'y a pas un chapeau d'homme. Et voici qu'apparaît l'ombre du doyen de la Faculté, qui est connu pour sa sévérité à l'égard des fumeurs, bien qu'il fume beaucoup lui-même. Il tend aux belles dames un écriteau.

Notez que professeur et doyen assistent à la représentation, et qu'ils sont les premiers à rire. Le défilé continue; la soirée s'achève, et la bande joyeuse sort, en monôme bien entendu; mais elle a l'idée malheureuse de traverser quelques brasseries, et le guet s'en irrite. Heureusement, M. le doyen de la Faculté des lettres a pressenti l'événement. Il a suivi la bande sans en avoir l'air; il parlemente avec la police et l'apaise.

Le maître d'autrefois, isolé dans la majesté de sa chaire et dans sa dignité de juge, a fait place à l'homme accessible, qui connaît, non plus un groupe d'étudiants anonymes, mais des individus dont chacun a son nom, sa figure et son esprit. Dans les laboratoires des Facultés de médecine et des sciences, dans les conférences des Facultés de droit, des sciences et des lettres, maîtres et élèves vivent ensemble; ils aiment cette collaboration intellectuelle où le cœur joue toujours sa partie. Il est naturel que, de temps à autre, ils se réunissent pour rire et qu'un doyen aille redemander à la police ses brebis mises en fourrière.

Bien que le mot *Université* ne soit pas consacré encore par la loi, les professeurs l'ont écrit dans le titre de leur *Bulletin;* les étudiants l'ont adopté. Il est entré, d'ailleurs, dans la langue des Lyonnais. Il se rencontre dans les journaux de tous les partis et dans les documents municipaux. Lyon a son patriotisme de grande cité et le place bien. Cette ville industrielle et démocratique a l'esprit élevé. Elle a l'ambition de la gloire intellectuelle et l'achète par des sacrifices.

Elle a créé un observatoire et l'a doté largement. Son *Muséum d'histoire naturelle* est un des premiers de l'Europe : rattaché à l'Université par son directeur, M. Lortet, doyen de la Faculté de médecine, il offre aux jeunes gens de précieux moyens d'études. Il est permis d'espérer que la ville lui donnera un jour des locaux plus vastes, dans le voisinage des Facultés.

La municipalité a fondé des prix et des bourses pour les étudiants. Elle rétribue à la Faculté des sciences des cours pratiques de chimie industrielle, que M. Raulin a organisés et qui sont une école d'industrie.

Elle n'est point seulement préoccupée de l'utile. Elle projette de confier à M. Émile Bourgeois — l'idée est de M. Gailleton, maire de Lyon et professeur à la Faculté de médecine — la réimpression des registres de la commune de Lyon. Elle a contribué pour 2,000 francs aux frais de la publication du célèbre manuscrit vaudois de l'*Ancien Testament*.

Ce ne sont là que les menus suffrages de la libéralité lyonnaise. La ville concourt avec l'État à donner une installation grandiose à son Université. Un bâtiment magnifique s'élève aux bords du Rhône, en façade sur le quai de la Guilledieu. C'est le palais de la médecine et des sciences. Au début de cette année, sur l'avis du recteur, M. Charles, de qui le nom sera gardé dans l'histoire de l'Université lyonnaise, le conseil municipal a voté la construction des deux Facultés de droit et des lettres, en façade sur le même quai et séparées des deux autres seulement par une rue. Quand ces nouveaux édifices seront bâtis, l'Université de Lyon parlera même aux yeux des passants.

Il faut se hâter de terminer ce qui est commencé et d'exécuter ce qui est projeté, afin que la seconde ville de France soit mise en possession définitive de la seconde Université de France.

Les Universités d'Allemagne ont leur fortune propre, qu'elles emploient à mieux doter leurs services et leurs maîtres. Elles peuvent appeler, par la séduction d'un traitement élevé, un professeur éminent, et retenir, par le même procédé, tel autre qui voudrait s'en aller. Cela est bien prosaïque, dira-t-on, mais nous vivons en prose. Il n'est pas à craindre, d'ailleurs, que nous tombions, comme nos collègues transrhénans, dans certaines hontes de marchandage. Le banquier allemand Bleichröder (voyez le *Journal de Frédéric III*) l'a dit : Les Français ne savent pas manier les grandes affaires. Je n'imagine pas un professeur de Lyon se ménageant un « appel » à Bordeaux pour faire « chanter » l'Université de Lyon. Mais il est très naturel qu'un professeur lyonnais, père de famille, soit attiré vers Paris par un plus gros traitement, et il importe à l'avenir de nos Universités provinciales que Paris n'ajoute pas cette attraction à tant d'autres.

C'est à Lyon de retenir ses professeurs. Peut-être se trouvera-t-il un conseiller municipal pour en indiquer le moyen à ses collègues. Une partie de la somme employée par la ville à la dotation de la Faculté de médecine va passer à la charge de l'État. Il faudrait qu'elle fût maintenue au budget de l'enseignement supérieur lyonnais, pour enrichir les bibliothèques et les laboratoires, et grossir les traitements des professeurs les plus considérables. L'initiative privée se manifestera sans doute à son tour par des dons à l'Université, ou bien à une Faculté, ou bien à l'association des étudiants. N'est-il pas possible qu'une société se forme dans une cité si riche, et qu'elle se propose de soutenir et d'accélérer le progrès de l'Université lyonnaise (1) ?

Nous sommes convaincu que ces vœux seront entendus par qui de droit. Lyon a son originalité : rien ne s'y trouve de la petite ville ; coteries et factions y sont noyées dans un patriotisme local, qui fortifie le patriotisme national.

La récente visite de M. le Président de la République (2) a révélé, dans la seconde ville de France, un état d'esprit que la première lui peut envier. Aucun désaccord ne s'y est manifesté. L'Église et l'État, le riche et le pauvre, le monarchiste et le républicain, toutes les antinomies de l'heure présente semblaient réconciliés. Tout le monde a parlé gravement. Des paroles ont été dites, par exemple celles de M. Sevenne, président de la Chambre de commerce, qui devraient être gravées sur le marbre. La manifestation, au dé-

(1) Cette société existe aujourd'hui, sous le titre de *Société des amis de l'Université lyonnaise.*
(2) Au mois d'octobre 1888.

part de M. Carnot (cette longue acclamation, ce salut immense d'une foule sérieuse), avait une signification très haute. Elle disait : « Nous voulons travailler en paix, vivre dans l'honnêteté, la liberté, la justice, avec l'amour de la patrie que vous représentez, de la République dont vous êtes le magistrat. »

Comparez avec les triomphes de l'empereur allemand chez les coalisés. La scène de Lyon est d'un état de civilisation bien supérieur.

M. le Président de la République a fait visite à l'Université, et elle l'a reçu dans son *atrium*. M. le recteur Charles et M. Caillemer, doyen de la Faculté de droit, ont rappelé les progrès accomplis. Ils ont demandé que des Facultés si bien unies en fait fussent unies en droit par un nom qui les désignât toutes ensemble, et que le Lyonnais pût dire « notre Université ».

Pourquoi donc lui refuser cette satisfaction, au Lyonnais ? L'égoïsme municipal, le particularisme provincial ne sont plus à redouter. L'activité locale ne peut plus désormais qu'ajouter à l'activité générale, l'amour du foyer prochain à l'ardeur du grand foyer.

Les étudiants étaient aussi dans l'*atrium*. Ils venaient recevoir un drapeau, que les professeurs leur ont donné et que des mains lyonnaises ont tissé de soie et d'or. M. le Président de la

République a remis le drapeau au président de l'association, M. Pic, qui l'a remercié en très bons termes, car ces jeunes gens savent exprimer avec simplicité les sentiments nobles qui sont dans leurs cœurs. Le drapeau porte une cravate violette, c'est-à-dire de la couleur de l'Université, et la devise de la ville : « Avant ! Avant ! Lyon le meillor... » La couleur violette et la devise lyonnaise sur les couleurs nationales signifient que l'Université et la ville de Lyon sont les servantes de la patrie.

Nous vivons dans un tumulte de passions, de doutes et d'inquiétudes. Hommes de bonne volonté, troublés par la fièvre, nous courons d'une besogne à l'autre. Que de choses nous avons essayées depuis dix-huit ans ! Que d'efforts dépensés et combien de millions ! Quelles espérances au début ! Mais voici que tout paraît se lasser : efforts, millions, même l'espérance (1).

C'est donc chose douce et rassurante de penser que tout notre travail n'a pas été perdu. Nous avons, après tout, refait notre force matérielle et décuplé nos forces intellectuelles ; notre armée est belle et solide, et, s'il nous reste à corriger, dans nos écoles, maintes erreurs anciennes et nouvelles, nous avons de belles écoles. Dans

(1) Ces lignes ont été écrites au moment où l'agitation dite boulangiste commençait à troubler les esprits.

l'enseignement supérieur, source de tout enseignement, nous avons suivi des idées, avec une patience continue. Nous les suivrons encore, car nous ne sommes pas au bout du chemin.

Je me souviens qu'un jour, mon ami Albert Dumont m'entretenait, selon son habitude, de l'œuvre qu'il servait, de la régénération intellectuelle et morale du pays par la science, la raison et le patriotisme. Je lui disais que nous ne verrions, ni lui, ni moi, le succès de nos efforts, et qu'un demi-siècle passerait entre les semailles et la moisson. Je ne crois pas m'être trompé. Il nous faut encore des années de travail, et nous courons plus d'un risque, chemin faisant.

Nous le savons bien, mais nous persévérerons dans notre effort, heureux de voir poindre par endroits, sur le champ immense, la belle petite herbe verte, annonce de la moisson lointaine.

II

UN DISCOURS DE M. RENAN

M. Renan n'a jamais mieux parlé, ce n'est pas peu dire, qu'à la distribution des récompenses aux sociétés savantes, au Congrès des Sociétés savantes, tenu en mai 1888. Personne ne sait exprimer comme lui les joies du travail. L'étendue de sa pensée, la familiarité de son esprit avec les grands problèmes, le mélange du passé lointain au présent et du sacré au profane, l'inévitable couplet de l'Écriture et les réminiscences des livres saints sur les lèvres d'un homme qui eût été capable de les écrire, puis la façon de dire, cette simplicité qui est devenue si naturelle, donnent à la parole du maître une poésie très particulière, d'un charme délicat et pénétrant.

Il me semble que M. Renan est vieux comme le monde, dont il a vécu toute la vie, mais vieux sans avoir vieilli. Sa mémoire est singulièrement fraîche, et l'on ne croirait pas que ce contemporain, un des plus actifs en ce siècle d'activité, a connu les patriarches. Voyageur à travers le temps et l'espace, il a tout vu, tout comparé; il ne s'étonne de rien, mais s'intéresse à tout. Il doit faire de jolies réflexions en contemplant, réunis au pied de la tour Eiffel, les peuples qu'il a vus se séparer au pied de la tour de Babel.

Longue expérience ne va point sans quelque mélancolie : il y en a dans ce dernier discours. Mélancolique est le rêve d'un Collège de France transporté en quelque monastère entouré de chênaies, de ruisseaux et de rochers, au milieu d'un paysage propice à l'attente douce de la mort.

Cette mélancolie, si délicieusement exprimée, les meilleurs d'entre nous la ressentent aujourd'hui. N'en disons point de mal. Il y a mélancolie et mélancolie : une mélancolie physiologique, qui est une maladie; une mélancolie d'âme, affection légère et bienfaisante. Les poisons ont des degrés : au degré inférieur, ils sont des remèdes. Une dose de mélancolie est un remède contre la sécheresse d'âme, mal très redoutable et vilain mal.

J'entends par mélancolie un état où des pensées vagues se confondent avec des sentiments dont l'objet n'est pas déterminé. Chaque état d'âme a son paysage, sa saison et son heure. Le paysage de la mélancolie, c'est une longue, longue étendue; le premier plan est discret et le dernier est perdu dans l'indéfini. La saison, c'est le printemps ou l'automne; l'heure, le matin ou le soir. La mélancolie se plait dans les commencements et les fins, choses incertaines.

Elle a ses siècles à elle : ce ne sont pas les siècles de milieu où un peuple s'arrête, se croyant arrivé, et qui sont comme des paliers dans la montée ou la descente. Il y a de la mélancolie dans les légendes des premiers âges; il y en a dans la poésie des âges mûrs, au penchant de la vieillesse.

La mélancolie n'affirme ni ne nie. Est-elle sceptique? Non. Quand vous considérez au large la mer qui se confond avec le ciel dans une vapeur, et que votre esprit flotte sur cette région indécise, vous sentez qu'au delà est encore la mer et le ciel encore. La brume n'est pas une fin, elle n'est que le voile de l'au delà.

Ne point affirmer, ne pas nier, ne pas douter, cet état étrange est celui de beaucoup d'hommes aujourd'hui.

La mélancolie des âmes saines n'est point de la paresse. Elle est un repos, une consolation des incertitudes, la vague approche d'une foi, un rêve après le livre fermé, un stimulant à reculer les confins de la brume. Ce discours, où l'orateur cherche le moyen « d'attendre la mort plus doucement », est une exhortation éloquente au travail.

Oui, travaillons, et partout, en province comme à Paris. En province surtout, semble dire M. Renan. Il a raison. Le travail en province, c'est une des conditions de la grandeur de notre pays. Mais peut-on travailler en province? M. Renan en est persuadé : il y veut aller chercher la solitude, le repos, la liberté, l'agrément et les sourires de la nature, le calme et la joie de l'esprit.

A Paris, nous vivons dans le tumulte; nous avons beau nous boucher les oreilles, nous entendons le tapage. Mille besognes nous sollicitent, et les besognes sont les ennemies des œuvres. Il faut à tout moment couper des fils qui ne se rejoindront plus. Nous nous encombrons des ruines de choses commencées. Impossible de nous résumer, de dégager la philosophie de notre vie, de conclure sur nous-mêmes. Parfois, la fatigue nous prend de courir toujours pour n'arriver jamais. Alors nous étendons les bras, comme pour saisir la solitude et la paix, et les exclamations nous reviennent des poètes qui ont exprimé le désir de s'en aller bien loin :

Celle de Virgile :

> ... *O qui me gelidis in vallibus Hæmi Sistat !*...

Celle de Racine :

Ah! que ne suis-je assise à l'ombre des forêts!

Celle de Hugo :

Oh! laissez-moi partir...

Sans doute, mais laissez partir M. Renan, et n'ayez pas peur : il reviendra. Il l'avoue lui-même. Paris n'offre pas seulement à la culture scientifique des avantages qui ne se rencontrent pas ailleurs : « Il est un certain genre d'excitation générale, si j'ose le dire, d'initiation dont Paris aura longtemps encore le secret. » C'est vrai, et me voici pris du désir d'exalter Paris ; mais j'aurais trop à dire sur la joie de percevoir à chaque minute l'intensité de la vie, la chaleur des contacts, et l'infinie variété de l'action et de la pensée, d'étudier à la fois la singularité des individus et l'âme enfantine des foules, — sans compter qu'on y peut trouver, dans ce Paris, des fenêtres d'où l'œil tombe sur la verdure d'un jardin, sur l'eau d'une fontaine entourée de platanes, et parcourt au loin les rebords de l'hémicycle des collines du Sud.

Paris aura longtemps le don d'« initiation », parce qu'il l'a depuis longtemps, depuis qu'il est la grand'ville où le roi de France a concentré la France. M. Renan rappelle les titres de la province : les lois de la nature trouvées par Buffon à Montbard, les lois plus profondes de l'histoire politique, découvertes par Montesquieu à Bordeaux. Mais la zoologie de Buffon, son admirable ménagerie, c'est presque un salon. Supprimez Paris, aurez-vous le *Discours sur le style?* Les *Lettres persanes* n'ont-elles pas été écrites pour quelque *Vie parisienne* de ce temps-là?

Il y a bien longtemps que la province languit. Je ne sais plus qui disait, au xiv⁰ siècle : « Vivre à Paris, c'est vivre tout court, *simpliciter*; ailleurs, on vit relativement, *secundum quid*. »

Faisons cet aveu, pour bien voir toute l'étendue du mal et y mesurer l'effort. Il faut se mettre tout de suite à la cure, qui sera longue. Nous n'y pouvons pas tout, nous les gens d'étude. Ce n'est pas nous qui corrigerons l'œuvre des rois, consacrée, aggravée par la Révolution. « La tendance exagérée à la centralisation parisienne, » nous ne suffirons pas à la modérer, à l'arrêter.

Nous pouvons quelque chose cependant, et déjà nous sommes à l'œuvre. Les moyens et les instruments du travail scientifique ont été multipliés en province. Les efforts de l'initiative locale ont été approuvés, encouragés, aidés. Des corps savants s'organisent, des Universités naissent en quelques endroits, très rares il est vrai. De jeunes maîtres sont répandus un peu partout. Comme les maîtres du moyen âge dont parle M. Renan, ils se sont formés à Paris, et sont allés développer à leur guise le germe qui leur a été inoculé. Je sais bien que, s'ils avaient pu, ils seraient restés ici; la plupart ont l'ambition d'y revenir, mais ils s'acclimatent : la preuve, c'est qu'ils travaillent.

Que leur devons-nous? Tout d'abord de nouveaux moyens d'action, puis le respect et la récompense de leur travail. Il y a, en France, dans la répartition des honneurs, un privilège de la capitale qui a succédé au privilège de la cour. Les antichambres des ministres sont les héritières de l'Œil-de-bœuf. C'était un titre aux faveurs de Louis XIV que de ne point découcher ; c'est un titre aux faveurs d'aujourd'hui que de se montrer aux puissants. Il y a, dans tous les ministères, une permanence, une constance de visages accoutumés, sur laquelle passe, sans la troubler, comme sur l'onde des rides légères, la variété des figures de ministres. Il est rare de trouver dans ces parages des boutonnières vierges. Un conducteur de tramway du boulevard Saint-Germain m'a dit qu'à de certaines heures, dans sa voiture (elle passe auprès de plusieurs ministères), les voyageurs non décorés ont l'air d'intrus. En province, il faut aux boutonnières la longue patience.

Le suprême honneur pour le savant français, c'est l'entrée à l'Institut. Autrefois, la résidence à Paris n'était pas l'indispensable condition pour l'obtenir. C'est une loi aujourd'hui. En faisant entrevoir qu'elle peut être amendée, M. Renan a rendu un premier service à la science provinciale : la nostalgie de Paris est, pour plusieurs que je connais, l'attraction vers certaine jolie coupole.

Il est clair que l'on ne peut à la fois vouloir que des hommes de valeur créent, en y vivant et en y mourant, des patries intellectuelles provinciales, et leur refuser la récompense, la proclamation publique de cette valeur.

Aider, honorer, rémunérer la science provinciale, ce sera beaucoup ; mais il restera quelque chose à faire, rien moins qu'une révolution. La province, bien qu'elle fût atteinte dans les sources de vie, produisait, au xviiie siècle, plus et mieux qu'au xixe ; notre infériorité est peut-être un effet de l'abus, où nous sommes tombés, de l'éducation uniforme. Nous avons multiplié les collèges, nous les avons placés sous la même discipline ; nous avons réglé l'emploi du temps minute par minute ; nous avons écrit, article par article, des programmes qui s'allongent sans cesse, car notre uniformité, par surcroît, est encyclopédique. Afin que personne ne pût échapper à nos règles et qu'aucune fantaisie ne fût permise à qui que ce fût, nous avons établi, à l'entrée de toutes les avenues de la vie intellectuelle, des examens qui barrent la route aux indépendants. Toute éducation est dirigée vers ce but. Notre liberté d'enseignement n'a rien de commun avec la liberté de l'intelligence. Elle est réduite au choix du maître, à l'option entre la redingote et la soutane.

C'est un des phénomènes de notre siècle que la mainmise de l'école sur les esprits. Notre œuvre scolaire, nous devions la faire, et nous avons raison de nous enorgueillir de l'avoir faite; mais prenons garde! La culture scolaire, comme nous la comprenons aujourd'hui, est dangereuse. Ses prétentions encyclopédiques sont un leurre : elle veut être universelle; mais, à cause de cela même, elle est limitative. L'écolier qui doit tout apprendre apprend peu; l'esprit que l'on sature perd l'appétit; la monotonie des règles absolues étouffe toute originalité.

J'admire la liberté des esprits d'autrefois, cette légèreté d'ailes qui les portait sur les sommets de tant de jolies collines et de montagnes si hautes. Par moments, je voudrais n'avoir été élevé nulle part. Il me semble que ma bonne volonté, cherchant à travers le hasard, aurait trouvé mieux que ce que l'on m'a donné. Ce sont des moments de mauvaise humeur, d'injustice, d'ingratitude ; je le sais, mais je sens bien que j'ai subi trop de règles et porté trop de jougs. Depuis ma jeunesse, le mal s'est aggravé. Je ne regarde jamais sans quelque chagrin ces feuilles officielles que les examinateurs du baccalauréat ont sous la main. D'un côté sont les rubriques des connaissances humaines, de toutes les connaissances ; de l'autre, une colonne à mettre des notes en chiffres ; au bas, un trait et la mention : *total*. Nous inscrivons dans la colonne des 2, et encore des 2, c'est-à-dire des *passable*. Obtenir le passable, c'est toute l'ambition du candidat. Rien ne lui servirait d'exceller ici, s'il faiblissait trop là et là. Le 2, c'est la note sûre, le vrai placement du fils de famille ; mais combien de fois le total vrai de tous ces 2 ne donne-t-il pas zéro ?

Notre uniformité encyclopédique est une invitation à la médiocrité. Elle est capable de produire l'indifférence intellectuelle de la jeunesse, qui, croissant avec la vie, serait mortelle à la science. Nous devrions, je crois, réduire au *minimum* la façon commune qu'il convient de donner à tous les esprits, rendre à l'écolier le droit d'ignorer quelque chose, découvrir et respecter en lui l'individu, afin que, plus tard, il devienne une personne, lui donner surtout des commencements de lumières.

Chaque année, nous mettrons ainsi en circulation un certain nombre d'intelligences alertes et curieuses. Elles se répandront par tout le pays. Si nous savons entretenir les foyers qui s'allument, si nous affranchissons nos Universités de maintes habitudes scolaires fâcheuses, si nous les encourageons à aimer et à cultiver surtout la science, nous aurons fait ce qui dépend de nous pour raviver en province la vie intellectuelle, pour la rendre, à Paris même, plus féconde. C'est un grand service à rendre à l'esprit français que de l'affranchir de l'esprit scolaire qui souffle aujourd'hui.

LES ASSOCIATIONS D'ÉTUDIANTS

LES ASSOCIATIONS D'ÉTUDIANTS

I

L'ASSOCIATION DE PARIS [1]

Messieurs,

Il y a déjà plus d'une année que vous me demandez une conférence, c'est-à-dire — le mot conférence ayant perdu le sens avec lequel il est venu au monde — un discours, une leçon sur un sujet quelconque. Je n'ai pas mis beaucoup d'empressement à vous satisfaire. Il me semble singulier que, lorsqu'on entend beaucoup de leçons par profession, on en veuille entendre par plaisir, et je puis vous assurer que nous, qui faisons des leçons par devoir, nous n'éprouvons pas grand plaisir à en faire... par plaisir.

[1] Discours prononcé dans une réunion de l'Association en Sorbonne, le 16 mars 1886.

Vous avez eu l'heureuse idée de grouper dans votre société des étudiants et des maîtres, et ce petit événement n'est pas sans importance. Il est le signe visible d'une transformation qui s'opère sous vos yeux, et dont l'effet est de substituer au professeur et à l'étudiant impersonnels, qui éprouvaient l'un pour l'autre ces sentiments froids que peuvent échanger deux abstractions, des professeurs et des étudiants vivant ensemble, se connaissant, se parlant, ayant les uns pour les autres les sentiments qui ont cours entre des êtres pourvus d'une figure, d'un caractère et d'un esprit déterminés. Vous avez donc été bien inspirés en nous appelant dans votre association, mais dites-vous bien que nous y sommes à titre de sociétaires, et ne nous demandez pas d'y faire figure de professeurs. Mettez qu'il y a dans votre parlement une chambre des anciens et une chambre des jeunes, qui se réuniront de temps à autre, comme aujourd'hui, en congrès, mais n'allez pas nous croire si anciens que nous ne puissions faire avec vous autre chose que des leçons. Vous arriveriez à provoquer un conflit entre les deux chambres.

Je vais donc non pas faire un discours ni une leçon, mais vous parler de vous, et, après le rapport financier que vient de lire un de vos camarades (1), vous présenter un rapport sur votre histoire, sur votre situation présente et sur vos projets. J'y mêlerai quelques conseils, comme il convient à ma qualité d'ancien.

Soyez loués d'abord pour le seul fait de votre existence. Au moment où la loi commence à favoriser l'esprit d'association, où toutes les professions ont leur syndicat, vous avez voulu que la profession d'étudiant ne demeurât pas longtemps dans la banalité où elle languissait. Le corps professoral, si longtemps brisé en fragments, est aujourd'hui réuni ; du moins les cinq Facultés de Paris et l'École supérieure de pharmacie ont une représentation commune : le Conseil général. Vous avez, de votre côté, groupé le corps ensei-

(1) M. Sagnet, étudiant en droit, a exposé, dans une jolie allocution, l'histoire et les progrès de l'Association. Autorisée le 24 mai 1884, elle comptait alors 80 membres. Le nombre des sociétaires était de 290 au 1er février 1885, de 383 au 1er avril, de 433 en juillet, auxquels s'ajoutèrent 102 membres honoraires. En août 1885, l'Association, après avoir dépensé près de 6,000 francs pour son installation, avait 900 francs en caisse. — Depuis, le progrès a été continu. Aujourd'hui, en novembre 1889, le nombre des membres actifs en règle avec la caisse est de 1550 ; 2 membres fondateurs ont versé 500 fr. ; 22 membres perpétuels ont versé 200 francs ; 345 membres honoraires paient une cotisation. Le conseil municipal fournit une subvention annuelle de 2,000 francs. L'Association a décidé la constitution d'un capital social, fourni par des versements de membres perpétuels et par un prélèvement de 10 pour 100 sur les recettes. Ce capital n'était que de 1,000 francs au commencement de 1886 ; il est aujourd'hui de plus de 13,000 francs, représentés par des valeurs. Il est inaliénable. En outre, l'Association a en caisse une somme de 12,810 francs.

gné, auparavant plus éparpillé que nous n'étions nous-mêmes. Vous avez établi votre société sur une base très large, en faisant appel non seulement aux étudiants de toutes les Facultés, mais aux élèves de toutes les grandes Écoles, même à ceux qui, moins heureux que vous, vivent derrière des grilles la vingtième année. Vous avez ainsi constitué par en bas une *vraie Université de Paris*. Qui sait si les mots *Université de Paris*, que vous avez hardiment écrits en tête de votre *Bulletin*, ne sont pas un heureux présage pour l'avenir? Peut-être annoncent-ils qu'Écoles et Facultés seront rapprochées un jour, pour le plus grand profit de la science et de l'intelligence françaises. S'il en est ainsi, vous pourrez dire, messieurs les jeunes, que vous avez frayé la route à l'avenir, comme il convient à la jeunesse.

Soyez loués aussi de la persévérance que vous avez mise à vaincre les difficultés nombreuses et de sortes diverses que vous avez rencontrées. L'étudiant parisien est habitué à vivre seul. Quand il arrive au quartier, muni de son diplôme de bachelier, qui passe pour un certificat de science universelle, — s'il fût jamais un faux certificat, c'est bien celui-là, — il ne pense plus qu'à se préparer à la profession qu'il a choisie. Il goûte la douceur de n'être plus enfermé. L'isolement même et l'individualisme lui paraissent être, après la communauté de l'internat, la marque de sa liberté. Il garde les relations commencées au collège ou au pays : cela lui suffit, et il se confine sans regret dans ce cercle étroit. Il fallait donc l'arracher à sa solitude ; mais, pour cela, qu'aviez-vous à lui proposer? Le payement d'une cotisation; en échange, des avantages moraux que tout le monde ne goûte pas de prime abord et une simple promesse d'avantages matériels. Tout cela n'était pas fort séduisant.

Il n'était pas aisé non plus de recruter des membres honoraires. Vous y avez procédé avec une certaine timidité, et nous vous avons d'abord écoutés avec circonspection. Vous vous demandiez : « Voudront-ils? » Nous nous demandions : « Que veulent-ils? » Sans doute, nous éprouvons un grand plaisir à vivre avec les étudiants que nous connaissons ; mais qu'allaient-ils devenir, confondus dans une association générale? Que serait le mélange, et quelle figure ferions-nous, si, d'aventure, il était explosible? Dans les pays où existent depuis longtemps de pareilles sociétés, l'étudiant est un personnage connu; il a ses défauts, mais aussi ses qualités. Un corps constitué délibère ses actions, ne s'engage pas à la légère; comme il a, pour ainsi dire, la propriété de son nom, il veille sur l'honneur de ce nom; il a le sentiment de sa responsabilité, par

13.

conséquent sa discipline. Mais où le nom est banal, le premier venu s'en empare et en use : il est rare que ce soit pour le bien. Que font, en effet, nombre de jeunes gens qui appartiennent à des professions toutes différentes de la vôtre, quand ils veulent se donner des airs d'étudiant ? Ils viennent au quartier faire du tapage, et ce sont eux qui ont répandu dans le monde ce préjugé que le tapage est le caractère essentiel de votre corporation.

Vous avez su, Messieurs, triompher de toutes les difficultés. Vous avez recruté vos camarades un à un, par une propagande amicale continue. Vous nous avez gagnés par une insistance discrète, mais résolue. Divisés en escouades de visiteurs, vous vous rendiez compte les uns aux autres de l'état des négociations. Je me suis fort amusé en lisant, dans vos archives que vous m'avez ouvertes — preuve que vous n'avez rien à cacher, — l'avis donné par des visiteurs que tel ou tel d'entre nous était « mis au point » et « bon à cueillir ».

Une chose a contribué à nous bien mettre au point. Vous avez choisi avec un discernement heureux les occasions de vous produire au dehors.

Je n'ai pu me défendre d'une émotion, la première fois que j'ai vu, porté par un des vôtres, le drapeau orné de la cravate violette; ajouter la couleur universitaire aux couleurs nationales, c'est bien; vous montrez par là que vous entendez vous donner une petite patrie dans la grande, et les petites patries comme celle-là, où l'on excite à l'énergie les forces intellectuelles et morales, préparent à mieux servir la grande. C'est encore une heureuse idée que d'avoir marié sur le ruban que vous portez en sautoir la couleur universitaire aux couleurs de Paris. Rien de tout cela n'est banal; tout cela prouve, au contraire, que vous vous entendez à composer votre physionomie, ce qui est un art difficile. Peut-être, d'ailleurs, les insignes ne sont-ils pas inutiles au recrutement. On m'a conté qu'une délégation, envoyée à la cérémonie du mariage d'un camarade, avait été très flattée d'entendre demander quels étaient ces messieurs qui avaient, si jeunes, de si beaux rubans autour de la poitrine. Nous aimons, en France, les rubans; mais, bah! nous ne sommes pas les seuls, et, dans l'espèce, le mal n'est pas grand. Ne vous gênez donc pas, et s'il faut, pour doubler le nombre de vos adhérents, doubler le ruban, doublez-le.

L'important est que vous ayez toujours le respect de vos insignes. Jusqu'ici, vous les avez portés et vous avez porté votre drapeau là où on les attendait. La France a célébré les funérailles, ou plutôt, comme a dit Émile Augier, le sacre de

Victor Hugo; vous étiez au sacre. Vous avez fait un pèlerinage à la tombe de Michelet. Il nous est doux de voir votre jeunesse demeurer fidèle à la mémoire d'hommes dont le génie a éclairé la nôtre. — Les amis et les disciples de Claude Bernard lui ont dédié une statue; elle s'élève devant le Collège de France, et un singulier hasard a placé cette effigie près de celle de Dante, rapprochant ainsi deux hommes, dont l'un a vécu par l'imagination parmi les morts, et l'autre a regardé profondément dans la vie par la science. Le jour de l'inauguration de la statue de Claude Bernard, vous étiez rangés autour du piédestal. Nous vous avons vus, enfin, aux funérailles de Jamin, vous associer au deuil de la Faculté des sciences et de l'Université. Vous avez fait toutes ces manifestations, comme il fallait, avec simplicité, avec dignité. Il n'est pas si facile, et il ne va point sans péril de rendre hommage à des vivants; mais quand un homme a donné toute sa vie à la science, quand il a illustré son pays en l'enrichissant, et, par surcroît, tenu la mort à distance pendant un siècle, il est hors de pair. Vous avez procuré à M. Chevreul une grande joie, en le fêtant comme le doyen des étudiants de France. Le doyen portera bonheur à la corporation : il lui assurera honneur et longévité.

Je vous félicite par-dessus tout de la plus honorable de vos actions. Il était naturel que la jeunesse des Écoles ressentît profondément l'émotion que les récits de la guerre soutenue par nos soldats dans l'extrême Orient ont fait courir dans la nation entière. Votre enfance, mes amis, a été triste. Le plus grand nombre d'entre vous, avant de savoir ce qu'est la France, ont vu la France au pouvoir de l'ennemi. A l'âge où l'on écoute encore les jolis contes merveilleux, vous avez entendu raconter les histoires terribles de désastres vrais. Tous nous nous sommes efforcés, dans les plus humbles comme dans les plus hautes des écoles, de vous prémunir contre le découragement; mais le vrai maître en patriotisme, c'est aujourd'hui le petit soldat, le soldat de vingt ans, votre contemporain, votre camarade, qui a si virilement supporté toutes les fatigues et traité le danger, du premier coup, comme une vieille connaissance. Afin de témoigner à notre armée d'Orient votre sympathie respectueuse, vous vous êtes faits quêteurs pour nos blessés. Vous, qui étiez en ce temps-là la plus pauvre des associations de France, vous avez réuni près de cinq mille francs.

Ce sont, Messieurs, toutes ces manifestations, c'est votre sagesse, c'est votre patriotisme, qui ont fait votre succès. Vous êtes maintenant, — ou plutôt nous sommes plus de 900 : 700 membres actifs et 200 honoraires. Un des vôtres disait, dans une de vos réunions, que vous êtes fiers de lire, sur la liste des membres honoraires, quelques-uns des plus grands noms de France ; vous avez raison. Pour ne parler que d'un membre honoraire qui était là tout à l'heure, je voudrais, moi aussi, après M. le recteur, dont les éloquentes paroles ont provoqué votre enthousiasme, remercier M. Pasteur d'être venu vous apporter le témoignage de sa sympathie. Un pareil témoignage, Messieurs, tombe de haut. Quand il s'agit d'un homme comme celui-là, on peut employer sans déclamation les grands mots : ils conviennent à ses actions. Le monde entier sait le nom de M. Pasteur, et le genre humain le remercie des victoires qu'il a remportées sur le mal. Jadis, on eût attribué à quelque puissance surnaturelle les bienfaits dont il nous comble : peut-être les eût-il payés cher, — il est aisé de s'imaginer le beau procès de sorcellerie dont il aurait fourni la matière ; — peut-être aussi lui aurait-on attribué le don des miracles. Aujourd'hui, c'est la science qui fait des miracles, et le savant a succédé au saint dans le rôle de bienfaiteur. Jadis, lorsque le bruit se répandait que tel sanctuaire guérissait telle maladie, la foule des pèlerins s'y acheminait, apportant prières et présents. De tristes pèlerins qui se seraient crus, il y a quelques mois, condamnés à une mort horrible, accourent, aujourd'hui, au laboratoire de la rue d'Ulm. Les prières ne sont pas nécessaires, ni les présents : il suffit que l'on soit homme et que l'on souffre; même la France s'apprête à donner l'hospitalité à ceux qui viennent demander la vie au plus illustre de ses citoyens. Vous savez comme ils sont nombreux ; M. Pasteur vous disait tout à l'heure que les derniers sont venus de la lointaine Russie. Il s'excusait de vous quitter pour aller les soigner ; tout en vous avouant les appréhensions que lui causaient la gravité des blessures faites par la dent du loup enragé et le temps qui s'est écoulé depuis les morsures : « Je voudrais, disait-il, les arracher à la mort. » Y a-t-il au monde un autre homme qui puisse prendre congé d'une réunion sur un mot comme celui-là ?

Vos membres honoraires ne vous apportent pas seulement honneur et patronage; ils ont voulu contribuer, pour leur part, à la naissante prospérité de votre association. Si vous n'êtes pas riches encore, vous êtes, du moins, sortis de la misère. Le temps vous semble déjà éloigné, où vous aviez pour siège social la chambre d'un camarade, dont le lit suppléait au défaut des chaises. Vous avez pris d'abord un petit appartement, que vous avez garni de quelques meubles achetés à crédit. Il n'y avait pas autant de chaises que de membres du comité; mais heureusement vous aviez une table munie de rallonges, qui, posées sur deux chaises, donnaient à tous le moyen de s'asseoir. Dans ce temps-là, on n'était assuré de trouver chez vous ni feu ni lumière. Vos archives ont gardé des exclamations de détresse : « Plus de pétrole, plus de charbon, plus d'allumettes !... Impossible d'allumer du feu avec ces éclats de bois! Ils sont trop gros pour des cure-dents, pas assez pour des allume-feu! » Il fallait alors faire le ménage tour à tour. Votre première acquisition de luxe a été celle d'une femme de ménage. Ce fût un événement, le jour où Mme Durand, qui avait quelquefois maille à partir avec vous, parce qu'elle épargnait un peu trop la poussière sous prétexte de « respecter » vos papiers, mais qui était la gardienne sévère de votre mobilier, annonça la disparition d'un torchon. Vous vous êtes demandé ce que vous deviendriez si l'on se mettait ainsi à dilapider le fonds social. Comme vous aviez promis dans vos statuts des avantages matériels, les nouveaux venus les cherchaient partout et ne les trouvaient pas. D'où les réclamations sur le cahier : On demande des plumes avec lesquelles on puisse écrire! Et ce refrain qui se retrouve presque à chaque page : Où sont les avantages matériels?

Le siège social, si peu confortable, était souvent désert ; les membres du comité s'étaient astreints à monter la garde à tour de rôle ; plus d'un oubliait son tour. Vous appreniez alors que des inconnus étaient venus pour s'inscrire et qu'ils n'avaient trouvé personne. C'étaient, parmi vous, des cris d'indignation. Le désespoir du comité ressemblait à celui du marchand qui, ayant manqué son client, jette un regard morne sur l'immensité de Paris où il s'est perdu.

Tout cela est aujourd'hui de l'histoire ancienne. Ce n'est plus un appartement que vous avez, mais deux, l'un au-dessus de l'autre. Vous avez loué dans la cour une salle pour l'escrime. Vous avez des projets d'agrandissement et l'ambition d'expulser le bourgeois de votre maison, en louant les cinq étages. Il est vrai que vous êtes divisés sur ce point. A mon avis, cinq étages superposés ne vaudront jamais une grande salle remplie du bruit des causeries, des rires et des chansons. Des étages superposés sont des tiroirs et font une commode, c'est-à-dire un meuble qui sépare les objets. J'aimerais mieux, à côté de petites salles, quelque galerie qui vous réunît. Mais n'anticipons point sur l'avenir. Préparons seulement cet avenir, et voyons ce que vous faites pour cela.

Vous êtes une société de secours mutuels. Si, jusqu'à présent, vous n'avez pu secourir que l'association elle-même, vous avez l'ambition de tenir, le plus tôt possible, la promesse de vos statuts. Vous n'avez guère encore été sollicités; à ma connaissance, on ne vous a demandé que 30 francs; mais plus nombreux vous deviendrez, plus s'accroîtra la probabilité de demandes semblables. Examinez-les avec sollicitude; cela est un devoir rigoureux. Vous n'êtes pas prêts de pouvoir donner à mains ouvertes et les yeux fermés; mais des misères d'étudiants sont de celles auxquelles on remédie aisément.

Vous avez fait d'ailleurs une chose excellente, dont le mérite revient aux internes des hôpitaux, vos camarades, qui vous ont offert de visiter gratuitement les sociétaires malades. Voilà de la bonne, simple et vraie fraternité.

Vous êtes aussi une société d'études mutuelles. Vous avez organisé des conférences. C'est bien; mais ici, prenez garde à l'abus. Laissez-moi vous dire que, dans les cadres où vous mettez vos affiches, et qui sont voisins de ceux où nous mettons les nôtres, il y a trop d'annonces de cours. N'allez pas croire que nous soyons jaloux: nous sommes seulement un peu étonnés, car chaque âge a ses plaisirs, chaque condition ses habitudes, et le plaisir d'enseigner ne me semble ni de votre âge ni de votre condition. Songez, je vous prie, que nous sommes déjà, en France, beaucoup de professeurs. S'il manque par hasard à votre éducation quelque cours utile, nous nous en apercevrons bien, à présent que nous sommes organisés de façon à pouvoir nous rendre compte de vos besoins intellectuels, et que nous avons le devoir d'y satisfaire, aux termes mêmes d'un article du décret du 28 décembre dernier. Si quelque chose nous échappe, vous pouvez bien nous le dire, puisque maintenant nous ne sommes plus en présence les uns des autres comme les chiens muets dont parle l'Écriture, *canes muti et non valentes latrare.*

Vous avez un moyen tout simple d'enseignement : c'est la conversation, qui est, par excellence, chose française. La conversation est un enseignement mutuel, qui complète l'enseignement magistral, et même, puisque nous sommes entre nous, laissez-moi vous dire un secret : je tiens pour promis que vous ne le répéterez à personne. Une leçon, sauf en certaines matières scientifiques, n'est jamais complètement adéquate à la vérité. Entre elle et la vérité se glisse ce charmeur qu'on appelle l'art. Lorsqu'il est honnête, et il l'est toujours dans l'Université de Paris, il n'invente pas les choses, mais il les dispose. Étant donné qu'il faut, en une heure, traiter un sujet, ce maître des cérémonies arrange son cortège pour qu'il arrive en bel ordre et à l'heure dite au point fixé. N'avez-vous jamais, en entendant une belle leçon, éprouvé quelque scrupule et l'envie de faire une objection ou une question? Mais il fallait écouter, et le charme opérant vous entraînait bon gré mal gré. La conversation permet l'objection, et la question impose la réponse et remet ainsi les faits et les idées, je ne dirai pas dans le désordre, mais dans le libre va-et-vient de la réalité.

Des conversations entre vous peuvent être très utiles, parce que vous êtes de provenances diverses. Cette diversité même est le caractère propre de votre association, et il importe que vous ne le laissiez jamais s'altérer. Vous êtes déjà divisés en sections correspondant aux diverses Facultés ou Écoles. Vous avez jugé que cela était nécessaire pour assurer, dans votre comité, la représentation de tous les groupes et même pour faciliter votre recrutement. Je crois que vous avez eu raison, mais veillez à ce que vos sections ne se mettent pas à vivre sur elles-mêmes. Mêlez toujours vos personnes, vos aptitudes, vos connaissances, vos vocations. C'est la meilleure façon de vous prémunir contre l'esprit d'une seule étude et d'une seule profession, qui est toujours un petit esprit, et d'éveiller en vous la plus féconde des qualités intellectuelles, qui est la curiosité. Quiconque n'est pas curieux, dans ce temps-ci, n'est pas de ce temps-ci. Il faut avoir au moins assez de lumières de tout pour pouvoir suivre en témoin intelligent les grands travaux contemporains de toutes les sciences. Si vous échangez entre vous des notions sur vos études, sur les méthodes, sur les événements scientifiques qui viennent de se produire, vous nous aiderez ainsi dans notre tâche, qui est de vous donner la culture générale, si pratiquement utile dans tous les métiers, et qui prépare droit à une profession que je vous recommande, si vous en cherchez une qui ne soit pas encombrée : la profession d'homme.

Vous ne m'en voudrez pas des réserves que j'ai faites au sujet de vos conférences. J'en ai aussi quelques-unes à présenter à propos de votre bibliothèque. Vous avez demandé des livres et on vous en a donné; on vous en a même donné de très gros. Vous les auriez trouvés dans toutes les bibliothèques, où vous auriez été fort étonnés de voir que la plupart n'ont jamais été coupés. Mais vous avez reçu avec joie ces beaux volumes. Prenez garde! Savez-vous ce que feront, si vous continuez à les rechercher, ces in-quarto et ces in-folio auxquels vous donnez si joyeusement l'hospitalité. Ils vous mettront à la porte, les ingrats, en vous prenant toute la place. A mon avis, une bibliothèque d'étudiants ne doit pas essayer de faire concurrence aux bibliothèques des Facultés ou de l'Université. Dès que vous pourrez disposer de quelques ressources, munissez-vous de journaux et de revues, français ou étrangers, de livres nouveaux qui vaillent la peine d'être achetés, bien entendu, et qui puissent servir soit à votre éducation générale, soit à votre simple agrément. Ayez, en un mot, non pas une bibliothèque, mais un cabinet de lecture composé avec intelligence. Si vous tenez absolument aux conférences, rattachez-les à ce cabinet de lecture. Essayez des entretiens familiers sur tel livre considérable de philosophie, d'histoire, de géographie, sur tel ouvrage qui contient ou explique une grande découverte scientifique, ou simplement sur une discussion au Parlement d'Angleterre, au *Reichstag* allemand, aux Chambres italiennes ou espagnoles. Ces informations vous tiendraient au courant de la vie contemporaine et vous ouvriraient l'horizon de l'étranger, qu'il importe que vos regards apprennent de bonne heure à sonder, pour y discerner l'azur ou le nuage noir.

Maintenant, mon rôle de censeur est fini. Il ne me reste plus qu'à louer toutes les heureuses idées que vous avez eues. Vos réunions amicales ont un succès croissant. Elles ont égayé le sous-sol du café de l'*Avenir;* puis, quand le sous-sol s'est trouvé trop étroit, la salle de l'*Ermitage.*

Votre dernier programme illustré, où l'on voyait un moine sonner une grosse cloche, dont le son attirait à l'ermitage de joyeux compagnons, était très réussi. J'ai éprouvé un sentiment de fierté en apprenant qu'il avait été dessiné par un étudiant en lettres. Vous n'êtes point embarrassés, d'ailleurs, pour recruter des artistes : vous les prenez parmi vous, et vos camarades du Conservatoire sont toujours disposés à se faire entendre. Puissent-ils remettre en honneur, parmi vous, les jolis airs et les jolies chansons d'autrefois — où il y avait tant d'esprit, parfois aussi de la mélancolie, mais jamais trop noire, de la mélancolie française — et vous dégoûter à jamais des refrains grossiers et stupides qu'on entend hurler dans vos rues ! Et pourquoi n'auriez-vous pas une société chorale des étudiants, une musique des étudiants? Nous les entendrions avec plaisir, car une réunion comme celle-ci — laissez-moi vous le dire — cela manque un peu de musique.

Vous avez, pour l'été prochain, un excellent projet. Vous voulez former une équipe de canotiers. A la bonne heure! Choisissez bien votre endroit, pas trop loin, mais pas trop près de Paris. Rendez-vous y en grand nombre. Un jour viendra peut-être où vous aurez une petite flottille. Nous irons, nous les anciens, comme les vieillards de *Faust*, nous asseoir au bord de l'eau, pour regarder passer vos bateaux, tout en vidant nos verres. En attendant, si, faute d'un nombre suffisant de bateaux, vous ne pouvez canoter, — comme jadis vous ne pouviez vous asseoir qu'à tour de rôle, — organisez des compagnies de marcheurs. Vous voulez aussi, m'a-t-on dit, vous livrer à des exercices militaires, pour lesquels les anciens volontaires d'un an seront vos instructeurs. Bravo! Peut-être, verrons-nous, l'été, réunis au même endroit l'armée et la flotte des étudiants. Ce serait une bonne fortune que de trouver ainsi un quartier latin du second semestre, où, loin de l'asphalte qui fond, des brasseries enfumées, de la poussière et de la cohue, vous exerceriez bras et jambes en aspirant à pleine poitrine l'air pur et libre.

Je veux aussi dire un mot d'une sorte de fêtes qu'il ne faut pas négliger. Les étudiants français ont été représentés, il y a quelques années, à une fête que donnaient les étudiants de Bruxelles. Ils ont reçu un superbe accueil, et leurs hôtes ont décidé que les noms des nations représentées par des étudiants seraient gravés sur une médaille commémorative en ordre alphabétique, exception faite pour la France, dont le nom passerait le premier en reconnaissance des services qu'elle a rendus à l'humanité. C'est M. Leclaire, l'actif promoteur des associations d'étudiants en France, qui a rapporté ce fait dans la réunion que présidait M. Chevreul, l'hiver dernier. Je me souviens encore des applaudissements qui saluèrent ce passage de son discours : c'étaient de ces applaudissements serrés, où les mains obéissent à une impulsion forte. Un pareil hommage rendu à la France, aujourd'hui déshabituée des hommages, ne surprendra pourtant que ceux qui ne savent point qu'une grande partie de l'Europe aime encore la France et que plus d'un pays met son espoir en nous.

Pour vous, mes amis, il importe que vous sachiez bien que la France, en dépit de ses misères, a aujourd'hui, dans le monde, une dignité particulière. Elle est armée — formidablement, je l'espère, — mais non pas pour des conquêtes brutales, seulement pour sa défense et pour une revendication. Elle revendique la restitution à eux-mêmes d'êtres humains dont la force a disposé comme de troupeaux. Ce faisant, elle demeure fidèle à la doctrine qu'elle a proclamée, il y a bientôt cent ans, de la liberté inaliénable de l'homme. Elle ne s'est point contentée de la doctrine. Notre siècle a vu un phénomène nouveau, la naissance de nations qui ont acquis, par l'énergique volonté d'exister, le droit à l'existence : toutes ont reçu l'assistance de notre pays.

Au berceau de la Belgique, de la Grèce et de l'Italie, comme jadis au berceau des États-Unis, il y a la France. Partout où l'indépendance n'est point conquise, partout où elle est menacée, on regarde vers la France. C'est le secret des sympathies que nous avons conservées et l'explication de l'accueil que les étudiants belges ont fait à vos camarades.

Vous trouveriez le même accueil dans d'autres pays. Je ne vous conseille point, bien entendu, de vous mettre en quête de manifestations ; je voudrais seulement que vous fussiez représentés aux fêtes que donnent, en de certaines circonstances, les Universités étrangères. Peut-être, un jour, aurons-nous les nôtres. J'ai toujours envié, pour ma part, aux autres pays ces solennités où se montre clairement le lien qui unit la vie intellectuelle à la vie nationale. Nous n'avons pas eu, jusqu'ici, de fêtes universitaires, parce que nous vivions chacun chez nous, et que des Facultés et des Écoles séparées ne pouvaient former ces grands foyers, dont la lumière, visible au loin, attire les regards et le respect des peuples. Peut-être est-ce une des raisons qui expliquent que la France n'attire pas autant que d'autres pays les étudiants étrangers. Nous aurons un jour, j'espère, nos Universités et nos fêtes; en attendant, Messieurs, faites-vous connaître, toutes les fois qu'il se présentera une occasion naturelle; rendez, dès que vous le pourrez, les politesses qui vous seront faites; faites-vous aimer par les étrangers, et n'oubliez jamais envers ceux qui sont ici les devoirs de l'hospitalité. Vous ne sauriez les méconnaître comme vous l'avez fait une fois — les étudiants en médecine savent bien ce que je veux dire — sans violer une tradition qui fait partie de l'honneur national.

J'ai fini, Messieurs; mais je crains que vous ne m'accusiez de trop aimer les fêtes, comme aussi d'oublier que les plaisirs coûtent cher et que vous n'êtes pas riches. Il est vrai, je suis pour les fêtes; j'estime qu'un des objets principaux d'une association comme la vôtre doit être de procurer à des jeunes gens les moyens de passer gaiement ensemble la vingtième année. D'ailleurs, j'espère que vous vous enrichirez, non seulement par le progrès même du nombre de vos adhérents, mais encore en recevant des donations. Mettez-vous donc en quête de donateurs : votre cause est bonne à plaider, car il vous suffira de dire : les étudiants de Paris mettent en commun leur jeunesse, leur bonne humeur et l'ambition qu'ils ont de devenir bons Français; ne voulez-vous pas les aider? — Ils veulent se connaître, s'aimer les uns les autres, mais aussi se donner une discipline, prendre des devoirs collectifs, sacrifier un peu de leur temps, de leur argent, de leur peine et de leur liberté dans l'intérêt d'une chose commune; c'est une façon de se préparer à bien gérer, un jour, la chose publique : ne pensez-vous pas que cela mérite d'être encouragé? — La France est peut-être le pays où se rencontre la plus grande somme de bonnes volontés, mais ces volontés sont isolées et faibles: réunies, elles seraient solides. Nous sommes un pays de bon sens, et pourtant un pays d'entraînement et d'affolement, d'enthousiasme et de panique; c'est peut-être parce que nous sommes éparpillés en grains de sable, mobiles au premier souffle; si nous étions appuyés les uns sur les autres, nous acquerrions une force indispensable dans le combat pour la vie : la force de résistance; ne pensez-vous pas qu'il faille encourager des jeunes gens qui s'initient de bonne heure aux devoirs et aux bienfaits de l'association?

Dites tout cela, Messieurs; puis ajoutez que les étudiants de Paris sont, il est vrai, fiers d'être étudiants et fiers d'être jeunes — n'y a-t-il pas une fierté naturelle du printemps? — mais qu'ils n'entendent pas former une corporation orgueilleuse, professant le mépris de tout ce qui n'est pas elle. Ils ne veulent pas non plus étonner le monde par l'étrangeté de coutumes empruntées au dehors;

ils ne s'enivreront pas en absorbant des flots de bière avec la solennité de rites consacrés; ils ne se couperont pas le nez ou la joue par manière de divertissement. Fils laborieux d'une démocratie laborieuse, ils veulent, en alliant à l'étude les plaisirs sains et virils, activer et centupler, par l'effet même de la vie en commun, leurs forces intellectuelles et morales. Élite de la jeunesse nationale, et, par conséquent, obligés étroitement envers la nation, ils lui donneront une génération dont elle a besoin, d'hommes fermes qui auront confiance en la vie, en eux-mêmes, en la France.

Vous pouvez dire tout cela, Messieurs, puisque c'est tout cela que vous voulez faire, et j'ai confiance que votre appel, appuyé par de si bonnes raisons, sera entendu.

II

JULES DELCAMBRE [1]

Messieurs,

Je viens prendre part à votre deuil, puisque vous avez des deuils, vous qui ne devriez avoir que des fêtes.

Le coup qui vous frappe est terrible. Celui-là vous est enlevé dont la vie vous était la plus nécessaire. Je sais combien vous l'aimiez, et j'ai vu des larmes dans les yeux quand la fatale nouvelle est arrivée. Il était l'âme de votre Association; sa mort y fait un grand vide, et j'ai peur que le découragement ne pénètre avec la tristesse dans vos cœurs. Au temps où nous sommes, dans la grande incertitude où nous vivons, alors que tout est remis en question et qu'aucune réponse n'apparaît nulle part, quel trouble que de voir ainsi un vaillant jeune homme,

[1] Discours prononcé sur la tombe de l'étudiant Delcambre, décédé le 12 juillet 1888.

un ami si chaudement aimé, un fils qui remplissait la vie de sa mère, disparaître tout d'un coup, assassiné comme en trahison par le hasard. Comment ne pas se dire, en présence de cette incompréhensible atrocité : A quoi bon? Peut-être aussi ceux que vous voudrez gagner à votre œuvre et à qui vous prêcherez la beauté de cet idéal de jeunesse virile que Delcambre avait dans l'esprit et qu'il proposait à tous diront-ils, en pensant à la barque chavirée et aux herbes qui ont enlacé les bras nerveux de votre malheureux ami : A quoi bon?

Je suis venu ici, non seulement pour pleurer avec vous, mais aussi pour répondre à ce mot et relever vos courages.

A quoi bon?... Mais quand ce ne serait que pour mettre en commun votre douleur. Hélas! c'est une forme d'association qui trouve souvent son emploi dans la vie que l'association des larmes! Elle a sa triste douceur pour ceux qui restent; elle est le plus beau des hommages pour celui qui s'en est allé. Elle permet d'honorer les morts comme ils le méritent. A Delcambre, au brave Delcambre, à un des meilleurs parmi les jeunes, la jeunesse des Écoles devait ce cortège, ces couronnes, toute cette manifestation de son estime, de ses regrets et de sa douleur.

Mais tout n'est point terminé avec cette cérémonie funèbre. La religion des morts, aussi vieille que le monde et qui n'a point vieilli, nous prescrit des devoirs certains. Elle ne commande pas seulement de garder le souvenir de ceux qui ne sont plus et de prolonger leur vie dans nos âmes par la fidélité même de notre souvenir. Elle veut que nous aimions ce qu'ils ont aimé, que nous poursuivions ce qu'ils ont commencé. Cette religion a sa foi qui, pour être sincère, doit agir. Sa devise est un mot qu'il faut prononcer au bord d'une tombe comme celle-ci : Courage !

Ce serait une grande impiété envers votre ami que de vous abandonner au découragement. Il mérite que vous l'imitiez, lui qui a travaillé, parce qu'il était un des meilleurs de sa génération, à rendre cette génération meilleure; lui qui voulait répandre autour de lui la vertu, parce qu'il la sentait en lui; lui qui enseignait l'horreur de ce fléau, la vie molle et impure; lui qui avait le sentiment de la dignité intellectuelle et morale de l'étudiant, et dont le cœur avait besoin de s'épanouir dans l'amitié et la fraternité.

Mon cher Delcambre, ce ne sont point seulement vos camarades qui garderont votre souvenir. Les anciens, qui savent ce que vous valiez, portent aussi votre deuil. Je n'oublierai jamais votre figure aimable et sérieuse, fière et douce tout ensemble, cet air de franchise et de bonté virile, cette distinction, qui tout de suite prévenaient en votre faveur. Pour vous aimer, il suffisait de vous voir. Vous aviez, avec la grâce de la jeunesse, une dignité naturelle. En même temps que l'affection, vos amis ressentaient en votre compagnie cette sorte si délicate de respect qu'inspirent, même aux camarades les plus familiers, les jeunes gens qui ont le respect d'eux-mêmes. Pour moi, je ne me contentais pas non plus de vous aimer. Au fond du cœur, je vous étais reconnaissant d'avoir les qualités et les vertus que nous souhaitons à la jeunesse française, nous dont la jeunesse a fini, au moment où commençait le grand deuil de la patrie, et qui voudrions ne pas mourir avant de voir la France relevée et vengée.

Votre nom demeurera associé à cette sainte espérance; vous serez donné en exemple à ceux qui vous ont connu et à ceux qui apprendront par nous ce que vous étiez. Si votre vie a été si tôt et si tragiquement tranchée, vous méritez, mon cher Delcambre, un éloge auquel ont droit bien peu d'hommes qui vont jusqu'au bout de leur carrière, l'éloge d'avoir sainement, utilement et vaillamment vécu.

III

JEUNESSE ALLEMANDE,
JEUNESSE FRANÇAISE [1]

Messieurs,

Je bois à l'Association que vous avez fondée, à ses mérites, à ses succès passés, à ses succès futurs! Cela dit, je voudrais bien me rasseoir; mais vous aimez les discours, et déjà vous avez établi des précédents qui m'obligent en même temps qu'ils me troublent. Je ne puis oublier que, l'an dernier, à cette place, un orateur s'est fait entendre (2), dont la parole est comme un orchestre où les sentiments les plus délicats et les plus élevés s'expriment discrètement dans une harmonie merveilleuse.

[1] Discours prononcé à un banquet de l'Association des étudiants, le 4 juin 1887.
(2) M. Renan.

Je n'ai point d'orchestre à votre service ; mais je sais très bien un air que je suis prêt à souffler de toutes les forces de mon âme ; je dis souffler parce qu'il s'agit d'un air de trompette, la sonnerie du ralliement.

Le ralliement, quelle belle chose, quelle bonne chose, et comme elle est partout nécessaire à l'heure présente! Pour ne parler que de nous, comme vous avez bien fait de trouver un point de ralliement aux écoliers et aux maîtres, à la jeunesse et à la vieillesse des Écoles!

Nos mœurs scolaires sont en progrès par le seul fait de votre existence.

Il y a un mois, nous étions réunis pour écouter ensemble de la musique et des chansons. Nous nous revoyons aujourd'hui autour d'une table qui porte, non pas l'attirail des instruments d'examen, mais des fleurs, des fruits, des lumières, et, comme on dit en style noble, des flacons. Peu à peu se modifient nos habitudes et notre façon de penser les uns sur les autres. Il fut un temps où le maître était, pour le plus grand nombre des écoliers, un personnage solennel, inaccessible, et même — les jours d'examen surtout — un ennemi. Avouez-le, et je vous accorderai en échange que, pour certains professeurs, l'étudiant était un justiciable, une sorte de prévenu d'ignorance.

Il n'est pas en notre pouvoir de changer nos conditions. Nous nous retrouverons, les uns assis en chaire, les autres entassés sur des bancs. Les tables d'examen nous attendent en Sorbonne, à la Faculté de droit, à la Faculté de médecine, à l'École de pharmacie — ces tables qui ont un bon et un mauvais bout. Je ne voudrais même pas jurer que quelqu'un des jeunes ici présents n'emploiera pas bientôt les vingt-quatre heures légales à maudire un ancien qui lui aura posé quelque question indiscrète sur un point de droit ou de pathologie, sur un théorème ou sur une ode de Pindare. La vie est ainsi faite, et nous la devons subir les uns et les autres. Mais elle a ses bons moments : c'en est un que celui-ci, où nous nous sentons, vous et nous, membres d'une même corporation laborieuse. L'âge, les titres acquis, les services rendus, y marquent des degrés, mais qui sont pour ainsi dire effacés par le sentiment de la communauté de notre belle vie intellectuelle.

Je sais, mes chers amis, que vous ne dédaignez pas les conseils ; même, vous les sollicitez ; mais je ne vois guère d'autre conseil à vous donner que celui-ci : Persévérez!

Votre nombre s'accroît sans cesse, et, si vous ne songez point à fermer votre porte, vous ne l'ouvrez plus à tout venant. L'Association est passée grande dame : avant d'admettre un nouveau venu, elle exige qu'il lui soit présenté.

Vous agrandissez votre domicile, et, d'étage en étage, vous voilà près du ciel. Vous vous souvenez que j'avais des scrupules au sujet de ce mode d'agrandissement suivant la verticale : vos étages sont étroits, et je tiens pour les réunions nombreuses, vivantes et bruyantes. Heureusement, vous avez au-dessous de vos salles d'armes, de lecture et de travail, une grande salle des fêtes. Voilà qui est bien. J'espère et je crois que vous aurez un jour une vraie maison d'étudiants, bâtie ou organisée pour vous. En attendant, votre logis est très sortable, et vous êtes fiers à bon droit d'en faire les honneurs.

Vous aimez à recevoir vos maîtres, et vos maîtres vous en remercient. Peut-être pourriez-vous, les jours où vous nous fêtez, y mettre moins de cérémonie. Je hasarde cette critique avec quelque timidité, car je sais quel bon sentiment vous inspirait. Laissez-moi vous dire pourtant que, l'autre soir, les tapis, les lampadaires et les chaises dorées n'étaient pas nécessaires. Ce n'est point de la dorure que sont venus chercher chez vous vos membres honoraires et leurs familles : c'est vous-mêmes, c'est votre gaieté, c'est votre jeunesse. Plus vous serez vous-mêmes, et plus vous nous plairez. C'est très amusant de se trouver familièrement au milieu de vous. Vous êtes assez riches en esprit et en gaieté pour faire tous les frais d'une fête. Vous avez vos poètes, qui composent de jolies chansons d'étudiants, dont les refrains reviendront à vos mémoires dans les jours d'ennui que la vie vous réserve. Vous avez vos musiciens, vos chanteurs et, comme le roi jadis, vos comédiens ordinaires. Cela suffit. Faites-nous boire de votre cru ; nous sommes gens à en goûter la saveur. J'ai toujours peur que vous ne nous trouviez un peu vieux ; mais l'âge, voyez-vous, s'oublie très vite. Pour moi, je n'entre jamais chez vous sans me sentir tout de suite accordé. Je n'ai pas besoin de vous demander le *la* : je l'ai toujours sur moi.

Il me reste, au sujet de votre avenir, une inquiétude vague. Participez-vous tous à l'œuvre de l'Association? Je crains que beaucoup d'entre vous ne prennent les plaisirs qu'elle offre et ne laissent les peines qu'elle donne. S'il en est ainsi, il y a chez vous un défaut grave qu'il faut corriger à tout prix. Comment faire?

Variez les attraits de la maison sociale. Vous avez plusieurs sociétés formées par l'étude, la musique, la salle d'armes, les promenades : trouvez-en d'autres. Vous avez évité jusqu'ici le groupement par écoles, et vous avez eu raison. Votre association a été faite précisément pour effacer les cadres, qui sont les prisons étroites et malsaines de l'esprit ; mais ne pourriez-vous, par exemple, vous grouper par pays?

Autrefois, la jeunesse des Écoles ne connaissait guère que des sociétés de compatriotes. Elles durent encore sans doute ; vous devriez les attirer chez vous. Vous auriez, à jour fixe, tour à tour, des Normands, des Picards, des Lorrains, des Provençaux, des Champenois, des Bretons, des Gascons, etc. Ces réunions pourraient être charmantes. On y causerait et l'on y apporterait des produits du pays, produits intellectuels s'entend.

Chacun de nos tempéraments provinciaux contribue à former notre tempérament national. On y rencontre la malice, la naïveté, la vantardise, la mélancolie, l'éloquence, l'enthousiasme. De tout cela se compose l'âme aimable de la France. Ne croyez-vous pas qu'il serait agréable d'entendre un Champenois dire quelque conte malin du pays; un Breton chanter une chanson de marin sur un rythme qui semble marqué par le balancement de la vague, ou bien encore M. Tartarin faire la confidence de ses impressions de voyage? Ces réunions particulières pourraient préparer un aliment de haut goût aux fêtes générales. En tout cas, elles vous attireraient en plus grand nombre à la maison, vous la feraient aimer davantage et vous intéresseraient plus vivement à votre œuvre.

Si je vous conseille de vous diviser et de vous subdiviser, je vous adjure, d'autre part, de garder votre unité. Vous méritez d'être loués surtout pour avoir donné un corps à la jeunesse des Écoles et lui avoir marqué une place au soleil. Vous savez qu'en Allemagne la jeunesse est une personne classée et comptée dans la nation, et qu'on la voit dans toutes les cérémonies publiques. Je veux vous rappeler, à ce propos, une anecdote de l'histoire contemporaine.

Dans les fêtes données à Berlin à l'occasion du quatre-vingt-dixième anniversaire de l'empereur Guillaume, un cortège d'étudiants figurait, éclairé par des milliers de torches, au-dessus desquelles flottaient des étendards par centaines. Il s'arrêta un moment en face du palais; les étendards s'inclinèrent, et un étudiant en droit prononça une harangue qui était comme le salut de la jeunesse au vieux souverain. La tête de colonne s'était remise en marche quand un officier rejoignit les cavaliers qui menaient le défilé et les ramena vers le palais. C'était l'empereur qui les mandait. Il avait promis à ses médecins de ne recevoir aucune députation; mais cette manifestation l'avait ému. Il avait pleuré et il voulait remercier. A chacun des dix étudiants admis auprès de lui, il demanda son nom, le lieu de sa naissance, quelles études il faisait, depuis combien de semestres elles étaient commencées et à quel *corps* il appartenait. Il parla des grands services rendus par les Universités à la patrie, et, après avoir dit que le patriotisme de la jeunesse affermissait sa foi en l'avenir, il congédia ses hôtes. Il n'avait reçu, ce jour-là, que sa famille, des rois, des princes, M. de Bismarck, M. de Molkte et les étudiants. Il avait traité la jeunesse comme une puissance.

Mes amis, cette jeunesse des Universités allemandes est, en effet, une puissance. Elle a une tradition. Depuis le commencement du siècle, elle a rêvé, pensé, voulu l'unité de l'Allemagne. Elle a empêché que les droits de la patrie allemande ne fussent périmés par la prescription. Elle aura sa page dans l'histoire de son pays.

Ne voulez-vous point avoir la vôtre dans l'histoire de la France?

Je ne vous propose pas d'imiter la jeunesse allemande : vous ne lui ressemblez pas, et votre destinée est bien différente de la sienne.

Vous n'avez point à célébrer d'anniversaire de prince : entre la France et vous, il n'y a personne.

Vous n'avez point à défendre l'unité française : voilà cent ans que l'œuvre royale de notre unification a été sacrée par le grand rêve de justice et d'humanité qu'on appelle la Révolution française.

Vous n'avez pas à fêter de victoires récentes ; entre vous et la pléiade des victoires d'autrefois passe en ce moment un nuage noir.

Votre patrie souffre de l'effort qu'elle a fait pour rompre les liens du passé. Elle marche avec peine et elle trébuche tous les vingt pas. Elle doute d'elle-même, se défie des autres, et, par un effet de cette défiance, elle renierait volontiers sa vieille tradition d'humanité et sa gloire coutumière du rayonnement sur les peuples.

Votre patrie est divisée, comme tous les pays qui se transforment. La guerre enfin l'a meurtrie et mutilée.

De là, tous vos devoirs. Et je vais vous dire ce que l'histoire doit écrire sur votre page. Elle doit écrire que vous honorez votre pays par le travail de l'esprit, que vous l'apaisez par la fraternité, que vous le relevez par le patriotisme.

Respectez votre esprit, servez-le par le travail; à son tour, il vous servira et il servira la France. Demeurons ou redevenons le pays de l'initiative intellectuelle, de la curiosité vaste. Pensons par nous-mêmes et pensons par autrui. Que l'intelligence française, merveilleusement propre à cet office, fasse la synthèse de l'œuvre de l'intelligence humaine. La gloire intellectuelle était autrefois notre parure : elle est aujourd'hui nécessaire à notre vie. Ne laissez pas votre esprit se rétrécir ; élargissez-le toujours et qu'il s'épanouisse. Sous toutes les formes, la science vient au-devant de vous : accueillez-la. Elle est l'enquête perpétuelle sur les hommes et sur les choses, sur la nature et sur l'humanité. N'oubliez pas que l'humanité honore toujours, entre les nations, celle qui la renseigne le mieux sur elle-même.

La fraternité est le principe même de votre association ; manifestez-la par cette grande vertu : la tolérance.

Vous y êtes bien préparés. Je crois vous connaître, car je vous étudie avec une grande attention. Si divisés que vous soyez sans doute sur les questions politiques, vous n'avez de fanatisme d'aucune sorte. Vous n'êtes point des sceptiques ; mais l'échec de tant de théories qui ont prétendu conduire le monde vous a rendus rebelles à la théorie. Vous êtes affranchis de cette méchante passion qui est la compagne du fanatisme et qu'on appelle la haine. Vous n'êtes pourtant pas des indifférents : en vous vit toujours la flamme, la vive flamme française, qu'un souffle discret suffit à faire monter en gerbe. Si vous êtes tels que je vous vois, raisonnables et réfléchis ; si vous tempérez la chaleur du cœur par le calme de l'esprit; si vous êtes sévères seulement pour les trahisons et pour les lâchetés, mais charitables envers l'ignorance, indulgents pour l'erreur et respectueux de toutes les sincérités; si vous placez au-dessus de ce qui divise et des incertitudes des opinions les clairs intérêts de la patrie française, alors vous serez une génération salutaire.

Parlerai-je enfin du patriotisme? Ici, je n'ai pas de conseils à vous donner. C'est chose si facile et si douce que d'aimer la France! Je vous prierai seulement de vous souvenir que la France ne doit pas être aimée de la même façon que les autres patries.

Je parlais tout à l'heure du patriotisme de la jeunesse allemande : il n'est pas de même nature que le vôtre. Il est plus primitif, fait d'admiration de soi-même : ce que chantent sur tous les tons les poètes nationaux d'outre-Rhin, c'est qu'il est bon, c'est qu'il est beau, c'est qu'il est superbe d'être Allemand. Ce patriotisme est un orgueil de race. Il est bien vite offensant et provocateur. Il engendre un esprit militaire dangereux, l'amour de la guerre pour la guerre, la joie de tuer et une haine monstrueuse qui conçoit une poésie de l'extermination.

Nous devons, nous, à nos malheurs d'avoir corrigé nos défauts. Notre patriotisme n'a plus cette vanité qu'on nous a reprochée avec raison, car nous avons eu trop longtemps pour mobile de notre politique cette chose poétique et légère : la gloire. Nous avons été vaniteux et bravaches : vous ne l'êtes plus. Dans la crise que nous venons de traverser (1), vous vous êtes montrés aussi sages que la nation tout entière. Vous vous prépariez en silence, et, si la guerre était venue, toutes les Écoles, sans bruit, se seraient vidées en un jour.

Nous avons en Sorbonne quelques étudiants ecclésiastiques qui sont de très laborieux et très estimables jeunes gens. Il y a trois mois, un d'eux m'arrêtait au Luxembourg pour me dire : « N'est-il pas vrai, monsieur, que nous allons tous partir, maîtres et élèves ? » Je regardai sa bonne figure grave où de petits yeux noirs clignotaient derrière des lunettes, et je lui répondis en souriant : « Vous voulez porter à vos camarades les secours de la religion ? — Je veux, reprit-il, porter un fusil. » Il m'expliqua qu'un prêtre peut servir dans une guerre défensive ; puis il fit une distinction entre les guerres d'autrefois, où l'on tuait en sachant que l'on tuait, et les guerres d'aujourd'hui, où la balle porte au loin

---

(1) Il s'agit ici de l'incident de frontière dont M. Schnœbelé avait été la victime.

une mort envoyée on ne sait à qui, par on ne sait qui. Le brave abbé faisait ses préparatifs : il s'était commandé une paire de souliers solides et sans boucles.

Tous les jeunes gens que je connais étaient, à ce moment-là, aussi fermes et aussi tranquilles.

Je suis sûr que vous serez d'excellents soldats; mais vous n'êtes ni des fanfarons de guerre ni des fanfarons de patriotisme. Ici encore, vous avez de la modestie et de la modération. Quand je vous compare aux étudiants d'outre-Rhin, je vous trouve à la fois plus raisonnables, plus aimables et plus humains.

Mes amis, concilier le patriotisme avec l'humanité, c'est la noblesse de la France.

Certes, je ne vous conseille point de vous perdre dans le rêve humanitaire, comme ont fait nos pères du xviiie siècle. Au premier plan de votre pensée, doit être et demeurer la patrie française, avec ses formes distinctes et précises, ses souvenirs les plus anciens et les plus proches, ses espérances et ses revendications; mais nous avons cet honneur et cette fortune que nos revendications particulières sont faites au nom de l'humanité. Réclamer, en effet, contre l'intolérable violence faite sous nos yeux à des âmes humaines, n'est-ce pas proclamer la supériorité d'une tête d'homme sur une tête de bétail?

Soyez donc des patriotes humains. Regardez, au delà des guerres, la paix. Mettez derrière la France et tout près d'elle l'humanité. L'humanité aime la vie : elle saura bon gré au peuple qui préparera au monde un autre avenir que la guerre perpétuelle.

Mes amis, je ne vous demanderai point pardon d'avoir dit des paroles sérieuses. Nous n'avons pas le droit d'avoir des fêtes qui ne soient que des fêtes.

N'allez pas pourtant renoncer à notre gaieté native : elle est une grâce et elle est une force. Ne faites point parade de vos sentiments sérieux; n'en dissertez pas. Il suffit que vous les ayez et que vous les manifestiez par votre conduite.

Votre Association a rendu à la jeunesse française l'inappréciable service de la révéler à elle-même et aussi de la faire connaître à la France et aux étrangers. Si vous n'aviez pas été capables de la bien représenter, mieux aurait valu la laisser disséminée dans l'ombre et dans l'anonyme. Le jour où vous l'en avez tirée, vous vous êtes imposé de grandes obligations. Nous vous remercions de les avoir comprises. Nous comptons que vous vous pénétrerez de plus en plus des devoirs qui vous sont imposés au moment où nous sommes de notre histoire. Nous avons confiance en vous. Nous espérons que vous serez plus heureux que nous, ce qui n'est point difficile, parce que vous vaudrez mieux que nous, ce qui n'est pas impossible, je vous assure.

IV

L'ASSOCIATION DE LYON [1]

Messieurs,

Je suis très touché de l'accueil que vous me faites, mais je ne puis accepter les éloges que vous me donnez. Vous me louez de l'affection que je témoigne aux associations d'étudiants : il est trop facile vraiment de les aimer. Je les aimais avant qu'elles fussent nées; je souhaitais de les voir naître et devenir des centres de ralliement de la jeunesse française. Je pensais souvent en moi-même : « Si je savais un lieu où les jeunes gens se réunissent, j'irais, car j'ai bien des choses à leur dire. »

Les jeunes ont des devoirs envers les anciens : vous les connaissez et les pratiquez, mes amis;

[1] Discours prononcé à l'inauguration du cercle des étudiants de Lyon, le 8 juin 1887.

votre déférence et votre respect nous sont très précieux; mais les anciens, à leur tour, ont des devoirs envers les jeunes. Nous, dont les cheveux grisonnent, nous vous laisserons une France amoindrie et en péril. Nous avons envers nous-mêmes l'obligation de former une génération qui soit plus heureuse que la nôtre, parce qu'elle sera meilleure.

Messieurs, les associations d'étudiants nous aideront dans notre tâche. Elles peuvent être (ne vous effrayez pas de ce grand mot) des écoles de vertu; point de vertu morose, bien entendu : vous êtes gais, et je vous en félicite. Si vous n'étiez pas gais, je vous supplierais de l'être. La gaieté est, en France, un don de nature; elle est le levain de l'activité nationale. Elle n'exclut pas le sérieux : elle lui donne seulement un visage aimable. Rabelais, Molière, Voltaire, ont dit gaiement des choses très sérieuses. La gaieté a été de tout temps une des qualités du soldat français : Kléber ne riait jamais si bien qu'au fort des batailles.

Soyez donc gais, mes amis, et pratiquez joyeusement les vertus que nous vous souhaitons.

C'en est une que de se dévouer à une œuvre difficile. Il n'était pas aisé de renoncer à l'habitude paresseuse de l'isolement. Vous avez voulu, comme vos camarades de Paris, vous associer.

Vous y êtes parvenus après beaucoup d'efforts. Vous dépensez pour une idée de l'argent, du temps, de l'intelligence, de la volonté : c'est très bien.

Vous avez commencé modestement, vous grandissez peu à peu ; vous réglez sévèrement vos dépenses sur vos ressources. Vous faites même des économies : c'est encore très bien. Il est probable qu'il se trouve parmi vous quelque législateur futur : il trouvera plus tard à employer très utilement, dans la commission du budget de l'État, les habitudes qu'il aura prises de bonne heure en ménageant le vôtre.

Vous vous êtes promis, par cela même que vous vous êtes associés, de vous aimer et de vous aider les uns les autres. Voilà, mes amis, la grande vertu. Cultivez, fortifiez le sentiment de votre solidarité. Vous en trouverez l'emploi dans la vie. Nous avons souffert longtemps de l'excès de l'individualisme. Si nous avons été si souvent bouleversés par des tempêtes, c'est parce que des grains de sable ne résistent pas au vent.

La solidarité entre étudiants doit être intellectuelle autant que morale. Elle a pour effet, comme l'ont dit vos camarades de Paris, la pénétration des études, en même temps que la pénétration des volontés. Qu'aucun de vous ne soit l'homme d'une seule étude : instruisez-vous les uns les autres. C'est déjà beaucoup que toutes les Facultés soient réunies ici et que vous vous appeliez non plus des étudiants en droit, ou en médecine, ou en lettres, ou en sciences, mais des étudiants de l'Université de Lyon. Si vous comprenez bien ce mot Université, un beau mot, un mot que j'appellerai compréhensif et philosophique, vous aurez la haute idée qu'il faut avoir de la dignité de vos études.

Messieurs, nous avons connu le temps où les jeunes gens vivaient isolés, étrangers les uns aux autres et se contentaient de petits groupes de camaraderie, formés au collège et au pays; ils s'enfermaient aussi dans leurs études professionnelles, dédaigneux de celles qui ne les préparaient pas à des métiers. Soyez loués d'avoir changé ce régime. L'étudiant qui se confine dans des relations et des études étroites devient trop souvent le praticien qui ne pense qu'à son affaire immédiate et croit que le reste ne le regarde pas. Le reste pourtant, c'est quelque chose : c'est le bien public.

En fondant votre association, en travaillant à la développer, vous vous habituez à agir : conservez ce goût de l'action. Nous n'avons pas, en France, assez d'hommes qui agissent. Notre pays est exposé aux coups de vent dont je parlais tout à l'heure. La foule, que la France, par un effet de sentiment qu'elle professe pour la dignité de la personne humaine, admet et appelle à la vie publique, est mobile et moutonnière. Il se forme, en ce moment, sous vos yeux, un grand troupeau qui paraît vouloir courir vers l'abîme : il n'y arrivera pas si des hommes résolus se jettent dans cette mêlée, et, solides sur leurs pieds, coupent et dispersent cette dangereuse file. Messieurs, apprenez ici, en vous échauffant par votre propre contact et en vous éclairant sur vos devoirs, le goût de l'action salutaire. Conservez-le dans la vie. Vous avez fait, en combinant vos efforts, une bonne œuvre; restez unis plus tard, continuez à vous connaître, à vous aimer les uns les autres ; conservez dans la maturité, et jusque dans la vieillesse, les passions généreuses qui sont dans vos cœurs d'étudiants. Votre action s'étendra tout naturellement alors : elle aura pour objet le bien public.

Un dernier mot, qui sera encore un conseil. Je vous ai, tout à l'heure, entendus parler d'une association générale des étudiants de France. Prenez garde. Nous sommes trop portés, en France, à unifier et à centraliser. N'allez pas perdre votre personnalité. Le corps des étudiants de France prendra bien plus sûrement une place dans la vie nationale s'il se compose de groupes dont chacun a sa vie propre. Cette association générale serait forcément banale, et la banalité est impuissante. Écoutez donc ce que vous disent les devises de votre ville : soyez « Lyonnais toujours ». Dans le concours qui va s'établir entre nos Universités renaissantes, tâchez que votre Université lyonnaise arrive au premier rang, que « Lyon » soit « le *meillor* ». C'est le pays tout entier qui recueillera le bénéfice de votre émulation. La puissance d'une nation se compose d'énergies diverses. Soyez une de ces énergies, et, pour cela, gardez et fortifiez votre personnalité.

LA POLITIQUE ÉTRANGÈRE

DES ÉTUDIANTS

LA POLITIQUE ÉTRANGÈRE DES ÉTUDIANTS

I

DEVOIRS ENVERS L'ÉTRANGER [1]

Messieurs,

Pour vous prouver l'efficacité de l'œuvre patriotique dont il est l'âme, M. Foncin n'a eu qu'à dépouiller devant vous la correspondance de l'Alliance française. Vous y avez vu comment des hommes de bonne volonté portent au loin le nom et, avec le nom, les bienfaits de la France.

En écoutant le secrétaire général de l'Alliance, je pensais que ces écoles, fondées et entretenues au loin, font une utile propagande en faveur de nos grandes écoles nationales. Tel

[1] Allocution prononcée dans une réunion de l'Alliance française.

enfant, à qui l'Alliance aura donné les premières notions de notre langue, viendra un jour achever ses études à Paris. Or, je pense, Messieurs, que nous devons nous efforcer d'attirer chez nous les jeunes étrangers. Laissez-moi vous dire mes raisons.

Les impressions de jeunesse sont profondes, et notre mémoire garde jusqu'au dernier jour le souvenir de cette poussée printanière où fleurissent l'amitié et l'amour, où la joie de vivre et un sentiment intense de la liberté, de la croissance et de la vigueur donnent à notre âme la foi en l'avenir.

De notre temps de jeunesse, la mémoire embellit tous les détails : la chambre où l'on demeurait, la rue où l'on passait, le cabaret où l'on riait, l'école où l'on étudiait, les visages des maîtres et des camarades et jusqu'aux petites misères, les caprices du porte-monnaie, les soirs sans feu, l'attente de la fin du mois, d'autant plus pénible et plus longue qu'elle commençait quelquefois aux premiers jours, la lutte pour la vie contre les créanciers, l'ennui des études, car elles ont toutes des ennuis, les rigueurs de l'examen et les boules noires que l'examinateur mettait dans l'urne.

Il se peut bien que ce soit notre propre personne que nous aimions dans ces souvenirs, car l'amour de soi a mille façons malicieuses de se déguiser ; mais qu'importe ! Nous ne nous avouons pas notre égoïsme, et nous croyons aimer sincèrement et pour lui-même le milieu où nous avons vécu.

Heureux donc les peuples qui savent attirer vers eux la jeunesse des autres peuples ! Ils se préparent, pour l'avenir, une clientèle d'amis.

Nul peuple n'a plus besoin que nous de se donner cette clientèle ; nul n'est plus capable de l'acquérir.

Vous entendez dire tous les jours que nous ne sommes pas aimés au dehors. Cela n'est pas vrai. Nous ne sommes pas aimés partout, sans doute, et nous n'avons pas l'ambition que tout le monde nous aime. Cet amour de tous nous mettrait dans l'embarras : il est tel et tel que nous ne pourrions payer de retour. Mais tenez pour certain qu'en un grand nombre de pays nous pouvons éveiller ou réveiller des sympathies.

Seulement, il nous faut nous en donner la peine : un effort est nécessaire, parce que nous sommes desservis à l'étranger et que nous nous desservons nous-mêmes.

Convenons, Messieurs, que nous travaillons pour nos ennemis. Nous avons des fantaisies extraordinaires, et qui font grand tapage : fantaisies en politique, fantaisies dans les lettres, fantaisies dans les arts. Nous étalons nos décadents, nos impressionnistes, nos incohérents et le général Boulanger. Nous crions nos scandales dans les rues, si fort qu'il faudrait qu'un Lapon fût sourd pour ne pas les entendre au fond de sa Laponie.

Dans cette œuvre de dénigrement de nous-mêmes, nous avons un collaborateur très zélé, la presse étrangère.

Autrefois, un peuple était estimé dans le monde à peu près ce qu'il valait. Au XVIIe et au XVIIIe siècle, l'étranger voyait en France l'éclat, mais aussi les vices de la cour, la puissance et les excès de cette puissance, l'esprit et l'abus de l'esprit. Nous avions des ennemis, très acharnés même. Des fabriques de pamphlets antifrançais livraient au public européen leur marchandise. Il s'y trouvait, à côté de vérités, des exagérations et des mensonges, mais point la haine brute, l'injustice préméditée, la calomnie systématique. Tout le monde demeurait d'accord que la nature a créé la France belle et que la France s'est fait un beau génie, exprimé par une langue à laquelle le concert des peuples décernait un brevet d'universalité. Les étrangers qui nous aimaient le moins venaient visiter notre pays. Dans le programme d'une vie bien employée figurait toujours un voyage en France; en toute éducation, le français tenait sa grande place, et les rayons de toutes les bibliothèques étaient remplis par nos libraires. Des hommes cultivés de tous pays la France était la seconde patrie.

Que les temps sont changés!

Je sais bien que les raisons du changement sont diverses et nombreuses. La plus sérieuse est que l'Europe a fait, depuis un siècle, de grands progrès, et que des pays, autrefois nos tributaires, peuvent aujourd'hui se passer de nous. Mais il faut dire encore que les fabriques de pamphlets ont amélioré leur outillage et l'ont poussé à la perfection; elles tirent à des milliers d'exemplaires qui portent partout, en même temps que la critique méritée, le mensonge et l'injure.

Il existe quelque part un bureau central de calomnies, relié par des fils à des bureaux auxiliaires qui sont partout. La matière première que nous fournissons avec une libéralité fâcheuse est immédiatement saisie et façonnée.

Par exemple, des romans paraissent, dont l'auteur décrit des mœurs d'ouvriers, de paysans et de bourgeois, qu'il donne pour les mœurs de tous les ouvriers, de tous les bourgeois français. Nous savons, nous, ce qu'il en faut penser; mais, au dehors, tout le mal que nous disons de nous-mêmes est réputé parole d'Évangile, et toute une presse vertueuse nous accuse de vivre dans l'ordure.

Un incident se produit dans notre vie politique, malheureusement féconde en incidents : tout de suite il est exagéré, et le bruit en est partout répandu. Un parti fait à un de ses membres des funérailles publiques, à grand fracas (je parle d'un petit événement de l'été dernier) (1). Le moment est bien choisi : une grève a jeté dans la rue des milliers d'ouvriers. Comme nous sommes un peuple libre, et très libre, aucun excitant ne manque aux esprits échauffés. Des journaux, des orateurs de réunion publique, ont convoqué le peuple en masse. Mais le peuple ne vient pas : quelques centaines de manifestants (toujours les mêmes) entourent la maison mortuaire. En tout et pour tout, il y aura une bagarre comique sur une place. Mais M. le correspondant de la *Gazette de Cologne* était là. Il a tout regardé avec ses lunettes qui grossissent. Il a télégraphié à son journal, qui a lu la dépêche avec des lunettes de même espèce : « Corbillard arrive, a dit le correspondant, et tout le monde se découvre. » La *Gazette* s'imagine que Corbillard, pour être l'objet de ce respect universel, doit être quelque révolutionnaire. Elle transforme Corbillard en un

(1) Les funérailles d'un ancien membre de la Commune.

chef survivant de la Commune, et décrit la marche triomphale dudit Corbillard à travers Paris, qui le salue au passage : preuve certaine que nous aspirons à la restauration de la Commune et à la joie de nous brûler nous-mêmes.

Vous connaissez l'histoire des incidents de frontière. Plus d'une fois les torts y ont été partagés assurément, et des nôtres y ont fait des sottises. Mais ce n'est pas nous qui avons invité poliment un officier de police à un rendez-vous d'affaires où il a trouvé des argousins qui l'ont saisi au collet. Ce ne sont pas des étudiants français qui ont insulté dans un buffet de chemin de fer deux personnes, dont l'une était une femme. Ce n'est pas un soldat français qui s'est caché pour tirer sur des chasseurs comme sur du gibier et qui a fait coup double. Ce n'est pas nous qui plantons aux portes des gares de la frontière un gendarme qui réclame le passeport, l'ouvre et toise du regard le voyageur. Et pourtant, c'est nous seuls qu'on accuse de violence contre les personnes et contre les choses. Un ministre n'a-t-il pas dit que les marchandises hongroises ne seraient pas en sûreté à l'Exposition, et que nos insultes, à nous Français, étaient à craindre pour le drapeau de Hongrie, pour ce drapeau que nous aimons et que ce ministre si impertinent envers nous cache humblement dans un pli du drapeau d'Allemagne? Ne sont-ce pas enfin des journaux ministériels (ministériels pour des raisons claires et sonnantes) qui nous représentent au monde comme « un pays de sauvages »?

Oui, il y a un système de calomnies organisé contre nous, bien organisé. La conclusion en est répétée de temps à autre sous la forme de cet avis que vous pouvez lire dans les journaux allemands : « N'allez pas en France! »

Messieurs, l'Alliance française doit répliquer, partout où elle est représentée, par l'invitation contraire : « Venez en France! »

Venez en France! Mais que verront donc chez nous ceux qui viendront en France?

Je connais, Messieurs, nos misères de l'heure présente; je crois en avoir le sentiment amer et profond. Mais je sais aussi que nous avons des forces et des vertus, et que nos hôtes étrangers les voient.

Au mois de juillet dernier, un Berlinois, un professeur, venu à Paris pour y passer quelques semaines, se présentait chez moi sur la recommandation d'un ami commun. Je le reçus fort bien, ayant été moi-même toujours aimablement accueilli en Allemagne. J'estime, d'ailleurs, que la courtoisie envers les personnes est d'obligation stricte dans tous les pays, que nous aurions le plus grand tort d'y manquer, et qu'il nous faut garder cette partie de notre patrimoine qui est la politesse française.

Mon Berlinois m'avoua qu'il n'était pas venu en France sans quelque appréhension. Ses collègues, quand il s'était ouvert à eux de son projet, lui avaient demandé s'il avait écrit son testament. Il avait été rassuré très vite : bien qu'il fût reconnaissable à l'accent, me dit-il, et bien qu'il fût allé partout (il avait entendu, le 14 juillet, les discours de la Ligue des patriotes devant la statue de Strasbourg), il n'avait recueilli aucun désagrément. Il trouvait Paris très beau, ce qui est aimable de la part d'un Berlinois, car le Berlinois professe une admiration sans limites pour sa ville natale. C'est en Allemagne un sujet inépuisable de plaisanteries, qui rappellent nos taquineries à l'adresse des Marseillais. Je lisais dernièrement le récit humoristique illustré du voyage d'un Berlinois au Tyrol. Un aubergiste tyrolien demandait à ce voyageur, en lui montrant le panorama des montagnes : « Avez-vous des montagnes comme cela à Berlin ? » La question était perfide, car Berlin a, en effet, une montagne, un tas de sable haut de 15 à 20 mètres et qui s'appelle la montagne de la Croix. Sur ce sommet, un roi de Prusse a fait élever un monument d'où les ascensionnistes contemplent la ville. Le citadin sentit la malice. Il renia le *Kreuzberg* et répondit simplement : « Non, nous n'avons pas de montagnes ; mais, si nous en avions, elles seraient bien plus hautes que cela! » Je tiens à dire que je comprends l'affection des Berlinois pour une ville où je me suis toujours bien plu ; je me sentis d'autant plus agréablement flatté lorsque mon hôte me vanta la beauté de Paris.

Que pensait-il des Parisiens? Vous ne devineriez pas en mille l'objet qui l'avait tout d'abord et le plus vivement frappé. C'était que les nègres qu'on voit dans nos rues y circulent tranquillement, comme les autres hommes. Je ne compris pas le sens de cette observation : « S'il y avait, lui dis-je, quelques nègres à Berlin, comme il s'en trouve à Paris, vous vous habitueriez à les voir et, tout comme nous, vous les laisseriez passer sans vous retourner. » Il me trouva évidemment *oberflächlich*, c'est-à-dire superficiel. C'est un des reproches que nous adressent le plus volontiers les Allemands, qui, en toutes choses, croient voir plus avant que nous. Ce qu'il voyait, lui, dans notre façon d'être avec les nègres, c'était une manifestation de « notre esprit démocratique ». Faut-il vous l'avouer? A la réflexion, me rappelant l'antipathie que certaine race éprouve pour les hommes de couleur, j'en suis venu à croire que le Berlinois pouvait bien avoir un peu raison. Nous sommes si humains que, sous les peaux de toute couleur, nous trouvons tout de suite l'homme.

Cette première confidence de mon hôte fut suivie d'une autre. « Je ne me doutais pas du tout, me dit-il, de ce que pouvait être l'esprit démocratique; à présent, je le sais. » Je cite ses paroles textuellement. Je voulus apprendre de lui comment il avait découvert en quinze jours — car il était à Paris seulement depuis quinze jours — l'esprit démocratique. C'était à toutes sortes de signes : à un air partout répandu de familiarité, de cordialité, à la manière dont nous nous abordons et nous entretenons les uns les autres, au ton des ordres donnés à des domestiques, à la mine modeste des agents de police, qui n'ont pas l'air, comme les gendarmes allemands, de porter un monde sur leurs épaules, à la circulation où la blouse et la redingote se mêlent (comme les blancs et les nègres) tout naturellement. Il avait vu un monsieur bien mis aider une femme à ramasser des pommes de terre tombées d'un panier. Il n'avait trouvé nulle part ni morgue ni brutalité. Cette libre allure, cette bonne humeur, ce va-et-vient d'égaux, tout cela lui paraissait charmant et pas d'un « pays de sauvages ».

Il me parla encore de notre activité, de notre rapidité, de notre gaieté dans le travail. Il avait regardé passer l'ouvrière qui se rend à l'atelier en bavardant et en riant. Il avait écouté avec grand plaisir des peintres en bâtiment « qui chantaient des bêtises ». Trois personnages surtout l'avaient étonné : le placier de commerce, dont les cartons glissent dans les interstices de la cohue, rue Montmartre; la marchande de journaux, qui en un même moment reçoit plusieurs paquets, paie les porteurs, ploie ses journaux, les débite et en touche le prix; le garçon de restaurant populaire, qui, à l'heure du coup de feu, reçoit les commandes les plus diverses, n'en écrit aucune, a l'air de servir tout le monde en même temps, vous jette en passant des nouvelles du plat qu'il n'a peut-être pas commandé, mais qui va bien, déplace devant vous un verre ou une assiette, frappe la nappe d'un coup de torchon et vous fait croire qu'il n'est occupé que de vous. De ces petits faits, d'autres encore, il concluait par induction que la France n'est pas si ruinée qu'on le dit au dehors, et même qu'elle ne sera jamais ruinée, puisqu'elle travaille beaucoup et sait travailler.

Que voulez-vous? Cette conversation m'a fait plaisir! Elle est un bon argument pour mon sujet : appelons chez nous les étrangers!

Appelons-les et recevons-les bien. Nous avons des devoirs envers eux, dont il faut nous pénétrer. Je sais bien que tous les peuples sont occupés, aujourd'hui, à s'entourer de barrières et à expulser les éléments étrangers. La langue de la France et les goûts français ne sont plus en honneur chez nos voisins de l'Est. On les poursuit jusque sur les menus de table, on les traque jusque dans les cuisines. C'est un fait avéré que la connaissance du français n'est plus si répandue en Allemagne qu'autrefois. Soit! Les Allemands désapprennent notre langue et nous commençons à apprendre la leur. Grand bien leur fasse, et à nous aussi!... N'imitons point ce mépris de l'étranger. Vous me direz que nous avons des précautions à prendre à l'égard des inconnus. Mais nous exagérons la prudence et la défiance. Notre manie de voir des espions partout est un peu sotte, et elle est dangereuse. Elle nous mènerait à nous renfermer en nous-mêmes. Or, notre nature à nous, notre mission, est de répandre au dehors notre esprit : à plus forte raison de faire bon accueil à ceux qui viennent le chercher chez nous.

Puisque c'est d'étudiants étrangers qu'il s'agit, je dirai que nous, j'entends nous les universitaires, nous ne nous donnons pas assez de peine pour les attirer. Quand nous leur accordons l'équivalence de leurs grades avec le baccalauréat, nous leur demandons de l'argent. Ce petit tribut ne nous enrichit pas, et en d'autres pays on se garde de le percevoir. Ils ont le désir naturel d'emporter de chez nous un certificat attestant les études qu'ils y ont faites : nous n'avons pas trouvé le moyen de les satisfaire. Sans doute, il ne faut pas leur donner des privilèges aux dépens de nos nationaux; ce serait pure duperie. Nous ne devons pas conférer à des étrangers, par exemple, plus libéralement qu'à des Français, le droit à l'exercice de professions en France. Que ceux qui veulent profiter des avantages donnés par nos lois se soumettent à nos lois, rien de mieux. Mais il serait aisé d'assouplir pour les autres la rigidité de notre système d'examens. Je vois arriver chaque année des jeunes gens qui viennent de pays lointains pour y retourner. Ils sont, par exemple, étudiants à la Faculté des lettres. S'ils veulent obtenir un diplôme officiel, ils doivent se préparer à la licence ès lettres, comme les étudiants qui se destinent au professorat dans nos collèges! C'est absurde. A la Sorbonne, nous avons institué une attestation d'études supérieures que nous décernons aux étrangers et aux Français qui ont travaillé chez nous librement, sans rechercher un grade officiel quelconque. C'est fort bien, mais il faudrait généraliser la mesure et lui donner un caractère public. Une étudiante étrangère m'exprimait, un jour, le regret de ne pouvoir passer un examen sur les cours qu'elle avait suivis et les matières qu'elle avait apprises pendant ses études en France. Elle avait raison. Nous aurions dû l'interroger et lui donner un beau diplôme en parchemin, avec la signature du ministre de l'Instruction publique et de grands cachets de cire violette.

Je voudrais, en terminant, adresser quelques mots aux étudiants français.

Si j'étais étudiant, comme je ferais la cour aux étudiants étrangers !

Je serais aimable avec eux jusqu'à la coquetterie. Je leur ferais les honneurs de la bonne hospitalité française. S'ils vivent entre eux, comme ils font d'ordinaire, je trouverais bien moyen d'arriver jusqu'à eux et de leur faire aimer ma compagnie. Puis, je les attirerais dans les groupes français, je les égaierais au contact de notre gaieté. Je leur parlerais de leur pays et du mien, des choses qu'ils voient et de celles qu'ils ne voient pas en France. Je plaiderais devant eux notre cause, et je la gagnerais. La cause n'est-elle pas, en effet, grande et belle ? Ne sommes-nous pas le seul peuple au monde qui se soit imaginé de vouloir vivre sous les lois de la seule raison ? Notre marche est difficile, c'est vrai, parce que nous allons sur la corde raide sans balancier. Nous n'avons ni hiérarchie des classes, ni pouvoir monarchique, rien qui soutienne ou retienne. Ailleurs, l'autorité descend du ciel et de l'histoire; ici, elle monte du sol et du présent, du sol qui tremble et du présent agité par des passions et des folies. Gagnerons-nous notre gageure contre toutes les coutumes et toutes les règles usitées avant nous de la vie politique? Je ne sais pas; mais je sais bien que, tôt ou tard, les peuples en viendront où nous sommes, et je doute qu'ils se tirent aussi bien que nous de cette hardie expérience que nous faisons de réaliser l'égalité dans la liberté.

Croyez bien, en tout cas, qu'il est, par toute la terre et chez tous les peuples, des hommes qui rendent justice à nos efforts. Nous ne pouvons que gagner à multiplier le nombre de ces amis.

Je reviens à mon point de départ. Aidez l'Alliance française à porter au loin dans le monde notre langue et notre esprit; aidez-la dans sa propagande patriotique, afin qu'elle puisse ajouter de nouvelles écoles à celles où le génie de la France appelle à lui les petits enfants, afin qu'elle montre à des jeunes gens le chemin de la France. Ces jeunes gens verront de leurs yeux que ce pays calomnié vit, pense et travaille. Ils n'auront pas de peine à découvrir qu'il ne vit pas, ne pense pas, ne travaille pas que pour lui. S'il est un pays qui ait le droit, en ce moment, d'être égoïste, c'est la France. Pourtant, s'il est un pays qui aime la justice hors de chez lui, qui souffre des torts faits à autrui et s'intéresse au sort de tous les malheureux, c'est encore la France. Et nous la servons en la faisant connaître, parce qu'on ne peut la connaître sans l'aimer.

II

LES FÊTES DE BOLOGNE

Les fêtes de Bologne ont été très belles, et si pleines de toutes sortes de choses, que l'ensemble, au moment où j'essaye de le représenter à mon esprit, m'apparaît comme une toile immense, où des centaines de personnages, les uns en ordre de procession, les autres en tumulte de cohue, s'avancent ou se bousculent autour des palais, des fontaines, des églises et des statues, sous le grand soleil et le ciel bleu, avec un éclat extraordinaire de couleurs, couleurs aux fenêtres d'où pendent les guirlandes et les tapis, couleurs sur les épaules et les têtes bariolées de centaines de professeurs et d'un millier d'étudiants, couleurs sur les visages qui représentent toutes les nuances de la race aryenne, depuis la blancheur des septentrionaux jusqu'au brun doré des Méditerranéens. Au fond du tableau, l'histoire dessine les contrastes des temps : le paganisme, le christianisme, la vieille Étrurie, Rome et le moyen âge se confondent. Une basilique chrétienne a remplacé un temple d'Isis victorieuse; à la porte de mon hôtel une inscription mise par le propriétaire, M. Brun, rappelle que là s'élevait le temple de *Jupiter Stator* : Jupiter Stator, fondateur ; Brun, successeur...

Nous étions pourtant en plein moderne, et nous, qui étions venus, de toute l'Europe, des deux Amériques et de l'Asie, pour célébrer le huitième centenaire d'une vénérable Université, nous avons joué, sans le savoir, un petit acte de politique italienne, mais si joli, si joli.

Certainement le principal objet des fêtes était l'hommage à la vieille *alma mater bononiensis*. Mais l'inauguration d'une statue de Victor-Emmanuel figurait sur le programme. Pourquoi? Puis, comment se faisait-il que ce centenaire tombât justement les jours anniversaires de l'évacuation de Bologne par les Autrichiens en 1859? Enfin, il est très difficile de savoir, à cent cinquante ans près, la date de la naissance de l'Université de Bologne. Comment donc a-t-on trouvé non seulement l'année, mais le jour?... Suivez-moi bien.

Bologne est une ville d'opinion avancée, voire même quelque peu républicaine. Entre elle et le roi d'Italie, il n'y avait pas d'intimité. Il fallait faire cesser ce malentendu par une de ces manifestations qui ravissent la foule italienne.

Depuis longtemps, une statue de Victor-Emmanuel était prête. Les Bolonais n'avaient pas mis grand empressement à contribuer aux dépenses du monument. Il y avait lieu de craindre que l'inauguration ne fût pas très brillante. Les ministres cherchaient une bonne date pour cette fête; mais, au même moment, le recteur de l'Université en cherchait une pour le centenaire. La politique et M. le recteur se sont entendus à demi-mot. Et voilà pourquoi nous venons d'avoir si chaud. Nous nous demandions pourquoi le centenaire n'était pas tombé en hiver : n'était-il pas invraisemblable qu'une Université eût été fondée en temps de quasi-canicule? Mais nous n'avons point de finesse dans l'esprit et nous sommes toujours les *Barbari!* Il fallait que la statue fût inaugurée au milieu des fêtes du centenaire, dans ce grand concours d'hommes de tous pays. Le jour indiqué était le jour anniversaire de l'affranchissement de Bologne. Quel Italien, fût-il le plus intransigeant des républicains, oserait manifester sa mauvaise humeur devant cette foule d'étrangers et en un jour qui rappelait un tel souvenir? M. Crispi a donc encadré une fête dynastique dans une grande fête internationale, et il a remporté un succès ministériel à la sueur des fronts de vingt et quelques nations.

Nous sommes entrés à Bologne, professeurs et étudiants, le dimanche 10 juin 1888, à cinq heures. Les six jeunes gens délégués par l'Association des étudiants de Paris avaient annoncé leur arrivée et nous pensions bien qu'une délégation bolonaise les viendrait quérir à la gare. Nous n'étions point, je ne dirai pas sans inquiétude, mais au moins sans quelque souci au sujet de la réception. De la courtoisie italienne, personne ne doutait. Mais nous n'avons plus notre assurance d'autrefois devant l'étranger. Nous avons en même temps la conscience de nos défaites et de nos fautes, et celle des injustices dont nous accable l'opinion européenne. Notre fierté nationale est devenue mélancolique, fierté de vaincus, que révolte l'empressement des peuples à gagner les bonnes grâces des victorieux.

Les victorieux, nous savions bien qu'ils étaient représentés à Bologne par des professeurs et par des étudiants en grand nombre, dont le gouvernement avait payé le voyage, tandis que nous faisions, nous, les frais de l'hommage que nous apportions à la vieille Université. Nos étudiants n'avaient pu arriver le samedi, qui était le jour de la réception de la jeunesse par la jeunesse. Nous lisions en chemin de fer l'histoire de cette première journée des fêtes, et des ovations adressées aux étudiants de Berlin, Heidelberg et autres lieux, comment ils avaient répondu aux saluts des camarades italiens et aux sourires des dames, en agitant leurs chapels de velours à plumets, ou en levant et abaissant leurs longues rapières. Quelle figure allaient faire nos six Français, en chapeau et petit veston? Moi, je comptais sur le drapeau qu'ils portaient avec eux. Ces couleurs-là, il n'était pas possible qu'on les eût complètement oubliées à Bologne.

En entrant en gare, nous apercevons, rangés sur plusieurs grandes files, dominés par les bannières et les étendards, coiffés de bonnets de toutes couleurs, des étudiants par centaines. On crie : « Où sont les étudiants français? » J'ai l'imprudence de répondre : « Ici! » en montrant le compartiment voisin. En une seconde, les portières sont ouvertes. Votre serviteur, enlevé par les jambes, est porté sur des épaules. Ceux de mes collègues qui se trouvaient au même endroit sont honorés du même triomphe. Le plus grand cri de : « Vive la France! » que j'aie jamais entendu retentit, vingt fois répété. Quand j'ai obtenu, à force de prières, le plaisir de me retrouver sur mes jambes, je cherche mes collègues et les étudiants. Les collègues avaient été déposés çà et là. Un étudiant avait réussi à déployer le drapeau. Nous y courons. Le porte-drapeau est couvert de baisers à pleine bouche. Dans le groupe qui l'entoure, les cris de : *Viva la Francia! la Republica francese!* éclatent, violents et sonores. J'ai vu des étudiants bolonais baiser la hampe du drapeau et l'incliner pour coller leurs lèvres sur les couleurs françaises. J'ai entendu crier : « Vous êtes toujours la grande nation ! » Évidemment il y avait en cet endroit une manifestation d'un caractère particulier. Ceux qui adoraient avec cette effusion le drapeau, qu'on appelait jadis libérateur, étaient de chauds démocrates italiens. Mais, sans exception, la foule des jeunes gens criait : « Vive la France! » Le salut de bienvenue partait de tous les cœurs. Très courtoisement, les étudiants d'Allemagne saluaient de la rapière.

Le cortège se mit en marche. Nous suivîmes d'un regard ému nos étudiants, installés dans leur voiture, tenant haut leur bannière, toujours salués, toujours acclamés et toujours embrassés. L'enthousiasme croissant sur leur passage, leurs chevaux furent dételés, et des camarades bolonais traînèrent la voiture. D'autres Bolonais, au même moment (car on ne perd jamais la tête dans ce pays-ci), dételèrent les chevaux de la voiture des Allemands. Il y eut alors, au milieu des rires et des cris de joie, une course des deux véhicules.

Le nôtre, plus vigoureusement entraîné, arriva premier au logis, où étaient installés, les uns à côté des autres, les étudiants des deux pays.

Le lendemain, lundi, fut une journée très occupée. Le roi arrivait à neuf heures du matin. J'allai voir l'entrée, debout sur une chaise, dans la rue de l'Indépendance. Immédiatement après une musique qui jouait l'allègre marche nationale, j'aperçus la bannière française, de chaque côté de laquelle se tenaient deux étudiants, un Italien et un Allemand, celui-ci rapière au vent. Derrière était la voiture du roi, suivie par un long cortège.

J'étais curieux de savoir comment notre bannière se trouvait là. J'appris bientôt qu'une curieuse scène s'était passée à la gare. Nos étudiants s'y étaient rendus, disant avec raison à certains qui s'en étonnaient que, tout bons républicains qu'ils fussent, ils devaient leur hommage au gouvernement d'un pays dont ils étaient les hôtes. Ils se placèrent si bien sur le quai que le roi les aperçut tout de suite et marcha droit vers la bannière. Il témoigna au président de l'Association, M. Chaumeton, le plaisir particulier que lui causait la présence d'étudiants français. Chaumeton, un Parisien que rien n'a jamais étonné, répondit à Sa Majesté que, lui aussi, était très satisfait d'être venu et que l'accueil de la veille lui avait remué le cœur. Sur quoi, le monarque et le président se serrèrent la main. Le roi parla ensuite à quelques personnes et monta en voiture. A ce moment, M. Bernard, qui portait la bannière, s'avança vivement à la tête des chevaux. Les Allemands, qui voulaient être aussi là, se placèrent à ses côtés. Et voilà comment le roi d'Italie entra dans Bologne, précédé par le drapeau français, à l'approche duquel, en juin 1859, les Autrichiens avaient abandonné Bologne.

Une heure après commençaient les cérémonies universitaires. Elles ont été les unes très brillantes, les autres très familières. Je manquerais à mon devoir de chroniqueur fidèle si je disais qu'elles se sont passées tout à fait sans encombre. M. le recteur Capellini s'est assurément donné beaucoup de peine, mais il aurait fallu qu'il eût à son service une légion de scribes à qui dicter ses ordres sur tant de détails. Il s'est démené de telle sorte, il a tant parlé, ordonné, marché, gesticulé, qu'il était à bout de forces dès la veille des cérémonies. Nous l'avons vu pour la première fois, le lundi, à dix heures, quand il a présenté les délégations étrangères au syndic de Bologne, dans une grande salle du *Museo civico*. Nous étions réunis en très grand nombre, et nous bavardions, comme on fit au pied de la tour de Babel, après que se fut produite la confusion des langues. Tout à coup circulent des *chut!* Et nous apercevons, monté sur une table, un homme de haute taille, élancé, élégant, dont le visage encore jeune et de couleurs vives est encadré d'une chevelure d'argent vif, drue, courte et droite; à côté de lui, un homme petit, maigre, nerveux. Le premier était le syndic; le second, le recteur. Le recteur, mettant la main sur l'épaule du syndic et lui donnant de petites tapes sur les bras et la poitrine, présenta par une courte harangue les délégués du monde savant au syndic, qui nous adressa, d'une belle voix et en un langage simple et noble, ses souhaits de bienvenue au nom de la ville. Après quoi, un des commissaires lut le programme des fêtes, que M. le recteur souligna de ses gestes expressifs, étendant les deux mains quand il s'agissait d'un grand mouvement d'ensemble, approchant l'index du nez quand le commissaire disait l'heure du rendez-vous, élevant une main quand le nom du roi était prononcé.

L'après-midi, fut inaugurée la statue de Victor-Emmanuel, sur la place qui porte le nom de ce « père de la patrie », place superbe, encadrée par une église, par le palais du Podesta et le palais du gouvernement, et communiquant avec une autre place que domine le Neptune herculéen de Jean de Bologne ; le dieu de la mer est debout sur un piédestal de bronze verdi, où des sirènes, pressant leurs mamelles, lancent des jets d'eau à des dauphins, qui répliquent par des jets d'eau sortis de leurs narines, à la grande joie de petits Génies, spectateurs mouillés de ce combat.

Le roi, la reine et la cour prirent place sur une haute tribune, au son grave de la cloche du palais du Podesta, car l'église était close et muette. Sur un signe, le voile de la statue tomba. L'image de Victor-Emmanuel apparut, sur un socle uni de granit, un peu grosse, un peu lourde, mais très vivante. Le roi, en tenue de campagne, coiffé du képi (comme en 1859), retient son cheval et tourne la tête, la bouche criant un commandement. Une immense acclamation s'élève. Chose étrange! le regard du roi va directement vers la haute porte du palais du gouvernement, au-dessus de laquelle est assise la statue de Clément VII, qui fait, d'un air maussade, le geste de la bénédiction.

Comme la tribune où nous étions placés prolongeait celle du roi, je n'ai point vu ce qui se passait autour du prince. Je n'ai pas non plus entendu les discours. J'étais tout entier au spectacle que donnait la foule. La place était remplie par les étudiants de toutes les nations et par des corporations de toute espèce, au milieu desquelles brillait le groupe rouge des garibaldiens. Elle grouillait, gesticulait, écoutait les discours, s'écoutait elle-même. Par instants, un même mouvement l'agitait tout entière. Comme la cloche continuait à sonner, quand les discours avaient commencé, des centaines de mains lui firent signe de se taire. A la fin de la cérémonie, le roi et la reine descendirent de la tribune pour faire le tour de la statue. Ils s'arrêtèrent devant toutes les bannières, parlèrent à ceux qui les portaient. Il m'a semblé que les garibaldiens ont été, de la part de Leurs Majestés, l'objet d'attentions particulières. Elles ont eu sans doute aussi d'aimables paroles pour les représentants de l' « Italia irredenta », qui étaient là avec leur étendard, et qui avaient apporté une couronne gigantesque sur laquelle on lisait : « Trente et Trieste à Victor-Emmanuel, père de la patrie! »

En d'autres pays, ces manifestations seraient gênantes. Ici, rien n'est difficile. Tout le monde s'entend pour ne forcer aucune couleur. Le roi d'Italie, allié de l'empereur d'Autriche, ne s'est pas cru obligé de détourner la tête en passant devant les délégués de Trente et de Trieste. Quelques mots, comme il en sait dire, avec sa bonhomie, ne sont pas compromettants. La reine y ajoute la grâce incomparable de son sourire, et tout le monde est ravi

Il faut bien encore une fois parler de la bannière de nos étudiants. Elle était toujours en tête, ayant à sa droite la bannière, illustrée en 1848, des étudiants de Rome, et à sa gauche celle des étudiants grecs. Elle avait, ce jour-là, réclamé la première place. « En toute autre circonstance, avait dit M. Chaumeton au comité organisateur, mettez-nous à notre ordre alphabétique ; aujourd'hui, dans cette fête en l'honneur de Victor-Emmanuel, nous devons passer les premiers. En 1859, nous combattions les uns à côté des autres, pendant que d'autres vous faisaient ou s'apprêtaient à vous faire la guerre. » La prétention fut jugée très raisonnable, et, au moment du départ, l'ordonnateur avait crié : *Francia prima!* Pendant la cérémonie, nos jeunes gens étaient sur le premier degré du trône, et le roi leur répéta les gracieuses paroles qu'il avait dites le matin.

La fête terminée, il nous fallut courir à l'hôtel et dîner très vite, car nous étions attendus à huit heures, au palais de l'Université. Nous devions, avec les délégués des différents pays, nous concerter au sujet des discours à prononcer le lendemain, mardi, dans la grande séance, qui était le point culminant de la fête.

Il avait été d'abord convenu qu'un seul discours serait prononcé au nom des délégations étrangères; mais quelle nation serait choisie pour parler au nom de toutes? L'Université de Paris avait des droits sérieux pour briguer cet honneur. Mais les Allemands avaient déclaré qu'ils parleraient quand même. Ils alléguaient diverses raisons, qui n'étaient pas bonnes: celle-ci, entre autres, que l'École de Bologne avait vécu en grande intimité avec leurs vieux empereurs, ces empereurs qui ont fait tant de mal à l'Italie.

M. le recteur Capellini était fort embarrassé, car il désirait naturellement ne fâcher personne. Quant à nous, nous ne voulions ni provoquer un conflit, ni souffrir qu'il nous fût fait une injustice. Nous étions bien assurés d'une majorité s'il était décidé qu'un seul discours serait prononcé, car nous avons reçu de la part des Belges, des Scandinaves, des Russes, des Grecs et d'une partie des Autrichiens, de très aimables assurances. Mais personne ne pouvait forcer les Allemands à garder le silence, *quia nominantur leones*. Après négociation, il fut entendu que chaque nation parlerait. Il importait fort qu'elles parlassent peu, car la journée n'aurait pas suffi pour les entendre. C'est ce qui nous fut représenté par M. Capellini dans cette séance du soir, qui m'a fort intéressé.

Le recteur avait sous les yeux la liste des nations. Il avertit chacune d'elles qu'il mettrait trois minutes à sa disposition, ajoutant, avec beaucoup de raison, qu'il ne fallait pas fatiguer le roi et la reine. Il voulait même réunir les nations par groupes sympathiques. A l'appel de l'*Austria-Ungheria* qui venait en tête (on suivait l'ordre alphabétique), il proposa qu'un seul orateur parlât pour toute la monarchie austro-hongroise. L'assemblée fut de son avis, et le recteur, d'un crayon à saccades rapides, écrivit en marge : 1. 3 min. Sur quoi un professeur hongrois demanda qui parlerait : l'*Austria* ou l'*Ungheria*? Le recteur écrivit les deux noms sur une feuille de papier, qu'il déchira en deux et jeta dans un chapeau. L'*Ungheria* sortit. Les nations furent ainsi expédiées, l'une après l'autre. L'Irlande avait été inscrite à part après l'*Inghilterra* : l'ordre alphabétique avait rapproché ces deux sœurs ennemies. Le recteur n'hésita point à n'attribuer qu'un orateur aux deux pays. Pourtant une voix s'éleva, qui prononça le mot : *Irlanda*. Il lui fut répondu par un gros rire général. Pour moi, je n'ai pas ri, et je m'en suis félicité le lendemain, à la cérémonie des discours. Car l'Autriche et la Hongrie, à qui l'on n'avait octroyé qu'une voix, parlèrent bel et bien l'une après l'autre, l'Autriche ayant réclamé contre la décision de la veille. De l'Irlande, il ne fut pas question. Et je me rappelais, pendant que parlait l'Angleterre, la figure douce, imberbe, vieillotte et triste du professeur de Dublin qui avait dit : *Irlanda*.

On ne peut s'empêcher d'être professeur d'histoire, même en voyage et les jours de fête. Ce recteur de l'Université d'une ville où l'Autriche tenait garnison naguère voulant forcer Autriche et Hongrie à se fondre en une seule âme pour épargner quelques minutes d'ennui au roi d'Italie, quelle leçon d'histoire contemporaine!

Le mardi 12 juin, à neuf heures du matin, nous partions de l'Université, parés de nos tenues solennelles, pour nous rendre, en procession, à l'*Archiginnasio*, où se devait célébrer la grande cérémonie. Nous marchions gravement, rangés par nations, précédés par les étudiants de tous les pays et par les corporations. Toutes les formes des coiffures d'autrefois, bonnets carrés, bonnets ronds, toques, bérets, tricornes et quadricornes; les manteaux et les robes des vieux magisters, les longs manteaux de drap noir à parements de velours des Scandinaves, les amples robes de soie noire des graves Romains, les pèlerines de soie rouge écarlate des Espagnols, la pèlerine violette d'un abbé hongrois, suivi d'un professeur de géologie qui portait la tunique nationale, avec le bonnet à aigrette et le sabre recourbé; les robes allemandes, les plus doctes de toutes, car elles sont exactement celles du moyen âge; les nôtres, plus modernes, plus légères et plus vives, défilèrent, une heure durant, au petit pas, entre deux haies d'une foule curieuse, gaie, sympathique, qui se tassait sous les arcades, se pressait aux fenêtres d'où pendaient des étoffes éclatantes, souriait, battait des mains, jetait des fleurs et des feuillages, la plus aimable foule que j'aie jamais vue. Toutes les nations ont eu leur part de bravos. A l'entrée de l'*Archiginnasio*, lorsque la délégation française passa entre les rangs serrés des étudiants qui avaient fait halte, la France eut les honneurs d'une acclamation. Au milieu des cris de : « Vive la France! » je remarquai un : « Vive la République! » prononcé à demi-voix tout près de moi par un homme, qui me saisit la main et me dit à l'oreille : « Oui! Vive la République! Je le dis tout haut! »

Le grand cortège s'assit dans la cour du palais, au-dessus de laquelle flottait un *velum* à raies rouges et blanches. Entre les arcades du rez-de-chaussée et du premier étage attendaient les invités, parmi lesquels les invitées étaient les plus nombreuses, portant jolis visages, fraîches toilettes et faisant courir tout autour de la salle le mouvement perpétuel des couleurs de l'éventail.

Après que Leurs Majestés, saluées par les vivats, eurent pris place et qu'une cantate eut été chantée, à grand accompagnement d'orchestre, les discours commencèrent. Le recteur parla d'abord, puis le ministre de l'Instruction publique, puis l'illustre Carducci, à qui avait été décerné l'honneur de représenter l'Université; puis les nations. A l'appel de chacun des pays, les délégués venaient se grouper devant le trône, derrière leur orateur : tout cela se passait en grand ordre, avec une dignité simple, dont l'effet était grand.

Naturellement, tous les discours célébrèrent la beauté, la noblesse, la grandeur, la souveraineté de la science. Tous rendirent hommage à l'auguste École de Bologne. Naturellement aussi, on parla politique. La politique vibrait dans le discours de M. Carducci, très éloquent et admirablement dit. Ce poète, la gloire de l'Université bolonaise, est un libéral, un démocrate, presque un républicain. Il a l'accent sonore des orateurs de la révolution italienne. Il a jeté l'anathème à toutes les tyrannies qu'il a rencontrées au fil de son discours, tyrannie impériale allemande et tyrannie pontificale. Il a flétri toutes les injustices dont l'Italie a souffert. Il a célébré ses martyrs, ses héros et ses libérateurs. Il a salué, par une apostrophe qui a soulevé les bravos, la bannière romaine de 1848, portée par les étudiants romains... Mais, direz-vous? Et le roi? Et la reine? Ils écoutaient. Je n'ai jamais vu personne écouter aussi bien que la reine d'Italie, avec une telle patience dans le sourire, une si vive intelligence sur le visage, d'aussi fines nuances de physionomie : seuls, des mouvements de paupière à peine perceptibles laissaient voir, de temps à autre, le passage d'une émotion légère.

Il n'est pas, en France, de ministre, ni même de sous-préfet qui eût permis qu'on parlât si librement devant lui. Ici, chacun a parlé comme il a voulu. J'avouerai qu'en écoutant M. Carducci nous éprouvions quelque embarras au banc des Français. Nous regardions curieusement le couple royal. Mais le discours fini, le roi se leva, ce qu'il n'a fait après aucun autre discours. L'orateur s'approcha de lui et reçut force compliments et poignées de main. La reine lui tendit la main et, très bas, M. Carducci s'inclinait. Dans ce pays-ci, tout est bien, puisque tout finit bien.

Parmi les nations, aucune, si ce n'est la nôtre, n'a tenu la promesse qu'elle avait faite de ne parler que trois minutes. Le joli discours de M. Boissier, que nous avions choisi pour orateur, et qui nous a si bien représentés, a eu un grand succès. Trois fois, les cris de *Francia* retentirent. Le discours de M. Hofmann, orateur de l'Allemagne, fut aussi très applaudi et suivi de trois vivats pour la *Germania*. Le public avait le sentiment qu'il fallait faire à l'Allemagne et à la France une part égale. Il m'a semblé que les vivats à l'adresse de l'Allemagne partaient des galeries, les vivats à notre adresse des rangs des étudiants. Mais pourquoi l'Allemagne a-t-elle parlé deux fois, une fois au nom des Universités, une fois au nom du gouvernement prussien? Ces vainqueurs ne s'abaissent point à faire comme les autres. Les autres l'ont senti et nous l'ont dit.

Les discours succédaient aux discours, les heures aux heures. Enfin, l'Europe a fini : c'est le tour de l'Amérique, qui parle brièvement. Il ne reste plus que la harangue de remercîments, qu'un maître de Bologne prononce en un latin latinissime, au nom de l'*alma mater bononiensis*. Lui aussi il célèbre la science, la civilisation, la liberté, la paix universelle! La paix! La paix! La paix! Pas un orateur qui ait manqué à prononcer ce mot. Pas une nation qui n'ait applaudi. Cette assemblée de professeurs en toges me rappelait les grands conciles du dixième siècle, où les Pères, levant en l'air leurs crosses épiscopales ou abbatiales, criaient jusqu'à vingt fois : *Pax! Pax! Pax!*

C'était du fléau des guerres privées que souffrait alors la chrétienté. Le fléau des guerres nationales, qui opprime aujourd'hui l'Europe, est-il moins terrible?

Les Pères des vieux conciles ne réussirent pas à procurer à la chrétienté la paix de Dieu, et les nations, fatiguées du désordre des guerres civiles, cherchèrent le repos dans les monarchies absolues; mais celles-ci ont organisé la guerre entre les États. Les conciles de professeurs n'établiront point la paix de l'humanité. Comment l'humanité pourvoira-t-elle à son salut? *Chi lo sa?* Pendant que le professeur bolonais, ajoutant une hardiesse à tant d'autres, s'indignait, en présence du roi d'Italie, contre la triple alliance, qui, « sous prétexte de paix, nous menace à tous moments de la guerre », Humbert Ier écoutait, une main appuyée sur son sabre. A sa gauche, le jeune prince de Naples écoutait, une main appuyée sur son sabre. Que peuvent contre des sabres de rois les épées académiques?

Cette cérémonie de l'hommage apporté par le monde savant à l'Université de Bologne n'a point clos les fêtes. Il faudrait parler encore de la distribution des diplômes doctoraux faite le lendemain, et où la France a eu sa bonne part; des banquets superbes offerts par le gouvernement aux professeurs et par un comité aux étudiants; de la fête humoristique des étudiants, qui a été admirablement réussie ; de la distribution des cadeaux faits par les dames bolonaises aux étudiants étrangers ; de toutes ces manifestations d'une hospitalité large, aimable, ingénieuse et pittoresque dont le gouvernement italien et la belle ville de Bologne ont comblé les visiteurs.

Nous nous sommes dit plus d'une fois, entre Français, que nous avions bien fait de venir. Notre absence aurait été une véritable abdication.

Nos Universités renaissantes ont pris place entre les Universités du monde civilisé. Paris, Lyon, Bordeaux, Toulouse, Lille et Aix étaient représentés à Bologne ; malheureusement, il y avait des vides dans nos rangs : personne de Nancy, personne de Montpellier, etc. C'est que notre réorganisation n'est pas terminée. Nous n'avons point la pleine conscience de la reprise de nos forces intellectuelles. Toutes nos Universités provinciales ne savent pas encore que chacune d'elles a le devoir de manifester son existence à toute occasion propice, en France et au dehors. L'Allemagne était représentée par dix-huit Universités : notre représentation ne donnait pas une idée de ce que nous sommes, car le temps approche (il nous faut encore quelques années et quelques réformes décisives) où nous ferons belle figure dans le cortège des corps savants des deux mondes.

Il importe à la gloire de la France qu'on sache

partout que Paris n'est pas toute la France, et que des foyers intellectuels s'allument dans notre pays.

Il importe aussi à notre politique que nous prenions part à toutes les manifestations où nous sommes conviés par l'étranger.

Une des dernières lettres de l'empereur Frédéric (et elle est très belle) a été adressée à l'Université de Bologne. Un de ses derniers actes a été l'ordre envoyé à l'ambassadeur d'Allemagne auprès du Quirinal de se rendre à Bologne et de porter à l'Université les compliments de l'empire. L'ambassadeur a pris rang dans la cérémonie. Au banquet officiel, il avait la place d'honneur : il a porté la santé du roi d'Italie. Il a reçu les professeurs et les étudiants d'Allemagne. Sa présence a donné plus d'éclat à la représentation de son pays. Nous avons eu, nous, beaucoup à nous louer du vice-consul de France à Bologne, M. Ponsot, qui nous attendait à notre arrivée, et que nous avons vu plusieurs fois chaque jour ; il nous a donné de très bons avis, et nous a réunis à sa table, la veille de notre départ. Mais l'ambassadeur de France n'était pas là. On dirait que nous ne savons pas encore qu'il y a, dans les États d'aujourd'hui, à côté ou au-dessus des gouvernements, des peuples auxquels il faut faire sa cour.

Italia! Italia! Italia! Ce nom revenait à chaque verset de la cantate chantée, au début de la cérémonie du mardi. Tout le discours de M. Carducci était un panégyrique de l'Italie. Certes l'Italie, dans cette fête de l'intelligence, avait le droit de célébrer sa gloire intellectuelle! Quelle gloire est plus grande que la sienne? Mais à qui appartenait l'honneur des premières félicitations, sinon à la France? Les génies de la France et de l'Italie ne se sont-ils point rencontrés dans une féconde émulation au moyen âge et au xvi⁵ siècle? Et quel drapeau flottait à côté du drapeau de la Sardaigne, à l'heure décisive de la renaissance du peuple italien?

Nous avons recueilli la preuve très claire que la politique des dernières années n'a pas effacé, dans les cœurs italiens, le sentiment de cette confraternité. L'accueil qui nous a été fait a dépassé notre attente. Nos hôtes ont été, comme ils le devaient, aimables également pour tous. Je ne dis point que l'Allemagne n'a pas été l'objet de quelques prévenances officielles. Un toast porté au banquet par le ministre de l'Instruction publique aux nations alliées et amies ne s'adressait à nous qu'en seconde ligne assurément. M. le recteur Capellini, qui nous a dit d'ailleurs dans le privé de très aimables choses, n'a pas voulu laisser venir en discussion publique la question de savoir si un seul orateur parlerait au nom de tous. Il avait accepté à l'avance la décision de M. le professeur Hofmann. Au banquet, après les grands toasts, dans le tumulte de la fin, le recteur a tendu son verre à l'ambassadeur d'Allemagne, et, discrètement, a porté son tout petit toast *alla felicità della Germania*. Tout cela était inévitable, nous le savions, mais nous n'espérions point cette grande ovation, faite le jour de l'arrivée, à la France, ni tous les témoignages de sympathie qui nous ont été donnés.

Le roi et la reine d'Italie ont eu pour nous les plus gracieuses paroles de la soirée du lundi, où Leurs Majestés ont reçu les étrangers. Le roi s'est entretenu avec notre consul, auquel il a exprimé sa satisfaction du prochain rétablissement des relations commerciales entre la France et l'Italie, puis avec plusieurs d'entre nous. Très aimablement, il a dit à M. Boissier l'estime que l'Italie a pour sa personne et ses travaux. Il nous a parlé aussi du plaisir qu'il avait ressenti en apercevant nos étudiants à la gare.

C'est un devoir pour moi de dire que ces jeunes gens se sont conduits à merveille. Eux aussi, ils ont bien fait d'aller à Bologne.

Leur rôle n'était point si facile. C'est la première fois qu'une députation d'étudiants français figurait à l'étranger dans une fête si solennelle.

Ils ne sont pas organisés pour ces cérémonies. Leur habit noir rehaussé seulement par une cocarde à la boutonnière et par un ruban en sautoir était bien sévère dans ce ruissellement de lumière et de couleurs. Aussi, une heure après leur arrivée, avaient-ils adopté les petits bonnets de soie des étudiants bolonais. C'est ce qui a fait dire sans doute à des malintentionnés qu'ils avaient pris les couleurs allemandes.

Ils n'y pensaient guère. A la courtoisie des Allemands, ils ont répondu avec politesse. Les étudiants d'Allemagne ont eu le bon goût de venir au-devant d'eux à la gare, de les saluer et de leur faire visite dans leur chambrée. Saluts et visites ont été rendus. Pas une parole fâcheuse n'a été prononcée de part ni d'autre. A l'immense banquet où se sont assis 800 étudiants de tous pays, il y a eu quelques moments délicats. Tout ce jeune monde était fort échauffé. Les toasts avaient commencé avec les hors-d'œuvre, et un toast ne va pas sans boire. Un étudiant d'Heidelberg, vers le milieu du repas, s'approcha du président de l'Association française, verre en main, et cria : « Vive la France ! » Il lui fut répondu : « Merci ; mais excusez-moi, je ne puis pas crier : « Vive l'Allemagne ! » Hélas ! rien de plus vrai. Bien que nous sachions ce que l'Allemagne vaut dans le monde et quel bienfait serait pour l'humanité la réconciliation de deux si grands pays, aucun Français ne peut aujourd'hui crier : « Vive l'Allemagne ! » A la fin du banquet, les étudiants de Berlin proposèrent d'envoyer par télégramme à l'empereur Frédéric les vœux de l'assistance pour le rétablissement de sa santé. Ils demandèrent aux Français s'ils voulaient s'associer à cette démarche. Les nôtres n'hésitèrent pas à consentir ; mais tout de suite, leur président rédigea ce télégramme : « Les étudiants de toutes nations, réunis à Bologne pour fêter le huitième centenaire de l'Université, adressent au Président de la République française l'assurance de leur profond respect. Ils se souviennent que la France est le pays du progrès et de la liberté ! » Le texte fut acclamé. A supposer qu'il en eût coûté à nos jeunes gens (et, certes, il ne leur en a rien coûté) d'exprimer à l'auguste moribond les souhaits qui étaient dans tous les cœurs humains, ils ont été bien récompensés par cet hommage à la France et à son premier magistrat.

Propos de jeunes gens, sans doute ! Propos de table ! Et je ne veux pas non plus donner trop d'importance aux quelques mots dits par le roi à nos étudiants, quand il les a reçus au palais : « Nous avons combattu ensemble. Cela ne s'oublie pas ! Il n'y a pas si longtemps !... » Mais il vaut mieux que ces paroles aient été dites assurément. Le roi et la reine ont eu pour ces jeunes gens des attentions particulières. La reine a été touchée de les voir encore, à son départ, au premier rang; elle les a remerciés avec toute sa bonne grâce du bouquet aux couleurs françaises qu'ils lui apportaient.

Entre professeurs de diverses nations, nous nous sommes vus à peine, occupés comme nous étions tout le jour, par des cérémonies; mais les étudiants français ont fraternisé avec presque tous les autres.

Je ne veux pas dire de mal des étudiants d'Allemagne, qui se sont bien conduits avec les nôtres. Pourtant leur tenue, leurs costumes et leurs visages, applaudis par la foule, ne plaisaient pas à tout le monde.

Ces petits toquets débordés par de larges faces rasées ou imberbes et couturées par les duels; ces rapières, qui gesticulaient à tout propos selon des rites bizarres et, le soir, après les banquets, traînaient en zigzag et sonnaient sur la dalle des rues; cette froideur des figures, cette raideur des corps, tous ces détails et tout cet ensemble avaient je ne sais quel air étrange et étranger. Nos jeunes Français, au milieu des Italiens et des étudiants de race latine qui étaient en majorité, avaient l'air de se trouver en famille.

Encore une fois, je ne veux pas être dupe des

émotions dont ces fêtes m'ont laissé le vif souvenir. Je sais bien que les discours et les poignées de main ne changent pas la politique, et que la politique est méchante ; mais je suis sûr que chaque peuple vaut mieux que les partis qui troublent son repos, et l'Europe mieux que les gouvernements acharnés à perpétuer la guerre. C'est pourquoi les manifestations internationales ne sont pas vaines. Elles charment pour un moment l'illusion que les vieilles idées généreuses ne sont pas mortes et qu'il y a encore, parmi les nations, place pour l'humanité.

III

LE RETOUR DE BOLOGNE [1]

Messieurs,

Vous voici réunis pour fêter le retour de Bologne. Vous avez été chercher vos camarades à la gare ; vous les avez embrassés, acclamés, puis vous les avez ramenés ici en cortège, et vous avez gardé un si bel ordre que M. le préfet de police vous a félicités Un préfet de police qui complimente les étudiants ! Tout arrive en France.

A présent, vous allez faire aux voyageurs l'honneur d'un punch ; mais laissez-moi, puisque j'ai été du voyage, vous dire que vos camarades ont mérité l'accueil que vous leur faites.

Nous n'étions pas sans quelque appréhension

[1] Allocution prononcée dans une réunion des étudiants de Paris, le 25 juin 1887.

au sujet de cette première manifestation faite au dehors par les étudiants de l'Université de Paris renaissante. L'Italie est travaillée par une politique hostile à la France : quelle que soit la courtoisie des Italiens, nos étudiants n'avaient-ils pas à craindre une certaine réserve à leur endroit et une préférence marquée pour d'autres? — Les fêtes devaient être présidées par le roi d'Italie, mais Bologne est une ville d'opposition, et une partie de la jeunesse bolonaise est républicaine. Vos camarades devaient mettre leurs mains dans les mains des jeunes démocrates bolonais, mais ne pas oublier les égards dus au souverain du pays dont ils recevaient l'hospitalité. — Enfin, les Français n'étaient pas les seuls étrangers invités. Parmi ces groupes d'étudiants de toutes les nations, il en était un avec lequel les relations étaient particulièrement délicates.

Messieurs, vos camarades se sont tirés de toutes ces difficultés à leur honneur. Ils ont donné aux Bolonais étreinte pour étreinte, baiser pour baiser (car on s'est fort embrassé à l'arrivée), et ils ont rendu leurs devoirs au roi et à la reine, qui leur ont témoigné la plus cordiale bienveillance. Le jour où les souverains ont quitté Bologne, fidèles aux traditions de la galanterie française, les nôtres ont présenté à la gracieuse reine d'Italie un bouquet, en présence des Allemands, qui n'avaient apporté que leurs rapières.

Avec les étudiants allemands, les Français se sont conduits exactement comme ils devaient. A leur courtoisie froide (car les Allemands ont été courtois), ils ont répondu par une froide politesse. Ils ont fait de la diplomatie : Chaumeton s'est conduit en maintes circonstances comme un diplomate à l'esprit présent, fin et hardi, — le jour, par exemple, où, après avoir adhéré au télégramme envoyé par les étudiants de toutes les nations à l'empereur Frédéric pour lui exprimer le vœu que sa santé fût promptement rétablie, il a rédigé tout de suite et fait accepter le télégramme où les étudiants de toutes les nations envoyaient leur hommage au Président de la République française et à « la France, terre du progrès et de la liberté ».

Pourtant ce n'est point la finesse, le tact et la présence d'esprit de vos camarades que je dois le plus louer, c'est la façon dont ils ont porté votre bannière.

J'aurais voulu que vous fussiez tous là, pour voir comme elle a été reçue à la gare; moi, je l'ai vu, aussi bien qu'on peut voir quand on a des larmes dans les yeux. Le lendemain, à l'entrée du roi dans la ville, j'ai retrouvé votre bannière en tête du cortège : elle était là, grâce à la présence d'esprit de votre camarade Bernard. Dans la cérémonie de l'inauguration de la statue de Victor-Emmanuel, le premier rang lui avait été assigné ; mais, de la tribune où nous étions placés, nous regardions une grande bannière qui avançait, avançait toujours vers la nôtre : c'était celle de l'Université de Berlin. Votre porte-drapeau Stœber surveillait cette manœuvre, et il avait l'œil inquiet et pas bienveillant, je dois le dire : il ne s'est pas laissé dépasser.

Messieurs, lorsque j'ai rendu compte au Conseil général des Facultés, dans sa dernière séance, des fêtes de Bologne, j'ai beaucoup parlé de la conduite de vos camarades. Le conseil a décidé que les noms de MM. Chaumeton, Bernard, Demolon, Chandelois, Franck et Stœber seraient gardés dans ses procès-verbaux. Il m'a chargé de leur adresser ses compliments et ses félicitations. Je suis heureux de m'acquitter de cette commission devant tous leurs camarades. Vos maîtres s'intéressent à vos études, vous le savez, et ils ont l'ambition que vous en fassiez de bonnes. Mais ils savent qu'il y a quelque chose de mieux que de bien étudier le droit, la médecine, les sciences et les lettres : c'est d'apprendre à bien tenir le drapeau.

Maintenant, mes amis, quelques conseils, des conseils de vieux camarade. Ne vous laissez pas emporter à de trop grandes illusions. Certes, vous avez très bien fait ce que vous aviez à faire ; mais le monde n'en sera pas changé, malheureusement. La politique est aujourd'hui ce qu'elle était hier. Il faudra du temps et beaucoup d'efforts pour la rendre plus juste et plus humaine. Je ne voudrais pas parier qu'elle sera beaucoup amendée quand vos fils seront étudiants.

Est-ce une raison pour vous décourager? Non, certes. Persévérez dans la voie où vous êtes entrés. Persévérez résolument et modestement. Tout à l'heure, votre camarade Corbin terminait sa charmante allocution par ces mots : « Le quartier latin a pris un air de fête pour vous recevoir et célébrer dignement l'heureuse issue de la première mission que le gouvernement a confiée à des étudiants! » Une mission c'est peut-être beaucoup dire.

Ah! jeunes gens, jeunes gens, comme vous êtes bien des Français! Si jeunes, et déjà vous voulez être du gouvernement! Vos camarades de Bologne vous invitent à une fête. Vous acceptez. Le gouvernement, très bien inspiré, vous aide à faire le voyage, et vous appelez cela une mission du gouvernement! Mais la mission, c'est vous qui vous l'êtes donnée! Vous emportiez là-bas votre bannière. Vous vous êtes dit que vous représentiez la jeunesse française et la France!

Vous les avez très bien représentées. C'est tout, mais c'est assez.

Bien plus juste et tout à fait vraie est cette phrase de Corbin : « Vous avez montré aux étudiants de toutes les nations que les étudiants de Paris sont une force et qu'ils sont dignes de prendre place dans les solennités intellectuelles qui, de temps en temps, unissent les peuples dans une idée commune ! »

Là est le vrai service rendu par l'Association. Grâce à elle, notre jeunesse fait corps; elle devient une force au service de la patrie.

Continuez, mes amis, à faire de la propagande en faveur de la France parmi la jeunesse étrangère. Entretenez les relations commencées avec l'Italie. Nouez-en d'autres, s'il est possible. Ces relations seront utiles à votre éducation. Elles vous feront sortir de l'enceinte étroite des préjugés nationaux. Elles vous guériront, si vous êtes atteints de ce mal grave : de l'esprit de dénigrement, qui est un fruit de l'ignorance. Elles vous feront mieux connaître les droits des autres, par exemple le droit qu'a l'Italie de vouloir être et d'être une nation.

Vous voyez, je conseille à la jeunesse française d'avoir, à sa façon, une politique étrangère, mais prudente, discrète, sans tapage. Pour le moment, rentrez tout de suite dans le calme et retournez à vos études. N'insistez pas sur le succès obtenu : vous le gâteriez. Surtout ne prenez part à aucune polémique irritante avec des étudiants du dehors au sujet des fêtes de Bologne. Ni à propos de ces fêtes, *ni à propos d'aucune affaire*, ne soyez des provocateurs. Vous savez bien pourquoi je vous parle ainsi, ce soir. J'ai entendu dire que six étudiants français ont proposé un duel à six étudiants étrangers, à propos d'une insulte faite à une Française en Allemagne. N'oubliez pas que le soin de défendre l'honneur et les intérêts de la France n'appartient qu'au gouvernement de la France.

Encore une fois, retournez à vos études. Songez qu'en ce moment (il n'est pas inutile de terminer par cette petite douche), dans toutes les Facultés, des tables se dressent pour un banquet, qui sera moins gai que ceux de Bologne : le banquet des examens.

IV

LES FÊTES DE 1889 [1]

Messieurs les Étudiants,

Rabelais, dont vous êtes aujourd'hui les paroissiens, a prédit nos fêtes en termes très clairs : « Le noble royaulme de France prospèrera et triomphera ceste année en tous plaisirs et délices, tellement que les nations estranges voluntiers se y retireront. Petits bancquetz, petitz esbattements, mille joyeusetez se y feront où chacun prendra son plaisir. » Ainsi parle, au chapitre VI de la *Pantagruéline Prognostication*, le curé de Meudon. C'est par un euphémisme voulu, avec cette ironie qu'emploient souvent

---

[1] Discours aux étudiants étrangers et français, prononcé au banquet de Meudon, le 12 mai 1889.

les prophètes, qu'il a dit « petits banquetz », car vous avez bu, le jour de l'inauguration de la Sorbonne 1,300 bouteilles de champagne.

Vos « esbattements » n'ont été petits; et je vous en félicite au nom des membres honoraires de l'Association, vieux étudiants et qui ne sont point ceux qui étudient le moins; personnes graves, mais qui aiment les jeunes et savent qu'il faut que jeunesse se passe.

Les « délices » ne vous ont pas été ménagées. La Ville et l'État vous ont donné le festin de ce soir, la fête du ministère de l'Instruction publique, la fête du ministère des Travaux publics, la fête de l'Opéra, la fête de l'Hôtel de ville. Spontanément, M. l'administrateur et MM. les sociétaires de la Comédie-Française ont pensé que l'hospitalité de la France serait incomplète, si les interprètes autorisés de nos grands écrivains dramatiques ne vous faisaient point les honneurs des génies de Corneille et de Molière. M. Claretie vous a souhaité la bienvenue en des vers tout pleins des grands sentiments de patriotisme et d'humanité. La maison de Molière vous a servi un régal de princes. Mon ami, le maire de Meudon, a voulu vous recevoir aussi comme des rois; il vous a harangués avec accompagnement de sa fanfare. Il y avait de quoi provoquer la jalousie de S. M. le Shah de Perse. Je ne m'étonne point qu'il soit parti.

Étudiants de France (c'est à vous d'abord que je m'adresserai), vous avez mérité l'honneur d'offrir à vos hôtes ces belles réjouissances. Vous savez que je ne suis pas un complimenteur banal; mais aujourd'hui, j'obéis à un devoir de conscience, devoir très doux, en déclarant que ces fêtes d'étudiants, qui sont nouvelles en France, c'est à vous-mêmes que vous les devez. Pour qu'elles fussent possibles, il a fallu toute une révolution dans les mœurs de nos Écoles; cette révolution, vous l'avez accomplie vous-mêmes, vous seuls. Après que le premier exemple d'une association d'étudiants a été donné par Nancy et par Lille, Paris a fondé la sienne; après Paris, toutes les villes universitaires. Votre œuvre a été bien menée, vivement, allègrement, à la française. Tout de suite vous avez commencé des relations avec les sociétés étrangères d'étudiants. Vous avez votre diplomatie; vous y êtes habiles et vous y êtes heureux. En toute circonstance, vous faites exactement ce que vous devez faire. Je n'ai pas oublié, je n'oublierai jamais les fêtes de l'hospitalière Bologne. J'en sens encore le charme et la grâce; mais, par-dessus tout, j'y ai admiré deux choses : le salut enthousiaste des camarades d'Italie à notre drapeau, et votre façon sérieuse et fière de porter ce drapeau.

Le retour de Bologne a été comme une fête publique, car le public commençait à comprendre que les étudiants sont capables de faire œuvre nationale. La presse, qui vous a été si bienveillante dès vos débuts, s'est alors ingéniée à vous donner la popularité. Mais vous aviez rapporté d'Italie un grand projet. Partout où vous aviez été reçus, vous aviez donné rendez-vous à vos hôtes à Paris, en 1889. Des voies et moyens d'organiser des fêtes, vous n'aviez aucune idée précise. Vous sentiez seulement qu'il ne serait pas facile de trouver, dans le grand tumulte de l'Exposition, votre place et votre heure. Vous saviez qu'il faudrait beaucoup d'argent et vous n'en aviez guère. N'importe! vous avez été de l'avant : tout le monde vous a suivis.

Voulez-vous mesurer, Messieurs les étudiants de France, le chemin que vous avez parcouru?

Il y a quatre ans, la première pierre de la Sorbonne était posée en grande cérémonie : aucun étudiant n'y était convié. La Sorbonne vient d'être inaugurée. M. le Président de la République présidait, entouré de ministres, d'ambassadeurs, de membres de l'Institut; l'Université était représentée par ses conseils, par ses recteurs, par les professeurs de ses Universités, de ses collèges et de ses écoles. Qui était le héros de la fête? C'était, après le Président de la République, l'étudiant. Nous avions jeté l'hermine sur nos épaules, nous avions revêtu nos robes, qui chantaient toute la gamme de l'arc-en-ciel. Nous nous étions faits très beaux, mais, pauvres anciens que nous sommes! les regards étaient pour les bérets de velours, pour les bonnets frangés d'argent, pour les barrettes de satin rouge, les casquettes à gland noir, les toques à aigrette blanche, les écharpes de toutes couleurs, les bannières antiques et pour ce millier de jeunes visages, marqués des caractères des grandes races humaines.

Ce progrès accompli, que signifie-t-il? Que vous avez enfin donné à la jeunesse française sa place au soleil. Elle était une foule anonyme, disséminée dans des Facultés et des Écoles qui ne se connaissaient pas. Vous en avez fait un corps de métier, noble entre tous, une personne dans la nation. Par vous, nous savons ce que sont « les jeunes ». Jadis, on aurait pu croire que les jeunes sont quelques individus originaux ou se parant d'originalité, des maniérés, des dilettanti, des faiseurs de tours de force en littérature, ou pire que cela, des fatigués par genre, et qui portent le dégoût de la vie, comme on portait, autrefois, les longs cheveux romantiques ou les gilets à la Robespierre. Les jeunes, c'est vous, que nous avons vus vibrer à de certaines paroles, frémir de certaines émotions, que nous avons entendus exprimer par les acclamations adressées au chef de l'État le culte que vous professez pour l'honneur, pour la liberté, pour la patrie. Les jeunes, c'est vous, mes amis, vous qui chantez, vous qui riez, vous qui travaillez avec joie. Vous avez l'activité, la vaillance, le bon sens, la gaieté, la malice, l'enthousiasme : l'âme, toute l'âme de la France. Je suis de ceux à qui vous avez plus d'une fois, ces jours-ci, mis les larmes aux yeux. Je vous en remercie. Nous, qui avons beaucoup souffert, nous recouvrons la confiance en la perpétuité du renouvellement des forces nationales. Nous voyons, après notre hiver, venir votre printemps.

Jeunes étrangers, au nom des anciens étudiants de France, je vous salue et vous remercie d'avoir répondu à l'appel de vos camarades français. Vous nous faites revivre les jours où l'Université de Paris, *alma mater* de toutes les nations, suffisait presque à éclairer le monde. Les hommes d'alors aimaient à donner aux idées des formes concrètes ; ils leur attribuaient des domiciles. Ils disaient que la papauté résidait à Rome, l'empire en Allemagne, la science à Paris. Depuis ce temps-là, depuis que notre Université a reçu la consécration officielle de son existence, sept siècles ne se sont pas écoulés. C'est peu de chose dans la durée; c'est un court moment dans la croissance du genre humain, et pourtant, à sept siècles de distance, qui reconnaîtrait l'homme et le monde?

A peine alors distinguait-on des frontières entre les peuples. Aucune nation n'avait assez pleine conscience d'elle-même, pour se sentir autre que sa voisine. Les hommes parlaient des langues différentes, mais ils s'entendaient dans la langue que la puissance de Rome, perpétuée par la puissance de l'Église, avait faite universelle. Divers étaient les esprits des peuples, mais la culture qu'ils recevaient était identiquement la même. Comme les nations futures se confondaient dans la chrétienté, les futurs génies nationaux se promenaient fraternellement dans les allées du *trivium* ou du *quadrivium*, sous l'œil maternel et sévère de la théologie.

Aujourd'hui, les sciences (et combien de sciences!) se sont émancipées; le *quadrivium* est devenu *millivium* : des milliers d'intelligences y fourmillent en toute liberté. La science est encore à Paris, mais elle est partout. Partout, en Europe, dans des pays quasi inconnus au XIIIe siècle, dans le nouveau Monde, des Universités travaillent et pensent. Chacune d'elles parle la langue d'un pays. Il y a sept siècles, je vous aurais adressé ce discours en latin; vous m'auriez compris. C'est en latin qu'entre vous, vous auriez échangé les gais propos. Ces jours-ci, ce soir, autour de cette table, vous parlez toutes les langues. Je parle la mienne, de peur que Pantagruel, qui doit rôder dans ces environs, n'apparaisse tout à coup et ne me traite comme le « Limosin » qui « despumait la verbocination latiale ». Ainsi, Messieurs, tout s'est séparé, diversifié, multiplié. La vie partout répandue est partout active. Une heure de notre temps fait plus de besogne qu'un siècle du temps passé. Soyez donc heureux de vivre aujourd'hui, car aujourd'hui est grand; mais laissez-moi ajouter : « Ne vous reposez pas dans l'œuvre de vos pères; aucune génération n'a droit à l'inertie; chacune a sa tâche, et la vôtre est belle. Il faut que, par vous, demain soit meilleur qu'aujourd'hui.

Car il y a de grandes ombres à nos grandes lumières. Toute notre activité n'est pas employée au bien : une part trop grande est donnée à la haine et à la destruction.

Messieurs les étudiants étrangers, je veux vous parler comme à des hommes. Ces jours-ci, j'ai entendu exprimer bien des illusions généreuses. Avant-hier, dans une belle cérémonie intime, les délégués de toutes les nations ont célébré la paix et la fraternité. Hier, lorsqu'il s'agissait de désigner au sort l'orateur qui parlerait seul, au nom des étrangers, vous vous êtes demandé s'il y avait encore des nations. « Il n'y a plus de nations, a dit quelqu'un : il n'y a plus que des Universités. »

Et comme vous aviez pris la résolution de vous tutoyer, c'était plaisir d'entendre crier d'un bout à l'autre de la table : A toi, Cambridge ! A toi, Bologne ! A toi, Harward ! A toi, Vienne ! A toi, Liège ! A toi, Buda-Pesth ! A toi, Venezuela ! A toi, Lund ! A toi, Bâle ! A toi, Helsingfors ! A toi, Prague ! » Mais, en vous écoutant, je craignais pour votre rêve le heurt contre la dure réalité. Je ne pouvais me défaire de la triste pensée que plusieurs d'entre vous, peut-être, se rencontreront ailleurs que dans des fêtes !

Jeunes gens, ne voyez pas le monde trop en beau, de peur que vous ne perdiez courage, le jour où vous le verrez comme il est. Au mal dont nous souffrons, le cosmopolitisme n'est pas le vrai remède. Aussi je ne vous prêcherai pas cette doctrine : je n'y crois pas, je ne l'aime pas ; elle n'est pas de notre temps.

Il y a eu jadis un cosmopolitisme chrétien ; mais, dans ce temps-là, des idées et des croyances universellement admises faisaient le fonds commun de l'intelligence et du cœur des hommes. Elles sont, aujourd'hui, douteuses, ou, du moins, violemment contestées.

Au cosmopolitisme chrétien succédait, à la fin du siècle dernier, le cosmopolitisme philosophique : tous ceux qui pensaient se trouvaient à l'étroit entre des frontières ; il semblait que le xviiie siècle préparât l'avènement de l'humanité. Mais les siècles se trompent toujours sur le compte de leurs successeurs. Le xviiie siècle préparait l'ère des nations pleinement conscientes d'elles-mêmes, curieuses de leur passé, dont elles vénèrent toutes les reliques, orgueilleuses de leur antiquité ou fières de leur jeunesse, résolues à vivre, et réclamant pour leur service toutes les vertus et toutes les énergies.

Messieurs, notre siècle a fait des nations. Il a créé ou ressuscité la Grèce, la Belgique, l'Italie, la Hongrie, l'Allemagne, la Roumanie, la Serbie, la Bulgarie, les républiques d'Amérique. Voilà son office principal, sa marque distinctive, son originalité, sa gloire. Le cosmopolitisme, comme on l'entendait autrefois, s'il essayait de se redresser, serait, à la minute, renversé par le souffle de toutes ces poitrines de peuples.

Messieurs les étudiants étrangers, aimez donc vos patries comme nous aimons la nôtre. Dans la grande incertitude où nous laissent la science et la philosophie sur toutes les questions vitales, l'activité humaine risquerait de dépérir, si elle n'avait un objet immédiat, visible, tangible. Je sais bien que, si je retirais de moi-même certains sentiments et certaines idées, l'amour du sol natal, le long souvenir des ancêtres, la joie de retrouver mon âme dans leurs pensées et dans leurs actions, dans leur histoire et dans leur légende; si je ne me sentais partie d'un tout, dont l'origine est perdue dans la brume et dont l'avenir est indéfini; si je ne tressaillais pas au chant d'un hymne national; si je n'avais pas pour le drapeau le culte d'un païen pour une idole, qui veut de l'encens et, à de certains jours, des hécatombes; si l'oubli se faisait en moi de nos douleurs nationales, vraiment, je ne saurais plus ce que je suis ni ce que je fais en ce monde. Je perdrais la principale raison de vivre.

Quel est donc le grand problème du temps où vous vivez? C'est la conciliation des droits immédiats et clairs des patries avec les droits plus vagues, mais supérieurs, de l'humanité.

Pour opérer cette conciliation, ne comptez pas trop sur la science : les mathématiques, la physique et la chimie sont les aides de camp des ministres de la guerre. N'espérez pas même en la philosophie : elle enseigne que les faibles n'ont pas le droit de vivre. La doctrine dont il faut que vous soyez les apôtres se peut exprimer en deux mots : chaque patrie doit le respect à toutes les patries. Partout où des hommes consentent à vivre ensemble, sous les mêmes lois, avec les mêmes sentiments et les mêmes passions, cette existence collective est légitime, elle est auguste, elle est sacrée, elle est inviolable. Jeunes gens, vous ferez demain l'opinion du monde ; au monde qui hésite entre les vieilles idées et les nouvelles, où les phénomènes de l'antique barbarie se confondent dans une étrange expérience avec les progrès merveilleux de la civilisation, donnez ce dogme : le plus grand des crimes contre l'humanité, c'est de tuer une nation ou de la mutiler. Prenez l'horreur de ce crime ; souffrez des souffrances des victimes.

Ne vous méprenez pas pourtant sur le sens de mes paroles. Je sais quels sont les devoirs d'hôtes envers leurs hôtes. Je ne prétends pas vous intéresser à notre querelle ni requérir votre aide. Nous voulons suffire à notre tâche et, s'il plaît à Dieu, nous y suffirons. Devant ces jeunes représentants de tous les peuples, l'expression d'un sentiment égoïste serait une faute et une incivilité. Laissez-moi vous dire pourtant que la France du XIXe siècle a des titres particuliers à prêcher la doctrine du respect des nations envers les nations. Républicains de l'Amérique du Nord, nos pères ont combattu ensemble dans la guerre d'indépendance ; ensemble ils ont proclamé le droit des temps nouveaux. Hellènes, nous étions à Navarin, avec l'Angleterre et la Russie, et notre drapeau a salué la liberté d'Athènes. Belges, nous avons laissé du sang dans les fossés d'Anvers. Italiens, votre pays a été, au cours des siècles passés, le théâtre de nos guerres d'ambition : dans la guerre que nous avons faite ensemble, il y a vingt ans, nous avons mis les plus nobles passions de notre âme. A tous enfin, je puis dire : La compassion que nous réclamons pour toutes les souffrances, nous l'avons ressentie. De combien d'exilés notre pays n'a-t-il pas été, je ne dirai pas le refuge, mais la patrie !

C'est pourquoi, Messieurs les étudiants étrangers, à la fin de nos fêtes, dont vous avez été la joie et l'ornement, au moment de nous séparer de vous, plein de respect pour vos patries, tout ému des spectacles qu'a donnés votre jeunesse pendant cette semaine de fraternité, sachant que vous serez demain l'humanité, je ne trouve point dans mon cœur de vœu plus humain que celui que j'exprime, la main étendue sur vos bannières : « Que l'esprit de la France soit avec vous ! »

V

PRÉSENTATION DES ÉTUDIANTS
A M. CASTELAR [1]

Messieurs,

L'Association générale des étudiants de Paris est en fête ce soir. Le plaisir que nous éprouvons à nous trouver ensemble, maîtres et élèves, est plus vif qu'à l'ordinaire. Nous vous avons au milieu de nous, monsieur Jules Simon, vous qui avez tous les droits à présider un congrès d'anciens et de jeunes ; car vous êtes un ancien, puisque vous plaidez depuis longtemps les bonnes causes, un jeune puisque vous les défendez

[1] Discours prononcé le 15 novembre 1889, en Sorbonne, dans une réunion de l'Association générale des étudiants de Paris, présidée par M. Jules Simon, et à laquelle assistait don Emilio Castelar, qui, tous les deux, ont pris la parole au cours de la séance.

encore, et avec une verve et une vigueur qui font de votre extrait de naissance un document invraisemblable.

Auprès de vous est assis un hôte que je ne puis me résoudre à appeler un étranger. Un poète ancien a dit ce mot, qui a été depuis bien souvent répété : « Je suis homme, rien de ce qui est humain ne m'est étranger. » Don Emilio Castelar est chez lui partout où il y a des hommes. Il est chez lui en France plus que partout ailleurs. Sa parole fait mieux que de transporter des montagnes : elle les supprime. Pour son éloquence, il n'y a pas de Pyrénées.

Des discours de lui ont été entendus au bout du monde. Un jour, pour ne parler que d'un seul de ces discours, une proposition d'abolition de l'esclavage dans les colonies espagnoles est venue en délibération au Parlement d'Espagne. L'issue du débat n'était pas douteuse : tout le monde disait que la proposition serait rejetée. Seul, don Emilio Castelar savait le contraire. Il s'est levé, il a parlé : quand il s'est assis, l'humanité s'était enrichie de trois millions d'hommes libres.

Don Emilio Castelar, vous avez la haine de toutes les injustices. Un jour, vous en avez dressé le catalogue ; vous avez énuméré toutes celles qui ont été vaincues, puis toutes celles qui demeurent. De la défaite des premières, vous avez conclu à la défaite des autres. Ce jour-là, vous nous avez fait du bien. Le télégraphe nous avait à peine adressé votre discours, que les étudiants de Paris vous envoyaient l'hommage de leur admiration et de leur reconnaissance. Ils vous le renouvellent aujourd'hui par ma bouche.

Ils savent aussi que vous êtes un professeur d'histoire incomparable, que vous avez renouvelé par des vues de génie l'histoire de votre pays; que vous avez fait battre les cœurs, en même temps que vous éclairiez les esprits des générations qui vous ont pris pour guide. Ils honorent en vous le maître aimé de la jeunesse espagnole, à laquelle ils envoient leur salut fraternel.

Permettez-moi maintenant de vous présenter nos jeunes gens. Je voudrais, si délicate que soit la tâche, vous dire comment je crois qu'ils sont: cela, en peu de mots, mais en toute franchise. Ils sont habitués à nous entendre parler franchement. Ce portrait que je vais essayer de faire ne leur déplaira pas, s'ils le trouvent ressemblant, car ils aiment la vérité; ils auront une autre raison de ne pas se fâcher: la vérité ne leur sera point défavorable.

C'est justement leur association qui nous a donné les moyens de les mieux connaître. Ils ont voulu se rapprocher de nous, se montrer à nous ailleurs que dans les salles de cours et d'examens, et que sous des figures d'élèves, de candidats et de justiciables. Ils ont ainsi permis à leurs anciens de regarder plus avant dans leur état intellectuel et moral.

C'est une coutume très vieille que les anciens et les jeunes soient injustes les uns à l'égard des autres. Les premiers croient volontiers qu'ils emporteront dans la tombe toute sagesse et toute vertu; les seconds, que leur avènement marquera une ère nouvelle. Pourtant si les fils valaient toujours et nécessairement moins que leurs pères, je ne sais où nous en serions aujourd'hui : de décadence en décadence, nous serions évidemment tombés très bas, et, si les jeunes avaient toujours raison contre les barbes grises, l'histoire ne compterait pas tant de générations utiles ou glorieuses.

Rien de plus naturel que cette querelle entre aujourd'hui et demain : aujourd'hui est roi et demain prince héritier.

Une génération fait son œuvre avec ses idées, ses sentiments et ses passions : elle les garde jusqu'au bout de sa carrière, ou, si quelque événement décisif, quelque catastrophe lui a fait perdre la foi en elle-même, elle ne s'enquiert pas d'une autre foi. Elle s'intéresse médiocrement à ceux qui viendront après elle. Si elle s'aperçoit, en jetant un regard distrait sur la jeunesse, que celle-ci affecte de ne point lui ressembler en tout, elle hausse les épaules. Si le désaccord s'accuse nettement, elle s'indigne et s'écrie : D'où sortent donc ces gens-là ?... Mais, Messieurs, ces gens-là sortent de vous-mêmes ; ils veulent, comme vous l'avez voulu à votre heure, être eux-mêmes. Vous avez usé de certaines idées, vous en avez abusé, vous les avez usées ; ne trouvez pas mauvais que vos fils cherchent des idées nouvelles. Vous avez fait des ruines : n'exigez pas qu'ils les habitent. Permettez qu'ils essaient de construire leur maison.

Pour être juste envers les jeunes d'aujourd'hui, il faut nous rappeler d'abord sur quels spectacles leurs yeux se sont ouverts, il y a vingt ans ; quelles ruines nous avons faites, ruines de choses et ruines d'idées ; nous remémorer l'inanité de certaines de nos affirmations politiques et philosophiques, l'illusion de diverses légendes qui nous ont égarés, et le péril où nous avons mis notre pays. Nous nous expliquerons ainsi que la jeune génération soit, comme elle est, très réservée, défiante même ; qu'elle ait peur des idées générales, même quand elles sont généreuses ; qu'elle ne croie personne tout de suite et sur parole ; qu'elle n'ait point de drapeau littéraire, ni de croyance dominante, philosophique ou religieuse, ni aucune des passions *a priori* que ses devancières ont apportées dans la vie. La génération de 1830 avait toutes les ambitions, toutes les confiances et toutes les audaces; celle-ci est très prudente. Si les étudiants, au lieu d'une association, avaient fondé une confrérie, comme au moyen âge, je crois bien qu'ils auraient choisi pour patron le saint qui aimait à voir avant de croire : saint Thomas.

Aussi cette jeunesse inquiète-t-elle le premier regard; mais regardons encore : nous verrons tout de suite que, si elle n'affirme pas aisément, elle ne nie pas volontiers. Ne pas affirmer, ne pas nier, c'est, dira-t-on, le scepticisme, le mortel scepticisme; mortel, oui, s'il est une lassitude et un dégoût, s'il est inerte, et si la jeunesse s'endort sur l'oreiller de Montaigne; mais elle ne dort pas du tout; elle est très éveillée. Elle est plus curieuse et elle a l'esprit plus ouvert que nous ne l'avions de mon temps. On dit que beaucoup de jeunes gens sont trop occupés de l'utile, trop enfermés dans des études particulières, auxquelles ils ne s'intéressent qu'en raison des profits qu'ils en espèrent. Mon Dieu! j'avoue qu'il y a des jeunes gens de cette sorte et qu'il y en a même trop, à notre gré; mais je crois qu'il s'en est toujours trouvé de pareils dans toutes les générations. J'en connais, dans celle-ci, dont l'esprit a des visées plus hautes. Ils sont en quête de toutes les nouveautés. Les découvertes de la science sur l'homme et sur la nature les intéressent; les meilleurs en sont passionnés. Un beaucoup plus grand nombre que nous ne croyons a la curiosité des mystères et cherche l'au delà, par les routes les plus diverses, il est vrai ; les uns dans la métaphysique, les autres à la Salpêtrière. J'ai lu, dans un roman écrit par un jeune homme, la description d'un état d'âme étrange exprimé par les mots « flirter avec le divin ». Le flirtage avec le divin est, en effet, une occupation de beaucoup de jeunes esprits à l'heure présente.

Encore une fois, j'ai peur d'inquiéter ceux qui m'écoutent. Est-ce bien la génération qui convient à cette heure de notre histoire? Ces jeunes hommes qui doutent, qui cherchent et qui jouent avec l'inconnaissable sont attendus par des besognes très précises et très rudes : ne reculeront-ils pas?

Non. S'ils sont divisés sur quelques sujets, au point qu'une enquête sur leur psychologie rencontre les documents les plus contradictoires, ils sont unis en des points essentiels. Ils aiment la liberté résolument, sans théorie, comme un état naturel et nécessaire. Si les passions politiques semblent s'éteindre en eux, c'est, je crois, parce qu'ils sont arrivés, en politique, à la période de la raison, mais d'une raison très ferme et qui sait se fâcher quand il faut; elle se fâche même très vite. A la première apparence du danger qu'a couru la liberté, ils se sont émus. Je les ai vus donner et recevoir des horions. Très certainement, ces horions, même s'ils avaient été autre chose que des coups de poing, ne les auraient pas fait reculer. Ce fut la première démonstration publique que leur scepticisme n'est pas un état d'indifférence.

Plus vif et plus intense encore est chez eux le sentiment national. La France est aimée par eux comme elle doit être aimée, à la fois d'instinct et par réflexion. Ils ont le patriotisme des braves gens, celui qui ne raisonne, ni ne transige. Ils en ont un autre, que j'appellerai philosophique. Ils aiment la France, parce qu'elle est libre, parce qu'elle est généreuse, parce qu'elle fait effort vers la justice, la justice au dedans, la justice au dehors, c'est-à-dire, en définitive, la paix sociale et la paix des peuples; mais je dois vous dire que, s'il est parmi eux des cosmopolites, à la mode d'autrefois, ils sont rares. Vous comprenez bien pourquoi, don Emilio Castelar. Au moyen âge, tous les peuples ont été pris de l'héroïque folie de la croix. De tous les pays, les chevaliers et les pèlerins partaient pour la Terre sainte;

mais les chevaliers de votre Espagne, bien qu'ils fussent des preux entre les preux, demeuraient chez eux, parce que chez eux était l'infidèle. Ils avaient une croisade toute proche ; leurs regards n'allaient pas jusqu'aux limites de la chrétienté : ils s'arrêtaient aux murs de Grenade. Nos regards, à nous, ne vont plus jusqu'aux limites de l'humanité. Nous avons chez nous l'infidèle.

C'est pourquoi la jeunesse française est un peu repliée sur elle-même et se défie de l'étranger. C'est là un sentiment dangereux, et notre devoir est de le combattre : l'Association des étudiants nous aidera. Elle s'est mise à voyager : c'est fort bien de sa part. Les étudiants sont un peu casaniers de nature ; pour le vrai étudiant, le monde est compris entre le Panthéon et la Seine. J'appartenais jadis à un groupe de jeunes gens pour qui c'était une grosse affaire de passer l'eau. J'imagine qu'il y a encore au quartier de ces groupes-là. L'Association a fait mieux que passer l'eau, puisqu'elle a franchi les Alpes, pour aller fêter le huitième centenaire de l'Université de Bologne. J'étais du voyage, et j'ai observé de tout près les jeunes ambassadeurs de l'Université de Paris. Il leur est bien venu à l'esprit quelques petites naïvetés ; j'en sais un qui croyait que les arcades de Turin avaient été copiées sur la rue de Rivoli ; un autre, que les grands mâts plantés devant Saint-Marc imitaient ceux de la place de la République; mais ce sont là des erreurs de Parisiens; elles ne les ont pas empêchés de remplir à merveille leur mission. Ils ont été, je puis bien le dire, parfaits; ils ont eu de la dignité, de la fierté, une façon, qui nous a émus profondément, de tenir leur drapeau; ils ont eu aussi de la prudence, de l'habileté.

Habileté, prudence, dignité, mais aussi fierté : de tout cela doit se composer aujourd'hui la politique étrangère. Nos étudiants ont fait en Italie de bonne politique.

Ils ont continué l'œuvre si bien commencée Au mois d'août dernier, ils ont appelé ici la jeunesse de presque toutes les nations; ils lui ont fait à merveille les honneurs de la France. J'espère que leurs hôtes ont emporté de notre pays un bon souvenir. Nous avons eu un moment l'illusion de la réconciliation universelle des peuples. C'était au banquet de Meudon. Vous n'imaginez pas ce brouhaha international. Dès les hors-d'œuvre, nous étions comme grisés par un effet singulier de suggestion. Toutes les langues de l'Europe s'étaient déliées et elles échangeaient des propos fort gais. Le dessert venu, il a bien fallu prononcer des discours. Si je n'avais l'oreille fine, je n'aurais pas entendu un mot du mien. De l'estrade où j'étais monté, je voyais quantité d'orateurs qui parlaient sans que personne les écoutât ; en face de moi, les chefs des délégations étrangères échangeaient leurs coiffures, comme pour montrer que toutes les têtes européennes pouvaient tenir dans le même bonnet ; un Russe couvrait de baisers un Anglais, qui les lui rendait. C'était comme une ivresse de fraternité.

Mon Dieu, la fête de Meudon n'a pas changé le monde, nous le savons bien ; les jeunes gens le savent aussi. C'est pourtant quelque chose que d'avoir réuni pour un moment, dans l'expression enthousiaste de sentiments communs, ces délégués des Universités du monde ; que d'avoir procuré à la France l'hommage de toutes ces jeunes âmes. Nous entendrons toujours dans notre mémoire l'acclamation qui a salué le Président de la République à l'Opéra et dans l'amphithéâtre de la nouvelle Sorbonne. Elle a éclaté tout d'un coup ; puis elle a été reprise une fois, deux fois, dix fois, toujours plus forte. Elle disait beaucoup de choses qu'ont bien comprises même les sceptiques, même les découragés, qui ont été entraînés par ce flot de jeunesse et d'enthousiasme.

Du succès de leurs fêtes, les étudiants retiendront, j'espère, la curiosité, le goût de l'étranger. Il le faut absolument. Le sentiment national qui n'est pas éclairé par la connaissance du dehors est un aveugle dangereux. L'esprit français, s'il cessait de s'informer sur les autres esprits, serait happé de déchéance, car il est fait pour tout comprendre et pour donner aux grandes vérités leur expression définitive. Si nous perdions jamais notre force d'expansion, nous nous consumerions nous-mêmes. Si nous n'étions plus capables de rendre justice à autrui, de quel droit réclamerions-nous la justice qui nous est due? Messieurs les étudiants, tous les peuples travaillent aujourd'hui; les uns font effort pour naître, les autres pour s'accroître. Jamais l'humanité n'a été si diverse; cette diversité même centuple son activité. Sachez bien que le premier parmi les peuples sera celui qui embrassera d'un clair regard le travail universel et qui mettra le plus grand nombre de connaissances et d'idées générales au service de sa propre fortune et de sa cause particulière. Ne vous enfermez donc dans aucune étude ; n'habitez pas les domiciles étroits ; le génie de la France ne se plaît qu'au grand air et à la pleine lumière.

J'ai parlé de vous et je vous ai parlé, comme je l'avais annoncé, en toute franchise. L'état moral et intellectuel de votre génération s'explique par notre histoire. Ceux qui la jugent avec sévérité oublient que vous avez hérité de nous des désenchantements et des meurtrissures,

L'amour de la liberté et le sentiment national sont les deux points fixes autour desquels évoluent vos incertitudes. Ces incertitudes mêmes peuvent être bienfaisantes : elles sont sincères et vos contradictions se concilient dans une grande vertu, qui est la tolérance. Gardez-la dans la vie et fortifiez-la. C'est d'elle surtout que nous avons besoin. Vous êtes à la fin d'un siècle que nous avons rempli de nos discordes politiques et religieuses : elles nous ont affaiblis au point que nous avons failli en mourir. Nous avons traversé de pareilles épreuves au cours de notre histoire. Au seizième siècle, les guerres pour la religion ont mis en péril notre patrie et la religion; un roi les a sauvées par un édit de tolérance. En ce siècle, les révolutions ont mis en péril la patrie et la liberté. Soyez la génération qui sauvera l'une et l'autre par la tolérance. Ayez dans toutes vos âmes un édit de Nantes.

Vous ne l'entendez pas, cette tolérance, comme une vertu négative. Ceux qui vous croient inertes se trompent. Vous avez une grande envie d'agir. Votre scepticisme partiel s'allie à une foi en l'avenir. J'ai été très frappé des progrès de cette foi. Les premières promotions d'étudiants que j'ai connues, il y a quinze ans, ne l'avaient point aussi forte. Elles revenaient à peine à la vie et regardaient autour d'elles avec une inquiétude triste. Peu à peu, nous avons vu la jeunesse reprendre connaissance, se chercher, se retrouver. Elle est robuste aujourd'hui, et sa foi est absolue. Du coup qui a étourdi la France d'hier, la France d'aujourd'hui se relève. Messieurs les étudiants, vous dédaignez les pronostics de décadence, et vous avez raison : vous savez bien que vous en démontrerez la fausseté.

Tout vous encourage à persévérer dans vos efforts. Vous êtes comblés de sympathies. Très vite, vous avez pris une place dans la vie nationale. Toutes les fois que vous nous appelez à vous, nous venons vers vous. Le Gouvernement et la Ville vous traitent en enfants gâtés. M. le Président de la République vous a fait l'honneur de vous visiter et l'honneur de vous recevoir. Votre corps d'état est devenu un corps de l'État. Votre président Chaumeton est passé personnage public. L'étranger connaît votre existence et votre force naissante. Tout l'étranger ne vous aime pas, sans doute ; mais l'hôte illustre qui est ici vous aime, lui. Messieurs, c'est un honneur et une noblesse qui oblige que l'estime et l'affection de don Emilio Castelar. Méritez-les en pratiquant les vertus qui sont en lui : la sagesse, la modération, la tolérance, l'amour de la vérité, de la liberté, de la patrie, de l'humanité.

TABLE DES MATIÈRES

Préface v

Albert Dumont 3

LES ÉTUDES CLASSIQUES.

I. La question du grec et du latin. 35
II. Anciennes et nouvelles erreurs. 75
III. Souvenirs de collège. 98

DISCOURS AUX ÉTUDIANTS EN SORBONNE.

I. Examens et études 113
II. Éducation professionnelle. — Éducation scientifique 124
III. L'activité personnelle 148
IV. Ancienne et nouvelle Sorbonne. 165

LA SCIENCE EN PROVINCE.

I. L'Université de Lyon. 191
II. Un discours de M. Renan 207

LES ASSOCIATIONS D'ÉTUDIANTS.

I. L'Association de Paris. 224
II. Jules Delcambre. 236
III. Jeunesse allemande, jeunesse française. . . . 250
IV. L'Association de Lyon. 265

LA POLITIQUE ÉTRANGÈRE DES ÉTUDIANTS.

I. Devoirs envers l'étranger. 273
II. Les fêtes de Bologne. 290
III. Le retour de Bologne 318
IV. Les fêtes de 1889. 325
V. Présentation des étudian . Castelar . . 338

1367. — Paris. Typographie Gaston Née, rue Cassette, 1.

OUVRAGES DU MÊME AUTEUR

Étude sur l'une des origines de la monarchie prussienne, ou la marche de Brandebourg sous la dynastie ascanienne. In-8º, broché (Hachette et Cie) . . . . 5 »
Ouvrage couronné par l'Académie française.

Études sur l'Histoire de Prusse (2e édition). In-18 jésus, broché (Hachette et Cie) . . 3 50
Ouvrage couronné par l'Académie française.

Essais sur l'Allemagne impériale (2e édition). In-18 jésus, broché (Hachette et Cie). . 3 50

Trois Empereurs d'Allemagne : Guillaume Ier, Frédéric III. Guillaume II (3e édition.) In-18 jésus, broché (Armand Colin et Cie) . . 3 50

Sully. In-12 broché (Hachette et Cie) . . . . » 70

Questions d'Enseignement national. In-18 jésus, broché (Armand Colin et Cie) . . . 3 50

Vues générales sur l'Histoire politique de l'Europe. In-18 jésus *(sous presse)*. (Armand Colin et Cie) 3 50

VIENT DE PARAITRE :

Le Saint-Empire romain germanique, par James Bryce, traduit par E. Domergue, avec une préface par Ernest Lavisse. In-8º (Armand Colin et Cie) . . . . 8 »

www.ingramcontent.com/pod-product-compliance
Lightning Source LLC
Chambersburg PA
CBHW050424170426
43201CB00008B/536